Roland Lut

# Wer zuletzt lacht

Ein philosophischer Kriminalroman

feder frei
www.federfrei.at

Sämtliche Protagonisten dieses Romans, ihre Namen und ihre Handlungen sind frei erfunden, etwaige Ähnlichkeiten mit lebenden oder verstorbenen Personen nicht beabsichtigt.


1. Auflage
Marchtrenk, 2020
www.federfrei.at

Umschlagabbildung:
© Greg Brave - Adobe Stock
Autorenporträt:
© Konstantin Lausecker
Lektorat: Eva Zahnt
Satz und Layout: Verlag federfrei
Printed in EU

ISBN 978-3-99074-115-3

»Die Anzahl unserer Neider bestätigt unsere Fähigkeiten.«
*Oscar Wilde*

# Kapitel 1
# Rätsel

Er betrat die Psychiatrische Klinik und alles war wie erwartet: die Ziersträucher, der Geruch nach schalem Kaffee, beruhigend-freundliche Bilder an den weißen Wänden, alles schrie förmlich nach Alltäglichem, nach Normalität, nach Unbeschwertheit. Man gab sich große Mühe, den Anschein von Unauffälligkeit und Unbedenklichkeit zu erwecken. Nur dass kein Schwein auf diese Lüge reinfiel. Auch wenn das Krankenhaus seit einiger Zeit einen komplizierten und modernen Namen trug, für die Linzer würde es immer Niedernhart, das Wagner-Jauregg-Krankenhaus, die Irrenanstalt bleiben.

Sogar kleine Kinder schreien schon, wenn sie die abgestandene Frische der unlängst gewischten Fußböden riechen – Vorsicht Rutschgefahr! - und wenn sie in Gesichter schauen, die sich nicht entscheiden können zwischen Hektik, Überheblichkeit und aufgesetzter Höflichkeit.

Er nahm immer zwei Stufen auf einmal, schnell, mit elastischem Schritt. Falls ihn jemand erkennen sollte, dann sollte niemand glauben, er sei wegen einer Krankheit hier. War eh nicht sehr wahrscheinlich, dass sich von den hier gestrandeten Existenzen auch nur eine Person ins Theater oder in die kleinen Programmkinos verirren würde. Eher unwahrscheinlich.

Clemens Baumgartner war hier in Linz alles andere als ein Unbekannter. Schauspieler im hiesigen Landestheater, erfolgreicher und umjubelter Darsteller von Nebenrollen in heimischen Low-Budget-Filmen, Verfasser einer Autobiografie, extravagant in Erscheinung und Auftreten. Heute: rote Hose, schwarze Schuhe mit weißen Galoschen, ein schwarz-weiß gestreiftes Hemd, darüber ein graues Gilet, ein Panamahut. Vor allem, am auffälligsten: ein Schnurrbart, ästhetisch irgendwo zwischen Clark Gable und Freddie Mercury. Dieser Oberlippenbart stand für vielerlei: für eine Unabhängigkeit von Zeitgeist und Mode, für eine Verliebtheit in die Vergangenheit, für Individualität und Unverwechselbarkeit. Mit einem Wort: Baumgartner war eine Größe, wenn auch nur 1,70 m klein. Ihn treffen, vielleicht sogar grüßen zu dürfen, wäre eine Ehre. Er wusste das. Und er zeigte das auch. Seine tänzelnden Schritte markierten eine Leichtigkeit, ja beinahe Abgehobenheit gegenüber den Angelegenheiten der Durchschnittsmenschen. Kein Wunder also, dass er jederzeit damit rechnete, ja rechnen musste, erkannt zu werden.

Auf Station B1 kannte man ihn natürlich, klar, er kam ja einmal in der Woche, hatte Schwester Linda bereits zweimal auf den Po gegriffen. Schwester Rita hatte daraufhin »Me too, me too!« gerufen, er hatte Fotos von sich mit Autogramm verteilt und Tickets für eine Herbstaufführung von Ibsens *Nora*. Erst bei genauem Hinsehen bemerkte man, dass es sich um die billigsten, nämlich Stehplatzkarten handelte. Er schaute kurz bei den Schwestern rein, sagte: »Schwester Linda nicht da?«

»Die hat Frühdienst, kommt erst morgen wieder.«

»Na, wie wär's mit uns beiden, Rita?«, war seine Antwort, die wirklich niemanden überraschte. Und tänzelte seines Weges in Richtung Zimmer 123.

Mit Schwung öffnete er die Tür zum Krankenzimmer, schloss sie sachte und postierte sich vor dem Patienten von 123 wie vor dem Premierenpublikum des Linzer Landestheaters. Verbeugte sich kurz, legte den Kopf in den Nacken und blickte an die Zimmerdecke, wo rein gar nichts zu sehen war, breitete seine Arme aus wie die Christusstatue von Rio, als ob er den Segen Gottes erwartete, und sprach mit Enthusiasmus.

»Sei gegrüßt, mein Freund! Ich besuche dich heute zum letzten Mal!«

Wie sehr er doch mit dieser Aussage Recht behalten sollte! Denn einer von den beiden würde in den nächsten Minuten sterben. Und es gehört nun mal zum Wesen des Schicksals, dass man nie weiß, wem der Tod seine Aufwartung machen wird und wann.

»Hier trennen sich unsere Wege. Mit der Freundschaft, der lebenslangen Freundschaft ist es vorbei. Du sollst hier verrotten. Seit heute weiß ich alles. Du kannst von mir aus hier versauern und vor dich hin stinken, du sollst hier verwesen und elendiglich zugrunde gehen. Allein. Kein Mensch wird dich besuchen kommen. Du schweigst? Deine Methode, ich weiß. Buddhistisch wahrscheinlich. Oder taoistisch. Gewähren lassen. Steter Tropfen höhlt den Stein. Purer esoterischer Blödsinn! Ich fall nicht drauf rein. Jetzt hör mir mal gut zu!«

Im nächsten Augenblick war Baumgartners Gesicht eine Handbreit vor dem des Patienten, der unbeweglich und unbewegt in seinem Rollstuhl hockte, den Oberkörper vornübergebeugt. Ob er wohl die Kräuterzuckerl Baumgartners roch?

Der Patient von Zimmer 123 war in sich versunken, aber ob er die fröhliche Entspanntheit Buddhas erlangt hatte, war unklar. Das Kinn auf der Brust hing er verkrampft in dem Sessel, den Gott für ihn vorgesehen hatte. Oder das Pflegepersonal. Oder die mit der Krankenhausausstattung beauftragte Firma.

Da attackierte doch tatsächlich ein kerngesunder und erfolgreicher Mensch einen leidenden Kranken! Der Patient von Zimmer 123 sank ein wenig tiefer in seinen Stuhl – offenbar eine optische Täuschung oder eine Umdeutung der physikalischen Gegebenheiten, laut Definition des Lehrbuchs der Psychiatrie. In Wahrheit konnte sich der etwa 45-jährige Mann schon seit geraumer Zeit nicht mehr bewegen, es sei denn, die Schwerkraft bekam ungehinderten Zugriff auf seinen Körper.

»Hör mir gut zu, du erbärmlicher Wicht: Ich erzähl dir jetzt meine Geschichte, das Finale einer Freundschaft. Du wirst mir zuhören, während du in deinem Sessel verfaulst, und dann kannst du Ewigkeiten lang den Krankenschwestern auf den Arsch starren und nichts mehr damit anfangen.«

Baumgartner wurde lauter. »Wenn ich hier rausgehe, dann komme ich nie wieder, und du wirst wissen, warum alles so kommen musste wie es kam!« All dies im allerschönsten Präteritum, einer Zeitform, die man in der gesprochenen Sprache in Oberösterreich nicht wirklich oft zu hören bekommt. »Da wird kein Zweifel bleiben. Ich werd's hier herinnen mit einer Frau treiben, mit irgendeiner Schwester, nach allen Regeln der Kunst, und du schaust zu, bis du dir wünschst, dass du tot wärst. Oder, noch besser: nie geboren. Bis sie die Augen verdreht und sich nach der friedlich schweigenden Häkelrunde der Freundinnen ihrer Mutter sehnt.« Seine Stimme wurde wieder leiser. »Eine tolle Formulierung – muss ich mir merken.«

Er zückte sein Handy und notierte den letzten Satz. Dass ein Widerspruch bestand zwischen der Ankündigung, nie wieder hierher zu kommen, und der Drohung, es hier, vor Pointners Augen, mit einer Schwester zu treiben, strafweise sozusagen, notierte er nicht. Der Widerspruch musste ihm entgangen sein. Vernebelung des Verstandes durch imaginierte Begierde sozusagen. Oder übte er sich ironischerweise in der Kunst, Widersprüche zuzulassen?

Es ist ja nicht so, dass man jemals wüsste, was in anderen Menschen wirklich vorgeht. Aber ganz ahnungslos sind wir nicht, denn immerhin funktioniert ja die menschliche Kommunikation im Großen und Ganzen reibungslos. Wenn jemand sagt, dass er Zahnschmerzen habe, glauben wir zu wissen, dass er Schmerzen hat, die den unsrigen gleichen. Wenn Gestik und Mimik zur Aussage passen, nehmen wir an, dass wir nicht belogen wurden. Es ist also nicht so, dass wir genau wüssten, was in anderen Menschen wirklich vorgeht, wenn diese ungefähr so sind wie wir. Wie mag das mit einem Menschen sein, der sich ganz offensichtlich außerhalb der Norm verhält und der zur Reglosigkeit verdammt ist? Der gar keine Reaktion zeigt? In Wahrheit ist es ja so, dass wir uns nicht einmal in die primitive Psyche einer Kuh oder Fledermaus einfühlen können. Wenn es schon schwierig war, sich in die Psyche einer Fledermaus einzufühlen, wie unmöglich musste es erst sein, sich in die komplizierte Psyche eines seelisch kranken Menschen einzufühlen?

Das Gegenüber Baumgartners jedenfalls zuckte nicht mit der Wimper und ballte nicht die Faust. Sein Blick blieb starr auf die Tasse Tee auf dem Tischchen schräg vor ihm gerichtet. Wäre er zornig geworden während der Rede Baumgartners, man hätte es nicht bemerkt. Die Unerschütterlichkeit seiner Seele strahlte beinahe schon etwas Feierliches aus, etwas Erhabenes.

Seine Kleidung hingegen könnte keinen größeren Kontrast zu dieser Erhabenheit bieten: ein Morgenmantel mit grün-blauen Längsstreifen, weiße Socken. Chronische Leiden machen aus dem edelsten und stolzesten Menschen ein Bündel Elend.

»Sei herzlich willkommen hier im Reich der Finsternis, der untersten Hölle für die Sünder des Verrats! Wer hier eintritt: Lasst alle Hoffnung fahren!« Baumgartner hatte theatralisch seine Stimme erhoben – Berufskrankheit quasi.

Schwester Rita kam ins Zimmer. »Alles in Ordnung hier? Was schreien Sie so, Herr Baumgartner?«

»Alles in Ordnung, machen Sie sich keine Sorgen! Das ist eine Privatsache, gehen Sie wieder!«

Schwester Rita machte einen schnellen Rundgang durchs

Krankenzimmer, schüttelte völlig unmotiviert den Polster im Bett auf und sagte: »Alles in Ordnung, Herr Pointner?«

Sie ging wieder, schloss sachte die Tür und rannte auf leisen Sohlen zur Schwesternstation. Dort wurde getuschelt und gezischelt und heftig, wenn auch im Flüsterton, diskutiert. Daraufhin rannten zwei Schwestern – Rita und Susanne – zurück zu Zimmer 123. Sie kamen gerade rechtzeitig, um einen lauten Hilfeschrei aus dem Zimmer zu vernehmen, gefolgt von einem Poltern und Scheppern. Als die beiden die Tür aufrissen und ins Innere des Raumes stürmten, sahen sie einen umgestürzten Rollstuhl, eine zerbrochene Teetasse und den Patienten von 123 am Boden liegend. Allerdings war er streng genommen kein Patient mehr, sondern tot. Baumgartner, ein hochgelobter Schauspieler des hiesigen Theaters, stand da, als wäre er von den Ereignissen völlig überrascht: die Schultern hochgezogen, der Mund geöffnet, die Handflächen leicht nach oben gedreht.

Von wem der Hilferuf stammte, konnte mit den Aussagen der Schwestern nie restlos geklärt werden, weil sie sich widersprachen. Jede von ihnen war ganz sicher, jeweils eine der beiden im Raum befindlichen Personen gehört zu haben.

# Kapitel 2
# Linzer

Die beiden Krankenschwestern und herbeigeeilte kräftige Krankenpfleger der Psychiatrischen hielten Baumgartner fest, der lautstark und überzeugend den Überraschten spielte. Chefinspektor Prüller, Kripo Linz, ließ sich auf keine Diskussionen ein.

»Ich bin Clemens Baumgartner, DER Schauspieler des Landestheaters. Völlig absurd, mich eines Mordes an diesem Wurm zu beschuldigen!«

»Ich geh nicht ins Theater, hab in meiner täglichen Arbeit mehr als genug.«

Baumgartner wurde in Handschellen abgeführt.

»Hat irgendjemand irgendwas in diesem Zimmer angerührt, irgendwas verändert?« Niemand antwortete, alle waren zu verdattert für eine vernünftige Konversation. Etliche Krankenschwestern, ein Oberarzt und der Primar hatten sich in Zimmer 123 versammelt. »Warten Sie im Besucherzimmer auf mich, ich komme gleich. Hier stören Sie nur. Und bieten Sie mir keinen Kaffee an!«

Schwester Ritas Augen funkelten: »So einem Grantscherben würd ich sowieso keinen Kaffee bringen! Und du, Susanne?«

»Höchstens mit Knoblauch und Laxantien!«

»Und du?« Ritas Frage richtete sich an Oberarzt Körner.

»Vergiss es, er ist Arzt. Und ein Mann. Er bringt niemandem einen Kaffee!«, meinte Susanne.

Prüller blieb mit zwei seiner Kolleginnen im Krankenzimmer 123, ab und zu sah man Blitzlicht aufleuchten. Wie in echten Krimiserien! Wahrscheinlich zeichneten sie mit Kreide die

Kontur des Opfers nach und pinselten über die Teetasse auf der Suche nach Fingerabdrücken. Durch die Zimmertür waren gedämpft präzise und kurze Befehle zu hören. Irgendwie beruhigend und gleichzeitig erschreckend, wie die Routine die Oberhand über das Grauen zurückgewann. Letztlich löst sich der Tod in einen Algorithmus zu erledigender Handlungen auf.

Der Leichnam wurde zugedeckt und durch den Gang nach draußen geschoben. Ein Funkgerät meldete sich. Komisch in Zeiten von Diensthandys.

Als Prüller das Besucherzimmer betrat, nippten die beiden Schwestern an ihren Kaffeetassen. Oberarzt Körner hatte sie gebracht. Susanne meinte lachend, dass man sich heute nicht einmal mehr auf die ewig gültigen Vorurteile verlassen könne. Rita sah die Angelegenheit weniger entspannt: »Abgesehen davon, dass wir nur Vornamen haben und die Ärzte Familiennamen – und Berufsbezeichnung!«

»In welcher Beziehung stand Baumgartner zu Pointner?«, wollte Prüller wissen.

»Keine Ahnung, wir haben immer angenommen sie wären Freunde«, antwortete Rita.

»Warum sagen Sie WIR, haben Sie in dieser Frage bereits miteinander gesprochen?«

»Nein, haben wir nicht, aber es stimmt, auch ich dachte, sie wären Freunde«, sprang Susanne ein.

»Woran litt Pointner?«

»Ich hol die Akte.« Oberarzt Körner verließ den Raum.

»Katatonie«, antwortete Schwester Rita. »Das ist eine Krankheit, bei der sich der Patient nicht bewegen kann. Er spricht auch nicht, manchmal wiederholt er aber wie mechanisch Sätze oder Satzteile, manchmal explodiert er richtiggehend und wirft sich auf den Boden. Pointner war so ein lieber Kerl!«

Schwester Rita heulte auf, eine weitere Schwester weinte ebenfalls. Wahrscheinlich Susanne.

»Machen Sie mir eine Kopie des Krankenberichts und geben Sie sie Inspektor Holzmair mit. Hätte Pointner seinen *Freund* attackieren können und dieser ihn in Notwehr erschlagen?«

»Nein, das ist bei diesem Krankheitsbild nicht möglich«, erklärte der zurückgekehrte Oberarzt.

»Gibt es irgendwelche Beobachtungen, die interessant sein könnten? Der Fall scheint allerdings ziemlich klar zu sein.«

Niemand antwortete, Schwester Susanne blickte auf ihr Handy, der Primar betrachtete seine Fingernägel, die Empathie für den Kriminalisten schien erschöpft. Chefinspektor Prüller verließ den Raum, nicht ohne dem Primar eine Visitenkarte in die Hand gedrückt zu haben. »Wenn Ihnen oder jemandem aus dem Team noch etwas einfallen sollte, rufen Sie bitte an. Auch wenn es eine unbedeutende Kleinigkeit sein sollte.« Wie in einem echten Krimi!

Prüller tat, was man in Situationen wie diesen tun musste: Erstens alle verfügbaren empirischen Daten am Tatort sicherstellen, zweitens Informationen zu den beteiligten Personen einholen und drittens mit dem sozialen Umfeld sprechen. Die Spurensicherung am Tatort war erfolgt – der leichteste Part. Ein Team von vier Leuten in Schutzanzügen war ausgerückt und nahm stundenlang alle erdenklichen Spuren auf – mit wenig Aussicht auf Erfolg in diesem Umfeld, wo zig Menschen ihre DNA hinterließen. Mit dem ärztlichen und Pflegepersonal hatte er gesprochen, jetzt waren die Familien von Täter und Opfer dran: Ein Motiv zu finden wäre nämlich keine schlechte Sache, also zweitens. Prüller telefonierte noch rasch mit seinem Büro: Man sollte Informationen zu Baumgartner und Pointner zusammentragen – eine Routinearbeit, das konnte sicher einer der Praktikanten mit Doktortitel erledigen, drittens quasi. Es geht doch nichts über eine gewisse Ordnung im Leben!

Der erste rechtsmedizinische Befund war klar: Pointner war weder durch einen Schlag noch durch einen Stich getötet worden. Alles sprach für Gift als Todesursache, ein natürliches Ableben war aufgrund der Datenlage auszuschließen. Die medizinischen Details waren ebenso eindeutig wie grauslich. Prüller ersparte sich die Einzelheiten zu Verfärbungen und Schwellungen und Entstellungen diverser Körperregionen. Er war lange genug bei der Polizei, um nicht sofort an eine Frau als Täterin zu denken. Die Krankenschwestern? Waren nach eigenen Angaben nicht im Zimmer. Auch Baumgartner hatte im ersten Verhör nichts davon erzählt. Eine Schwester hatte kurz das Zimmer betreten und die Polster zurechtgeschüttelt. Hatte sie dabei Pointner die tödliche Dosis verabreichen können? Durch Injektion oder oral? Wohl kaum. Baumgartner hätte es bemerkt und wohl kaum verschwiegen, um seine Haut zu retten. Und was sollte das Motiv sein?

Zwei Stunden später hielt Prüller die Ergebnisse der schnellen Recherche im Haupthaus in Händen. Und pfiff leise durch die Zähne. Dann schnappte er sich seinen eleganten Staubmantel und verließ das Hauptquartier. Vom Auto aus rief er den Präsidenten an. Unter Freunden – seit Jahrzehnten! – war eine Genehmigung für eine Hausdurchsuchung eine Kleinigkeit. Auch wenn sie nicht am Wohnort des mutmaßlichen Täters, sondern des Opfers stattfinden sollte. Am nächsten Tarockabend würde er sich mit einer Flasche Rot revanchieren, wenn nötig.

Es würde nicht nötig sein.

Pointner hatte inzwischen allein gelebt. Seine Frau war vor

etwa einem halben Jahr gestorben. Ein kleines Häuschen mitten in der Stadt, umgeben von sechsstöckigen Wohnhäusern. Unweit von hier der Südbahnhofmarkt, eine der sympathischsten Erscheinungen der Stadt: kleine gemauerte Stände, wo man Produkte direkt vom Erzeuger kaufen konnte. Kleine Beisln, wo man schon am Vormittag die Bodenhaftung verlieren konnte, weil man vor lauter Langeweile die Selbstachtung aus den Augen verloren hatte. Prüller schaute auf ein schnelles Achterl im Stehbeisl »Schlawiner« vorbei. Angeblich bekam man an Orten wie diesem Informationen über alles und jeden. Stimmte aber nicht. Nur das Achterl bekam er wirklich. Und ein paar oberflächliche Gesprächsfetzen mit Vertretern und Beamten in gehobenen Positionen und Pensionisten. Erstere von Letzteren nicht zu unterscheiden. Allesamt eifrigst damit beschäftigt, Sinn in ihre sich von Tag für Tag gleichende Monotonie zu saufen.

Prüller und sein Kollege Holzmair bezogen schließlich doch Stellung vor dem Haus Pointners, Nummer 17. Man kann ja nicht ewig Achterl schlürfen in Stehbeisln. Holzmair läutete, eine junge Frau öffnete die Tür. Patschuli, Schlafzimmerblick, geflochtenes Haar, barfuß. Prüller gab sich einen Ruck.

»Prüller, Kriminalpolizei. Entschuldigen Sie die Störung. Wir, mein Kollege und ich, sind wegen Anton Pointner hier. Mit wem haben wir die Ehre zu sprechen?«

Klar, dass Holzmair sich wunderte, dass Rotwein am Vormittag derart imposante Auswirkungen auf das Sprachvermögen haben konnte. Eigentlich war er aber nur sauer, weil für ihn ein Einbruch unter dem Titel »Hausdurchsuchung« lustiger gewesen wäre. Und ein bisschen aufgekratzt war er auch, aber das wusste er noch nicht wirklich. Die Frau, sie war etwa in seinem Alter, hatte nämlich das viel zu weite Männerhemd nur sehr unvollständig zugeknöpft.

»Ich bin seine Tochter, Emilia.«

»An dieser Adresse ist eigentlich nur Anton Pointner gemeldet.«

»Bin nur vorübergehend hierher gezogen. Streit mit meinem Freund. Ich brauche Abstand. Schreibe auch an meiner Diss und hier habe ich Ruhe.«

»Gender Studies?«

»Wenn Sie so wollen. Ich schreib in Biochemie, über stickstoffhaltige Pheromone.«

Holzmair glaubte zu bemerken, dass Prüller kurz schluckte. Sein Glotzen machte ihm den Schulterschluss mit Pointners Tochter noch leichter. Wie er diese selbstgefälligen Graukopfgeier hasste! Keine Ahnung von nix, aber breitspurig reden und mit zwei Händen absahnen! Im Vergleich dazu: seine Generation, ohne Chancen auf Aufstieg, oft sogar ohne Aussicht auf einen Job. Dafür aber genoss er die Aussicht auf bzw. in die Bluse von Emilia Pointner. Und schämte sich dafür – ein wesentlicher Unterschied zu den Machos aus der Generation vor ihm!

»Mein Vater braucht ja das Haus nicht mehr. Was gibt's?«

»Wir würden gern kurz reinkommen.«

»Wenn's sein muss.«

Augenblicklich schlug ihnen eine Welle abgestandener Luft entgegen, wie das halt so ist, wenn monatelang niemand lüftet. Die Vorhänge waren allesamt zugezogen, die unerwartete Stille mitten in der Stadt ließ die Dunkelheit noch stärker wirken. Nur das geduldige Summen eines Kühlschranks war zu hören.

»Ihr Vater ist vor wenigen Stunden verstorben. Es tut mir leid, Ihnen diese traurige Mitteilung machen zu müssen.«

Emilia Pointner strich sich das Haar aus der Stirn, drehte sich um und verließ die beiden Männer. Erst als die Tür – zum Wohnzimmer? – laut ins Schloss fiel, wurde den beiden Beamten bewusst, dass sie knallhart stehengelassen worden waren.

Holzmair schaute unruhig in einen anderen Raum, der von hier aus erreichbar war. Er öffnete zwei Fenster und schaltete das Licht ein. Nicht gerade die feine englische Art, aber wenn man schon mal da war …

Chefinspektor Prüller, die gewichtige Erscheinung des Morddezernats Linz, hochdekoriert und gewieft, brauchte keine zehn Sekunden, um zu erkennen, dass er den Fall abgeben würde. Nach einem raschen Blick in das Zimmer, offensichtlich Pointners Bibliothek, war ihm klar, dass er es hier mit einem Verrückten zu tun hatte. Und dazu fiel ihm nur ein Name ein: Buchinger, Chefinspektor Buchinger, ein Kollege aus der Provinz. Genauer gesagt: aus Wels. Buchinger würde es lieben, dieses Chaos als Herausforderung zu sehen, in dieser Verrücktheit ein Rätsel zu entdecken.

# Kapitel 3
# Buchinger

Buchinger erwachte um exakt 04:29. Eine furchtbare Zeit, die Gespenster der Nacht waren noch nicht verflogen und die Betriebsamkeit des Tages war noch weit weg. Die blaue Stunde. Er wachte jetzt öfter schon um diese Zeit auf, ohne ausgeschlafen zu sein. Später, um sieben oder um acht, da würde er gut und ruhig schlafen können, wenn sich das Licht durchgesetzt haben würde und wenn die Menschen alle ihren Beschäftigungen nachgingen. Da würde er den Polster noch mal aufschütteln und seine Wange auf den kühlen Stoff legen und friedlich schlafen. Aber da musste auch er seiner Arbeit nachgehen, musste die Aufgaben erledigen, die der Alltag nun mal so stellt: tätig sein, arbeiten, so tun als hätte man alles im Griff, Zuversicht ausstrahlen.

Das Erste, was er in dieser unruhigen Minute um halb fünf tat, war, sich zu vergewissern, dass die Uhrzeit nicht passte. Das Universum hing irgendwie schief in der Landschaft: Die Zahlen 0, 4, 2 und 9 ließen sich in keine noch so komplizierte Gleichung pressen! 04:29 war nicht nur hinsichtlich der beinahe unerträglichen Frühe eine Zumutung für den menschlichen Verstand. Aber die Werte verändern sich mit dem Alter, das war Buchinger schmerzlich bewusst. Und auch die Uhr veränderte sich, sie sprang auf 04:30. Und während die Welt sich um diese Tageszeit noch einmal umdrehte und die Süße fortgesetzten Schlafes aufsuchte, löste Buchinger eine auf den ersten Blick unlösbare Gleichung, presste sie in das enge Korsett mathematischer Logik: $4^0 = 3^0$. Buchinger war natürlich klar, dass andere Menschen diese seine Angewohnheit, mit dem vorhandenen Zahlenmaterial Gleichungen aufzustellen, schräg finden mussten. »Schräg« war sicher noch eine der freundlicheren Bezeichnungen für seine Leidenschaft für Arithmetik. Er selbst wähnte sich bereits auf dem Weg in Richtung Normalität, denn noch bis vor wenigen Jahren hatte er aus verfügbaren Zahlen Gleichungen zu basteln versucht, die die Zahl Zwölf ergaben. Das war wirklich schräg. Nicht einmal er wusste, warum es gerade Zwölf sein musste.

Das Zweite, was er in dieser unruhigen Minute um halb fünf tat, war, sich zu vergewissern, dass Bellucci neben ihm lag. Er tastete mit der linken Hand in das Bett neben ihm und spürte ihre Wärme, er hörte ihren Atem und wusste, dass er noch lebte. Wenn nicht, dann war sie mit ihm gestorben und der Himmel hatte die unendliche Güte gehabt, sie auch im Tod in seiner Nähe zu lassen. Oder der Himmel war die wunderbare Illusion, dass sie immer noch beisammen schliefen. Dann wäre dieser Himmel eine durch und durch nützliche Fiktion, dachte Buchinger, weit davon entfernt, religiös zu sein. Er seufzte hörbar.

Natürlich hieß seine Frau, neben der er am Stadtrand von Wels erwachte, nicht Bellucci. Aber als er sie zum ersten Mal gesehen hatte, dachte er in der Tat, sie wäre Monica Bellucci, die Hollywood-Schauspielerin. Und diesen Irrtum zum System, zur Gewohnheit zu erheben, sie weiterhin Bellucci zu nennen, verschaffte der Einbildungskraft einen entscheidenden Vorsprung gegenüber dem banalen Alltag. Außerdem hatte Bellucci tatsächlich das Auftreten eines Hollywood-Stars, sie war der Garant für ein Happy End, die Menschen lächelten, wenn sie sie sahen, mit ihr hatte die Leichtigkeit des Seins ein Gesicht bekommen.

Noch einmal tastete er mit der Linken nach der Taille Belluccis. Im selben Augenblick wurde diese Bewegung zur Nachahmung von vierhundert Jahren Geschichte der Demut. Demut war das richtige Wort. Es bezeichnete die Haltung der Gläubigen, wenn sie die gigantische Größe des Heiligsten Ortes erkannten, des Petersdoms. Er strich sanft über den spitzenbesetzten Slip und wunderte sich, dass Frauen sich dieser Mühe unterzogen, derart unbequemes Material zu tragen. Er strich sanft über ihr Geschlecht – da waren sie wieder, die vierhundert Jahre, in denen Pilger hoffnungsvoll an die Pforte des im 17. Jahrhundert fertiggestellten Petersdoms klopften. Raffael und Michelangelo hatten ihre schöpferischen Kräfte in den Dienst des Renaissance-Traums gestellt, der die Schönheit huldigen sollte, indem er diese selbst darstellte. Mit seiner flüchtigen Berührung ließ er die freudige Erwartung der Gläubigen wiederauferstehen, die endlich ans Ziel ihrer Pilgerreise gekommen waren und die nun, nach Monaten und Jahren der Entbehrung, endlich im Zentrum des Heiligsten, im Paradies der Paradiese, am Ort der Macht und der Hoffnung angelangt waren. Gleich würde sich die Pforte öffnen, gleich würde all das Sehnen, all das Verlangen der Vergangenheit angehören. Gleich würde man am Ziel aller Ziele angelangt sein und vom Weg dorthin im Präteritum, nicht mehr im Konjunktiv II erzählen. Belluccis Körper, ein Heiligtum, dem gar nicht genug geopfert werden konnte!

Zeit aufzustehen, die Gedanken werden grotesk, dachte Buchinger.

Um 07:00 war es der Wecker und nicht mehr das Schweben zwischen Tag und Nacht, das ihn endgültig erwachen ließ. Er schnupperte an Belluccis Haar. Er war fast auf den Tag genau dreiundsechzig Jahre alt und hätte in diesem Moment bei Gott andere Ideen gehabt als in die Arbeit zu gehen. Aber die in Jahrzehnten geübte Disziplin ließ ihn aufstehen, ein paar lächerliche Übungen gegen den ohnehin unausweichlichen körperlichen

Verfall machen und in die Kleidung schlüpfen. Chefinspektor Buchinger war bereit für einen weiteren Tag am Kommissariat.

Bellucci erwachte, im Halbschlaf murmelte sie in ihren Polster: »Wir sollten den Keller neu ausmalen.« War das der natürliche Lauf der Dinge? Das notwendige Finale einer leidenschaftlichen Beziehung? Die Verstrickung in einen gemeinsamen Haushalt, die bedingungslose Bejahung der Frage »Kommst du mit in den Alltag?«? Einen Alltag, den man sich so gewünscht hatte wie sonst nichts auf der Welt. Und dann verfliegt diese Neurose »Verliebtheit« eher unmerklich, die Anforderungen des Alltags und der Routine überflügeln die gewaltigen Hormonausschüttungen der ersten Wochen und Monate. Und die Frage nach dem Ausmalen des Kellers bleibt.

Bellucci schlief bereits wieder, Buchinger registrierte beim letzten Blick auf seine schlafende Frau, dass sie »wir« gesagt hatte, »wir müssen den Keller ausmalen«. Das sagt man halt so, im Halbschlaf und auch bei vollem Bewusstsein. Der Satz konnte aber nur eines bedeuten, das war Buchinger klar: »Du solltest den Keller neu ausmalen.«

Ein kleiner Schwarzer im Stehen, ein kleiner Gedanke an eine Zigarette: Das war das Frühstück eines Mannes, der vor einem Jahr – Bellucci sei Dank! – mit dem Rauchen aufgehört hatte. Mit dem Fahrrad durch die erwachende Stadt: Es roch nach Kipferl und Diesel, nach Staub und Sonnencreme. Am Straßenrand hockte noch ein Rest der nächtlichen Kühle zwischen den Alleebäumen, sie würde bald der genialen Hitze dieses Sommers weichen. Wie in Italien! Fehlte nur noch, dass die Frauen hier auch so schön waren wie dort! Pass auf, du Idiot!, ermahnte Buchinger sich selbst. Wenn du den Vorurteilen und schlimmen Verallgemeinerungen schon frühmorgens die Zügel schleifen lässt, brauchst du dich nicht zu wundern, wenn dich abends die Gespenster heimsuchen. Und wenn du dann

Zeitangaben in Gleichungen verwandeln musst, weil sich dem Leben sonst kein Sinn abringen lässt.

In der Polizeidirektion noch ein Kaffee, diesmal aber einer, der den Namen nicht verdiente. Eine dünne Suppe, die in einen zu weichen und furchtbar heißen Plastikbecher tropfte, ein Automat, der blöd wie ein einarmiger Bandit in einen antiseptischen Gang leuchtete – ohne die geringste Chance für die Beamten selbst auf einen minimalen Gewinn –, das Ambiente eines Abstellkammerls: Das war Buchingers letztes Rückzugsbiotop, bevor er sich auf den Weg in sein stickiges Büro machte und den Bericht zu einem längst abgeschlossenen, langweiligen Fall öffnete. Sie nannten es Revision, mit der Inventur im Einzelhandel vergleichbar. In Wahrheit war es Beschäftigungstherapie für die Sommermonate, denn in Wels war nicht viel los, erst recht nicht im Sommer. In keinerlei Hinsicht, auch nicht in Bezug auf Schwerverbrechen. Eine glückliche, wohlhabende Kleinstadt.

Mayer war schon da, sein einundzwanzigjähriger Kollege. Er hatte bereits im Vorjahr die Polizeischule abgeschlossen, mit Auszeichnung. Natürlich. Mayer war der gewissenhafteste Mensch der Welt. Saß jeden Tag bereits eine Viertelstunde vor Dienstbeginn an seinem Schreibtisch und arbeitete. Was zum Teufel kann man in aller Herrgottsfrühe schon arbeiten?

»Mayer, du bist nicht mehr in der Schule. Du kriegst kein Plus für überpünktliches Erscheinen!« Etwa ein Jahr lang duzten sich die beiden schon. Buchinger dachte an den Moment, seit dem sie sich duzten, immer noch so wie an einen Autounfall. Sicherheitshalber redeten sie sich nach wie vor mit Familiennamen an, eine groteske Kombination mit dem Du-Wort.

»Es kann nicht schaden, den Tag früh und mit Elan zu beginnen!« Der Bursche redet wie aus einem katholischen Kalender mit Lebensweisheiten, dachte Buchinger. »Mayer, du solltest erschöpft von nächtlichen Eskapaden mit Augen auf Halbmast und Organen, die in Alkohol schwimmen, auf dem Schreibtisch lümmeln, wie deine ganze Generation auch.«

»Chef, du weißt, dass mich das nicht interessiert. Blöd wird man eh von selber. Da muss ich nicht mit Alkohol nachhelfen oder mit sinnlosen Beschäftigungen.«

Buchinger liebte seine Arbeit und ihm graute schon jetzt davor, dass er sie eines nicht allzu fernen Tages, genauer gesagt in weniger als zwei Jahren, aufgeben würde müssen. Aber verglichen mit Mayers Arbeitseifer war sein Charakter beinahe schon der eines Faulenzers. Er hätte seinem jungen Kollegen mehr Leichtigkeit gewünscht, doch er verstand dessen Auffassung vom Leben nicht nur, sondern teilte sie insgeheim auch.

Buchinger saß auf einem einfachen Holzstuhl, Mayer auf einem bequemen Ledersessel mit Rädern. Als notwendige Askese bezeichnete Buchinger diese eigenartige Aufteilung, der Mensch nehme sich ohnehin zu wichtig. Mit einem gehörigen Scheppern, das auch ihn selbst schreckte, zog er den Sessel zum Schreibtisch, schaltete den Computer ein und harrte der Dinge, die da kommen würden. Es kam nichts. Einige Berichte waren noch fertigzuschreiben, Reiserechnungsformulare auszufüllen und Mails zu beantworten. Die Mails betrafen alle irgendwelche Fragen zur Evaluation der Polizeiarbeit. Buchinger bewertete alle Fragen zur Qualität seines Arbeitsplatzes mit den schlechtesten Noten. Würde eh nichts nützen, das war klar, am Ende aller Mitarbeiterbefragungen würde die Aussage des Ministeriums stehen, dass sich die beste Polizei aller Welten in der bestmöglichen Welt bewege. Für die Psychohygiene waren die schlechten Noten trotzdem notwendig.

Dann das allmorgendliche Zeitungsstudium: Der hausinterne Pressedienst hatte bereits ein Briefing vorbereitet, welche Zeitung welche Kritik an welcher Einheit formulierte. Buchinger las die Berichte mit Genuss, noch größere Freude bereiteten ihm die Postings der Leserschaft. Der offensichtliche Widerspruch zwischen einem diffusen Bedürfnis nach Sicherheit und Polizeipräsenz einerseits und einer Freude an der Häme gegenüber der Polizei musste jedem Menschen, der Gefallen an der Logik hat, Vergnügen bereiten. Und Buchinger hatte eine Freude an der Logik! Deshalb vergönnte er sich auch täglich ein Sudoku – Kategorie »höllisch«! – während der Dienstzeit, auf Staatskosten sozusagen.

Als das Telefon läutete, wurde das Klingeln von der dunklen Vorahnung begleitet, es könnte ein Anruf von Oberst Stottan sein. Heute wusste ja niemand mehr, wie sie sich an die Spitze der Kommandantur gekämpft hatte, aber Buchinger würde das nie vergessen: Stottans Ruf in den Olymp des Präsidiums hatte nichts mit einem raketenhaften Aufstieg gemein. Ganz im Gegenteil vermittelte sie mit Hartnäckigkeit und Ausdauer allen Mitarbeitern des Polizeikommandos den Eindruck, immer schon im Chefbüro anwesend gewesen zu sein. Eines Tages muss sie beschlossen haben, ihren Lebensmittelpunkt in die Chefetage zu verlegen. Sie war jahrelang einfach bereits hier. Mit Kaffee, Komplimenten und kleinen Gefälligkeiten, stundenlang plaudernd und schließlich als Chefin. Im Nachhinein wunderten sich alle, wie das gegangen war, dass sie ihren Vorgänger Oberst Nattos ablöste. Niemand konnte sich daran erinnern, dass sie jemals nicht hier gewesen war, wie eine innenarchitektonische Notwendigkeit, wie ein Sofa oder eine Lampe, sie war einfach immer da. Sie hatte sich selbst als Notwendigkeit installiert.

»Mayer, bitte geh du ran! Du weißt schon.«

Natürlich wusste Mayer Bescheid. Sein Chef fürchtete nichts auf der Welt, nur Stottan.

»Morddezernat, Mayer, guten Morgen!«

Daraufhin wurde Mayer stumm und sprach erst wieder als er den Hörer an Buchinger weitergab.

Die Worte, denen Mayer lauschte, konnte sich Buchinger problemlos zusammenreimen, etwa: »Mayer, hören Sie auf mit diesen kindischen Spielchen! Ich weiß, dass Buchinger neben Ihnen sitzt. Ich war auch mal in einem Büro, das können Sie mir glauben. Es hat doch überhaupt keinen Sinn, wenn Sie so tun als wäre er nicht da. Also geben Sie mir sofort Buchinger oder ich schicke Sie nie nach Wiener Neustadt auf die Fachhochschule.«

Die Worte, die Buchinger hörte: »Buchinger, ich brauche Sie! Den Linzern haut es wieder mal die Dichtungen durch und wenn sie nicht weiterwissen, fallen ihnen die anderen Dienststellen ein. Natürlich die erfolgreichste Regionalstelle, also Wels, also meine. Wir haben unsere Hausaufgaben gemacht und sind gerüstet für die Zukunft. Rufen Sie Chefinspektor Prüller an und fahren Sie nach Linz. Es geht um Mord. Höchst sensible Angelegenheit, berühmte Leute, Medieninteresse – das ganze Paket! Ich verlasse mich auf Sie. Was bleibt mir übrig? Hier die Kurzfassung: Ein gewisser Baumgartner, anscheinend ein berühmter Schauspieler, soll einen Kritiker und Redakteur der LIBE, der Linzer Berichte, ermordet haben. Prüller ist überfordert, Sie müssen den Fall übernehmen. Die Zeit drängt.« Stottan legte auf.

Eine Sekunde später läutete das Telefon erneut. »Alles Gute! Berichten Sie mir täglich!«

»Mayer, es gibt Arbeit, richtige Arbeit, nicht diese Selbstgeißelung am Computer.«

»Wo geht's hin?« Mayer war immer an einem kleinen Ausflug mit dem Dienstauto interessiert, einem kräftigen VW Sharan.

»Nach Linz, die Großkopferten wissen nicht mehr weiter.«

Buchinger fuhr ganz gerne nach Linz, das erinnerte ihn irgendwie an seine Kindheit: die Zwergerl am Pöstlingberg besuchen, mit der Grottenbahn fahren, sich am Urfahraner Jahrmarkt fürchten, über den Südbahnhofmarkt schlendern. Außerdem liebte er das Wissen, dass hier eine für österreichische Verhältnisse riesige Industrie angesiedelt ist, die tausenden Menschen Arbeit bietet. Dazu gehört auch eine Stadtautobahn, die abends in oranges Laternenlicht getaucht ist, Staus und der Geruch von Ruß. Es gibt in dieser Stadt einen Gastgarten, der so göttlich schön ist, dass man sich vorstellen konnte, hier sterben zu wollen.

Und was Buchinger am meisten liebte: Linz ist eine Schönheit, die praktisch von niemandem erkannt wird. So wie in den amerikanischen Schnulzen, wo ein hässliches Entlein einmal die Brille abnimmt und sich dann als Supermodel entpuppt. Das Supermodel Linz besticht nicht durch gefällige Lederhosenarchitektur oder kriecherisches Buhlen um positive Bewertung durch den uniformen Touristengeschmack, sondern durch die Hügel rundum, die Modernität, die Bodenhaftung, die Ästhetik der Industriesilhouette. Denn so wie hier ist das wirkliche Leben.

Buchinger wurde von seinem Kollegen am Landeskriminalamt Linz empfangen. Die offizielle Sprachregelung für die Übernahme des Falles durch die Welser Kriminalisten lautete: Arbeitsüberlastung zwinge die Linzer dazu, den Fall abzutreten. Außerdem sei der Täter in der Umgebung von Wels wohnhaft. Der Sachverhalt sei nach dem momentanen Stand der Ermittlungen ohnehin klar, also würde auch das Stadtpolizeikommando Wels das Kind schaukeln können.

»Komisch nur, dass ihr einen Fall abgebt, der eigentlich gelöst ist, und die Lorbeeren nicht einstreichen wollt!«, meinte Buchinger, während ein Hubschrauber über die Dächer knatterte und sich die Einsatzgruppe der Cobra am Kletterturm abmühte.

»Das ist nur brüderlich gedacht«, antwortete Prüller. »Die Welser schauen eh immer so blass aus neben uns. Außerdem hat's der Präsident so angeordnet. Liegt gar nicht in meinen Händen.«

»Arschloch! Ich schlag dir jeden einzelnen Zahn aus deinem Maul, du Schwachkopf. Verabschiede dich von diesem Planeten, du bist Vergangenheit, Teil des ewigen Kreislaufs!«, hätte Buchinger gern gesagt. Doch stattdessen nippte Buchinger an einem Kaffee, dem dritten heute, dem zweiten schlechten bereits, und lächelte wie ein Smiley, wenn die Grafikkarte abbrennt.

»Prüller, gut, dass wir uns verstehen. Ich glaub Ihnen kein Wort. Lassen Sie uns über die Fakten sprechen und warum der Fall so klar ist.«

»Der Redakteur Anton Pointner ist seit drei Monaten Patient des Wagner-Jauregg-Krankenhauses …«

»Das es ja nicht mehr gibt, es heißt heute Neuromed Campus, und zwar schon seit Jahren«, wandte Buchinger ein.

»Es wird immer Wagner-Jauregg-Krankenhaus heißen! Jedenfalls war er schon geraume Zeit hier, und zwar wegen … Moment mal!«

Er kramte in seinen Notizen, einem ordentlichen Block mit dem Logo des LKA.

»Und zwar wegen Katatonie, einer Form von Schizophrenie. Er wurde regelmäßig von seinem Freund, dem Schauspieler Baumgartner, besucht. Während seines letzten Besuches ist Pointner verstorben. Zwei Schwestern hörten laute Schreie und ziemlichen Krach aus dem Zimmer. Der Tote roch äußerst auffällig nach Menthol aus dem Mund. Baumgartner ist berühmt für seine Liebe zu Mentholzuckerln. Er hat allem Anschein nach dem nunmehr Verstorbenen die tödliche Dosis in einem Hustenzuckerl verabreicht, es wurde in seinem Sakko auch eine Packung gefunden sowie eine Spur des Gifts. Er bestreitet dies vehement und behauptet, Pointner habe sich selber getötet.«

»Selbstmord vor Publikum quasi, warum nicht?«, fragte Buchinger.

»Weil seine Katatonie so weit fortgeschritten war, dass der arme Kerl sich überhaupt nicht mehr bewegen konnte. Völlig ausgeschlossen. Daher: ein klarer Fall.«

»Warum schließen Sie ihn nicht ab?«

»Ich habe mit meinem Team routinemäßig die Wohnung Anton Pointners durchstöbert und bin in einer höchst eigenartigen Höhle gelandet. Dachte, das könnte Sie interessieren.«

»Was heißt eigenartig? Soll ich mir einen Bunker vorstellen oder einen Dschungel?«

»Das möchte ich nicht verraten, spielt letztlich bei dieser Sachlage ja eh keine Rolle. Sie werden sicher Ihre Freude haben mit dieser Wohnung«, antwortete Prüller.

Buchinger kramte in allen Taschen seines Sakkos, links außen, rechts außen, links innen, rechts innen, packte schließlich sein Portemonnaie auf den Tisch und stöberte darin. Zum Vorschein kam ein Rechnungszettel aus einem Wirtshaus. Das Logo von Gösser war deutlich zu erkennen.

»Mayer, bitte!«

Mayer reichte Buchinger einen Kugelschreiber.

Während der Welser Chefinspektor auf die Rückseite seiner letzten Konsumation – wahrscheinlich beim Gasthaus Obermair, dachte Mayer, dem Utopia seines Chefs – Notizen kritzelte, wurde es still im Raum. Einen derart schlecht vorbereiteten Kommissar gab's nicht einmal im Fernsehen. Jeder Polizist hatte einen ordentlichen Notizblock mit oder ein Handy mit Diktierfunktion, keinen vernudelten Zettel von einem Rechnungsblock.

Prüller wechselte Blicke mit seinem Assistenten, der auch am Tisch saß. Er blickte zu Mayer und zuckte die Achseln. Buchinger kritzelte eine ganze Weile – Mayer vermutete: Schimpfwörter, die zu Prüller passten – und sah schließlich auf.

»Und?«, fragte er.

»Was und?«

»Was gibt's noch? Irgendwelche interessanten Infos, wenn ich schon mal nach Linz komme?«

»Baumgartner ist ein berühmter Mann hier. Das macht die Sache vielleicht ein wenig kompliziert. Da ist ein ruhiger Blick aus der Distanz sicher nicht schlecht. Auch ein Grund, warum die Welser Polizei übernehmen soll.«

»Na dann!«

»Na dann!«

Aus den letzten Worten lernte Mayer, wie cool sich die Obersten der oberösterreichischen Polizeikommanden verabschiedeten. Hätte er nie gedacht.

»Und, Mayer, was haben wir?«

»Du hast die Notizen, Chef!«

»Blödsinn, ich hab nur eine Liste gemacht mit den Arbeitsaufträgen von meiner Frau.«

»Die Aussagen des Linzer Chefinspektors hast du gar nicht mitgeschrieben?«

»Wozu? Er ist ein aufgeblasener Gockel. Und, vor allem: Er ist ein Kollege, also ein Feind. Nichts bereitet ihm größere Freude als das Scheitern seiner Kolleginnen und Kollegen.«

»Chef, du genderst ja!«

»Bitte entschuldige. Ich vergesse mich. Das ist wie mit Tics und Lieblingswörtern: Sie schleichen sich einfach durch die

Hintertür des Bewusstseins herein und plötzlich sagt man auch *cool* oder *zum Bleistift* oder zeigt mit dem Daumen nach oben. Jedenfalls: Hier ist jedes Wort gelogen. Bringt uns keinen Schritt weiter.«

»Was machen wir als Nächstes?«

»Du startest den Wagen und schaltest die Klimaanlage auf maximale Stufe. Wir hängen die Ellbogen aus den geöffneten Fenstern und cruisen durch Linz, bis uns was einfällt. Wie Brad Pitt in *Seven*. Was auch immer uns einfällt: Wir werden den ganzen Kram erledigen müssen, der erledigt werden muss am Beginn jeder Recherche. Gespräche führen, drohen, Beweisstücke zusammentragen. Was mich aber interessiert, das sind drei Dinge: Erstens, warum wir den Fall übernehmen müssen. Da ist doch was faul. Hast du die Akte mitgenommen?«

Mayer bejahte und deutete mit einem kurzen Nicken auf eine schwarze Mappe am Rücksitz.

»Du gehst sie durch und sagst mir, ob dir irgendwas auffällt.«

»Ok.«

»Zweitens interessiert mich, wie man den eigenartigen Sachverhalt erklärt, dass jemand in aller Öffentlichkeit einen offensichtlichen und umständlichen Mord begeht. Blöder geht's ja nicht mehr. Das passt nicht zusammen. Oder es war kein Mord, sondern ein Unfall.«

Der Wagen hielt gerade an der Mozartkreuzung, dem Zentrum des herzeigbaren Linz. Vor ihnen der Neue Dom, eine Orgie in Neugotik. »Was meinst du mit Unfall? Dass der Katatoniker aus dem Rollstuhl stürzt und irrtümlich auf ein Zuckerl fällt, das zufällig am Boden liegt?«

»Mayer, du wirst ja richtig boshaft! Ich freue mich.« Mayer lächelte. Dass Buchinger sich freuen würde, wenn er zynisch war, war klar.

»Wie pervers muss man sein, einen Menschen im Rollstuhl

zu ermorden, der sich überhaupt nicht bewegen kann? Haben wir's hier mit einem Nazi mit Minderwertigkeitskomplex zu tun, der glaubt, er wäre Mengele?«, sinnierte Buchinger weiter.

Sie fuhren direkt am Neuen Dom vorbei. »Interessant eigentlich, dass die Kirchen nur mehr Sehenswürdigkeiten sind. Für das, wofür sie ursprünglich gedacht waren, braucht sie niemand mehr«, meinte Buchinger. »Ist das ein Verlust oder ein Gewinn?«

Buchinger drehte den Kopf zur Seite, sein Blick fixierte den unsichtbaren Schnittpunkt zweier paralleler Geraden in der Unendlichkeit. Ein untrügliches Zeichen dafür, dass er sich in Gedanken verloren hatte. Mayer räusperte sich.

»Wenn man die Angelegenheit unaufgeregt und als Logiker betrachtet«, sagte Buchinger, »dann ist sie von äußerster Trivialität. Denn es kann nur zwei Möglichkeiten geben: Entweder Baumgartner ist der Täter oder er ist es nicht. Im Nachhinein, also wenn wir am Ende der Ermittlungen angelangt sind – und dieser Zeitpunkt wird eintreten, das ist sonnenklar – im Nachhinein werden uns all die Wege und Umwege bis zu der Aussage, dass Baumgartner der Täter war oder dass Baumgartner nicht der Täter war, unnötig erscheinen. Alles wird sich in der Rückschau geglättet haben.« Die Neigung, die Ereignisse zu betrachten, als wären sie bereits Vergangenheit, hatte Buchinger also immer noch nicht abgelegt. Sie hatte ihn bereits als Student in die Nähe der Depression, aber auch des Scharfsinns gerückt.

»Und was ist drittens?«

»Ja, hab ich fast vergessen. Drittens interessiert mich, was ich für das Ausmalen des verdammten Kellers brauche.«

# Kapitel 4
# Wagner-Jauregg

Als Buchinger gegen Abend in die friedliche Vorstadtsiedlung von Wels einbog, war alles so wie man es aus dem amerikanischen Fernsehen kannte, also in Ordnung: Die drei Kinder in der zunehmend überalternden Siedlung waren zu laut, die Frauen jäteten die handtuchgroßen Gemüsebeete und die Männer spielten mit ihren Flex oder widmeten sich dem Döstädning, einer Leidenschaft, die wie eine ansteckende Krankheit um sich griff. Döstädning ist ein skandinavischer Trend in der Wohlstandsgesellschaft und bedeutet nichts anderes, als dass man seine überflüssigen Dinge loswird, um Ordnung in seinem Leben zu schaffen. Alle über fünfzig – und das waren in der Siedlung und auch außerhalb der Siedlung definitiv alle mit ein paar vernachlässigbaren Ausnahmen – widmeten sich seit geraumer Zeit dem Entrümpeln. Die Anwälte und Lehrer und Ärzte und Unternehmer hatten derart viel Besitz angehäuft, dass das Ausmisten als Befreiungsakt empfunden wurde. Außerdem haftete dem death cleaning eine Dimension der Nachhaltigkeit an wie sonst nur wenigen Handlungen, sicher nicht den fünf Tibetern und der veganen Küche und Yoga und der Verkostung südsteirischer Weißweine – den bisherigen Favoriten in der Vorstadt: Wer beizeiten ausmistete, ersparte seinen Erben eine scheußliche Tätigkeit und konnte sich deren Dank selbst post mortem sicher sein.

Einer seiner Nachbarn, ein schlaksiger, großgewachsener Mann, den alle nur »Schrecklicher« nannten, entpuppte sich überraschend nach seinen Jahren in der Genusssucht als puristische Avantgarde des zeitgenössischen Trends: Er schüttete seinen Pool eigenhändig zu, mit Scheibtruhe und Schaufel – um »sich selbst zu spüren«. Seine Kinder waren längst aus dem Haus, er hatte Unmengen an Geld verdient, seine Frau hatte er schon seit Ewigkeiten nicht mehr nackt gesehen – das schrie förmlich nach Schaufel und Schotter! Den Spitznamen Schrecklicher hatte er sich redlich verdient, wobei »redlich« eine Formulierung ist, die mit seinem Verhalten gar nichts zu tun hatte: Er hatte noch nie einen Arbeiter nicht im Pfusch angestellt, kein illegales Geschäft war ihm fremd, die Steuerhinterziehung war sein Hobby, er lag im Dauerclinch mit seinem Nachbarn, dem alten Nazi. Zwei Häuser in der Siedlung hatte er nur gekauft, um mehr Parkplätze zur Verfügung zu haben. Buchinger konnte sich kaum entscheiden, wen er mehr verachtete: den Schrecklichen oder den Nazi.

»Schrecklicher, du hast also wirklich mit der Sisyphosarbeit begonnen!«, rief Buchinger über die Hecke. »Pass auf dein Kreuz auf!« Ein Tipp, den man in der alternden Siedlung eigentlich schon als unverbindlich, weil selbstverständlich bezeichnen konnte. Und eine Äußerung, die zeigte, wie verlogen die Menschen sind: Es gehört einfach zum guten Ton, freundlich zu reden – da kann man noch so schlecht von den Menschen denken. Von dieser Verlogenheit lebt die menschliche Konversation, dachte Buchinger, insgeheim froh über den eklatanten Mangel an Ehrlichkeit. Man stelle sich vor, die Menschen würden sagen, was sie denken!

Ein paar Schritte weiter lauerte der alte Nazi sicher schon hinter seinem Küchenfenster auf unglaubliche Ereignisse in der Wohnstraße, die banaler und friedlicher nicht sein konnte. Aber Buchinger konnte keine Bewegung des Vorhangs erspähen, sonst ein untrügliches Zeichen dafür, dass der Weltkriegsveteran, ein zuverlässiger Aufklärer, auf seinem Posten war.

Wie anders doch das Leben in Stadl-Paura gewesen war!

Dort hatte es nächtens ein Pärchen auf der Kühlerhaube eines alten Opel Astra getrieben, dass die ganze Gasse davon wach geworden war – nicht von den Stoßdämpfern des Opel Astra, eher schon von den gar nicht wohlanständigen und vorstadtkonformen gegenseitigen Lustbezeugungen. Dort wurde getrunken, bis sich die Welt verdunkelte und nichts mehr übrig blieb, als gegen die Schattenseiten ebendieser Welt anzusingen. Dort waren die Fäuste geflogen und niemand räsonierte über Tannine und misslungene Inszenierungen und (sowieso misslungene) Anlageformen fürs Geld. Dort stachen die Schiffer mit ihren Plätten in unfassbarer Verlangsamung der Bewegung die Traun flussaufwärts, genossen die stillstehende Zeit. Doch Buchinger hatte sich »sein« Stadl-Paura, seinen Anteil am Paradies, nach Wels, auf die Insel der wohlhabenden Seligen, geholt: Bellucci. Auf sie würde er jetzt warten, allerdings nicht untätig. Er würde, seiner erst unlängst erwachten Liebe zur heimischen Kost treu bleibend, ein Erdäpfelgulasch zubereiten, mit Knacker und Paprika natürlich, viel Zwiebel und Knoblauch. Nix mehr mit Pasta und Prosciutto! Auch in der Welser Vorstadt läutete der Zeitgeist das Ende der Toskana-Verklärtheit ein, das Ende des Kokettierens mit der Schickeria samt ihrer rastlosen Hetzjagd nach neuen, möglichst exotischen und coolen kulinarischen Besonderheiten.

Endlich im Haus schalteten sich sofort alle Assistenzsysteme von Bereitschaft auf Aktivität: Beleuchtung, Musik, Rollläden, Computer. Nur das Diensthandy ging den umgekehrten Weg: Es schaltete sich automatisch aus.

Bellucci erzählte nicht viel von ihrem Tag. Was das Erzählen anbelangte, war eigentlich Buchinger die Frau in ihrer Beziehung. Nicht, dass er die Worte auch immer gefunden hätte! Aber in ihrer Gegenwart musste er einfach reden. Diese Frau war für ihn nicht nur der erste und einzige mächtige Wächter an der Pforte zum Paradies, sondern auch so etwas wie eine Geprächspsychotherapeutin. Er schüttete ihr sein Herz aus, sie kommentierte seine Berichte zur Lage der Welt lakonisch, klug und sehr pragmatisch. In diesem Fall: »Wenn du mich fragst, dann ist das ein ziemlich interessantes Rätsel. Zwei Menschen in einem Zimmer. Einer stirbt, weil er Gift genommen hat, das der andere bei sich hatte. Der Sachverhalt ist so klar, dass man am Offensichtlichen zu zweifeln beginnt. Für mein Gefühl ist die Lage zu klar. Und widersprüchlich. Immerhin leugnet Baumgartner die Tat. Mein Lieber, wie nennst du mich?«

»Bellucci natürlich. Du bist meine Bellucci.«

»Und? Bin ich Bellucci? Die wirkliche Bellucci, meine ich?«

»Was ist schon wirklich?«

»Kein Ausflüchte, Philosoph! Bleib bei den Phänomenen! Bin ich die wirkliche Bellucci?«

»Irgendwie schon. Im engsten Wortsinn natürlich nicht.«

»Also muss nicht immer alles so sein wie es aussieht.«

»Ja, das stimmt. Aber: Wie schaut die andere Wirklichkeit aus, die wirkliche?«

»Könnte sein, dass Schein und Sein nicht dasselbe sind. Da scheint zum Beispiel ein Minister ein feiner Mann zu sein, dann kommt man drauf, dass es keine Heiligen gibt, dass er kriminelle Handlungen getätigt, Kritiker heimtückisch getäuscht, Konflikte heftigst genährt und seinen Freunden zu Provisionen in Millionenhöhe verholfen hat. Scheint ein feiner Mann zu sein, ist aber ein Schwein.«

»Und im Nachhinein denkt man, dass es gar nicht anders sein konnte! Aber noch einmal: Wie könnte die Alternative zum Offensichtlichen aussehen? War eine dritte Person im Raum? Wurde Pointner schon vorher vergiftet? Stellt sich Baumgartner nur deshalb so blöd an, damit wir gar nicht anders können, als einen Mord als unmöglich anzusehen? Er hat ja kein Motiv, die Mordwaffe wurde nicht versteckt, der Täter ließ sich am Tatort festnehmen – sehr trickreich ist die Strategie ja nicht! Oder ist das die Strategie? Die Wahrheit so offensichtlich vor unseren Augen auszubreiten, dass wir gar nicht anders können, als an ihr zu zweifeln?«

»Das, mein Geliebter, musst du selbst herausfinden! Ich kann ja nicht die ganze Arbeit für dich machen, hab ja selbst genug zu tun. Der Schein trügt, nur das wollte ich dir sagen. Und dass ich Erfahrung habe damit: Ich habe nämlich viele Freundinnen!«

Ob Buchinger den letzten Satz Belluccis noch hörte, ist fraglich. Hätte er ihn gehört, hätte er ihn wohl kaum verstanden. Gewisse Einsichten sind nur Frauen zugänglich. Buchinger jedenfalls war schon unterwegs in Richtung seiner Bibliothek im ersten Stock. Er setzte sich an seinen Schreibtisch in dem kleinen Erker, von wo aus man einen wunderbaren Ausblick in den Garten und dahinter in die Traunauen hatte. Er begann mit seiner Recherche, wie immer nicht am Anfang, sondern weit davor. Stottan hätte sicher gesagt: weit daneben! Er studierte, was wohl kein zweiter Kriminalbeamter auf der ganzen Welt studiert hätte: die Geschichte des Wagner-Jauregg-Krankenhauses.

Als er kurz nach Mitternacht zu Bellucci unter die Decke schlüpfte, erinnerte er sich an seine Gedanken am Morgen. Demut konnte einen erfüllen angesichts des Glücks, das er sein Eigen nennen durfte. Wieder kamen ihm die Pilger in den Sinn, deren Staunen vor dem Wunderwerk der Renaissance, dem Petersdom, unendlich gewesen sein musste nach all den Entbehrungen der langen Pilgerfahrt. Wieder berührte er Belluccis Hüfte, wieder hatte er das Gefühl, am Ende einer langen Reise angekommen zu sein. Und gleichzeitig das Gefühl, niemals anzukommen und sich sinnlos im Kreis zu drehen: Warum sollte man eigentlich morgens aufstehen, wenn man sich abends wieder niederlegte? Und wenn der Abend so war wie der Morgen, nämlich ein Innehalten vor dem Unsagbaren, ein freudvolles Warten des Pilgers auf das Öffnen des Tores des Petersdoms? Dieser Frage musste er ein andermal nachgehen. Es gab wohl kaum eine Frage, die den Sinn von allem schärfer anzweifelte.

Was das Wagner-Jauregg betraf, konnte Buchinger einige Antworten ausfindig machen. Er wusste selbst, dass seine Recherchemethoden bestenfalls abstrus zu nennen waren. Hätte er jemals Stottan gestanden, dass er die erste Nacht, in der er mit einem neuen Fall betraut war, mit der Suche nach einer Erklärung für den Namen der Psychiatrischen Klinik in der Landeshauptstadt Linz verbrachte, dann wäre ihre Antwort darauf ganz klar gewesen: »Buchinger, Sie sind ein Vollidiot! Was Sie machen, bringt nichts!« Naturgemäß war Buchinger anderer Meinung. Davon mal abgesehen, dass in seiner Welt überhaupt nichts klar war, was das eigentlich heißen sollte, etwas »bringe nichts«: Er ließ sich von Ahnungen treiben und von der Überzeugung, dass auch oder nur die Umwege Erfolg bringen würden. Die verästelten Ahnungen, Assoziationen, Spekulationen und unverhofften Verknüpfungen zwischen ursprünglich weit voneinander entfernten Sachverhalten würden sich letztlich zu einer überprüfbaren Hypothese verdichten. Man musste nur Geduld haben. Das hatte sich schon allzu oft gezeigt.

Wagner-Jauregg war ein äußerst interessanter Mann: beeindruckend, der imposante Oberlippenbart eines Seehundes. Ein Nobelpreisträger aus Österreich, den selbst hierzulande kaum jemand kannte. Er hatte eine Methode zur Behandlung der Syphilis entwickelt, die allerdings sehr bald von der rasant fortschreitenden medizinischen Forschung überrollt wurde. In Wels geboren. Kein Welser weiß das, dachte Buchinger. Und die Stadtväter dürften auch nicht besonders stolz auf den Nobelpreisträger ihrer Stadt sein: Immerhin gibt es seines Wissens keine einzige Straße, die nach ihm benannt worden wäre. Wenige Minuten Lektüre später war Buchinger klar, warum es sich so verhielt: Der Mann hatte 1940 die Mitgliedschaft in der NSDAP beantragt, er hatte das Frauenwahlrecht als »Entartung« bezeichnet. Die österreichischen Grünen und die KPÖ bemühen sich seit Jahrzehnten darum, nach Wagner-Jauregg benannte Straßen und Plätze umzubenennen. Linz, jahrzehntelang eine Hochburg der Sozialdemokratie, dürfte hier sehr lange gar keine Bedenken gehabt haben.

Als folgenschwer für die Nacht sollte sich die unerfreuliche Verbindung zwischen Julius Wagner-Jauregg und dem heute wesentlich berühmteren Alfred Adler herausstellen. Folgenschwer deshalb, weil Buchinger sich in einer Verästelung seiner Nachforschungen verfangen sollte und erst sehr spät zu Bellucci unter die Decke schlüpfen konnte. Alfred Adler also, der Jude, der zum Protestantismus konvertiert war. Der die Russin Raissa Epstein heiratete, die mit Leo Trotzki befreundet war, die der kommunistischen Partei beitrat. Alfred Adler, der den kühnen Satz prägte: »Der Neurotiker leidet nicht an Reminiszenzen, er macht sie.« Alfred Adler, der als Kind beinahe gestorben wäre, an Rachitis litt, der sich als Arzt vielen Krankheiten gegenüber als ohnmächtig empfand, der schließlich zum engen Vertrauten Sigmund Freuds aufstieg. Der arme Alfred Adler war in der Zwischenkriegszeit einer der berühmtesten Psychiater der Welt, aber erst siebzig Jahre nach seinem Tod sollte in seiner Heimatstadt Wien eine Straße nach ihm benannt werden. Als Nervenarzt hatte er herausgefunden, dass seelische Störungen durch starke Minderwertigkeitsgefühle charakterisiert sein können, die sich hinter einer Fassade von Überlegenheit verstecken. Er war zu seiner Zeit einer der berühmtesten

Psychiater der Welt, aber eine Professur an der Uni Wien blieb ihm versagt, weil er einen mächtigen Gegner hatte, der seine Habilitation verhinderte: Wagner-Jauregg. Letzterer war mit Sigmund Freud befreundet gewesen, dem Mann, mit dem sich Adler nach Jahren des gemeinsamen Weges einen veritablen Streit geliefert hatte. Was für ein Zufall!

Es sollte eine unruhige Nacht werden für Buchinger. Vor allem ein Gedanke suchte ihn immer wieder heim und drängte sich in den Vordergrund: Wie leicht es doch in Österreich war, als Nazi oder Nazi-Freund eine Straße nach seinem Namen benannt zu bekommen! Wie schwer selbiges doch für ein Arbeiterkind war, auch wenn er ein Forscher von Weltrang war! Wie selbstverständlich sich so zarte Bande knüpften zwischen dem inzwischen weltberühmten und wortgewandten Freud und dem aristokratischen Wagner-Jauregg, und zwar gegen den sprachlich unbeholfenen und proletarischen Vorstadtarzt Alfred Adler!

Nach den durchwachten Stunden blieb keine Hoffnung mehr, dass die Recherchen Buchingers irgendeinen Sinn haben könnten. Belluccis warmer Körper sollte ihn retten, im Dämmerzustand der blauen Stunde. Die Demut war nicht verschwunden, der Petersdom blieb der Petersdom, die Stein gewordene Lobpreisung der Schönheit. Doch an der Geduld haperte es: Der Pilger will nicht ewig als Pilger unterwegs sein und begehrt schließlich Einlass in den heiligsten aller Orte.

# Kapitel 5
# Erste Recherchen

Der nächste Tag begann wie ein Tag in der Welser Vorstadt zu beginnen hatte: friedlich.

Eigentlich sogar friedlicher als sonst, denn der fünfundneunzigjährige Nachbar, der seiner Liebe zu allem Rechten treu geblieben war und nur in rechten Winkeln durch seinen Garten ging, hatte offenbar seinen Beobachterposten hinter dem Küchenvorhang noch nicht bezogen. Von dort hielt er tagtäglich Ausschau nach den großen Katastrophen des Alltags einer Kleinstadt. Diese sind: zu laut singende Kinder, Frauen, die ohne BH auf die Straße gingen, unrasierte Männer und boshafte Bäume, die ihre Blätter auch auf sein Grundstück fallen ließen. Doch sein Vorhang bewegte sich nicht. Alles war friedlich, kein Konflikt in Sicht.

Der Schreckliche, der mit dem fanatischen Pedanten hinter dem Küchenvorhang gut ein Dutzend Anwaltsbriefe gewechselt hatte, war auch schon auf den Beinen, wahrscheinlich schon seit Sonnenaufgang.

»Ich schaufle jeden Tag vierzig Scheibtruhen in den bald ehemaligen Pool«, meinte er, als Buchinger vorbeiging. »Das schafft Ordnung – und hält mich gesund. Hoffentlich! Und am Ende, am Ende, mein Lieber, da werd ich hier eine Ruhe haben, eine Grabesruhe. Ich werd aus dem Fenster schauen und mich nie wieder ärgern müssen.«

Mayer hatte inzwischen ganze Arbeit geleistet. Buchinger traf ihn im Kommissariat: der Bursche wie üblich mit geröteten Augen vor dem Display, eine Tasse Früchtetee in Reichweite, hoch motiviert und begeistert von seiner Arbeit.

»Chef, ich habe was Neues gefunden!«

»Was geschehen ist, wird wieder geschehen, was man getan hat, wird man wieder tun: Es gibt nichts Neues unter der Sonne«, antwortete Buchinger kryptisch. Den entsetzten Blick seines jungen Kollegen war er inzwischen ja gewöhnt. »Also: Was gibt's Neues?«

»Ich habe vor einer Stunde mit dem digitalen Spürhund des Dezernats telefoniert. Er berichtet von höchst alltäglichen Dingen in Baumgartners Welt, Facebook-Account, e-banking, Mailadressen. Das einzig wirklich Interessante ist die Tatsache, dass sich Baumgartner unter einem Pseudonym öffentlich politisch geäußert hat.«

»Mayer, lass mich raten! Gegen die Kürzung der Subventionen für das Theater?«

»Nein, viel besser! Er wetterte gegen Asylanten, gegen den Islam, gegen das Judentum, gegen das Frauenwahlrecht, er träumte von einer Mauer oder zumindest von einem Zaun rund um Österreich, hatte Angst vor dem Gipfelhalbmond anstelle von Gipfelkreuzen.«

»Na, das ist ja mal was! Hm. Gegen Frauenwahlrecht: Hab ich schon mal gehört. Unter welchem Pseudonym hat er geschrieben?«

»Claire Zachanassian.«

»Sagt mir nichts.«

»Sagt niemandem was. Ausgenommen vielleicht Gymnasiasten der Oberstufe. Claire Zachanassian ist eine Figur aus einem Drama von Dürrenmatt, Friedrich Dürrenmatt.«

»Auch ein Nazi?«

»Nein. Schweizer Dramatiker, berühmt in den Siebzigern des 20. Jahrhunderts. Claire Zachanassian setzt eine Belohnung aus für den Mord an ihrem ehemaligen Geliebten. Baumgartner verwendete dieses Pseudonym hauptsächlich für Leserbriefe in der sogenannten Qualitätspresse. Nach außen hin blieb er jedoch der weltoffene Liberale.«

»Sein und Schein. Sie hatte Recht.«

»Wie bitte?«

»Ich rede nur mit mir selbst, alles in Ordnung.«

»Stottan hat noch einmal angerufen: Sie empfiehlt äußerst behutsames Vorgehen in diesem Fall. Und: Solltest du wieder nächtelang in historischen oder philosophischen Recherchen abtauchen, wird sie persönlich dafür sorgen, dass du zur Verkehrspolizei versetzt wirst.«

»Das hat sie gesagt?«

»Ja, das hat sie gesagt. Tut mir leid, ich bin jetzt der Überbringer der schlechten Nachrichten, aber …«

»Kein Problem, mein Lieber! Das sind doch keine schlechten Nachrichten! Ich muss leider in zwei Jahren in Pension gehen. Und es gibt nichts, was ich mehr fürchte. Am liebsten würde ich dann ehrenamtlich den Schülerlotsen mimen, nur damit mein Tag so etwas wie einen Rhythmus bekommt. Doppelt schön, wenn Stottan glaubt, mich damit bestrafen zu können. Die wahre Strafe ist für mich die Gartenarbeit, ein Synonym für die Sinnlosigkeit, die sich ewig wiederholt.«

Mayer wusste nichts zu antworten. Ihm wurde nur schlagartig klar, dass auch eine fundamentale Feindschaft etwas Positives hatte, nämlich die Gewissheit, wofür oder wogegen man lebte.

»Mayer, reiß dich los von dem Gerät! Ich habe die ganze Nacht recherchiert und bin auf äußerst interessante Fakten gestoßen. Ich erzähle dir beim Fahren davon.«

»Wohin soll's gehen?«

»Nach Wallern, zur Frau des Angeklagten.«

In Wallern war und ist die Welt so wie sie in den Bilderbüchern der Fünfzigerjahre sein sollte: zwei Kirchen, eine katholische und eine evangelische, ein Wirtshaus, insgesamt eine Idylle der Wohlhabenden an der Peripherie des Zentralraums. Und so stellt man sich die Idylle eines oberösterreichischen Dorfs vor: Am Sonntag geht hier sicher die eine Hälfte in die katholische, die andere in die evangelische Messe. Und danach treffen sich alle beim Wirt. Die Alpen sind weit weg, aber das ist nicht weiter tragisch, denn das typisch Oberösterreichische ist in Wallern eher zu riechen als zu sehen: Es ist das Obst, das zur Landessäure vergoren wird. Die Betonung liegt hier weniger auf »Land«, eher schon auf »Säure«: Denn davon hat der Most wirklich genug. Im Frühling wird's hier so richtig kitschig, da blühen ringsum die Apfel- und Kirschbäume. Vor dieser Orgie in Weiß und Rosa möchte man sich am liebsten verstecken.

Auf einem Südhang knapp außerhalb des Ortes – teure Lage!, konstatierte Buchinger bei der Anfahrt – erhob sich die Baumgartner-Villa. Wenn sich jemand den Traum von Schönbrunn auf dem Land verwirklichen wollte, dann kam wohl so etwas wie diese Villa heraus: Zwei Erker, symmetrisch angeordnet, in der Mitte des Hauses ein imposantes Portal, davor irgendein teures Auto. Der Garten, eher schon ein Park, so gepflegt, als hätte ihn jemand gebügelt.

Die Tür wurde nicht von einem Butler mit weißen Handschuhen geöffnet, wie Buchinger erwartet hatte. Frau Baumgartner persönlich empfing die Polizisten. Sie trug eng anliegende Leggings, die sich unterhalb des Knies weit öffneten, Laufschuhe und einen grauen Pullover mit weiten Ärmeln. »Casual!«, konstatierte Mayer.

»Buchinger, Kriminalpolizei, wir haben unlängst miteinander telefoniert!«

Baumgartners Ehefrau führte die Beamten in einen Wintergarten, von dem sich ein atemberaubender Blick über das Alpenvorland bot.

»Sie wissen natürlich, mit welchem Vorwurf sich Ihr Mann konfrontiert sieht«, begann Buchinger. »Wir möchten uns ein wenig mit Ihnen unterhalten, um den Sachverhalt so genau wie möglich zu verstehen.« Spätestens bei dieser einstudierten Beschwichtigungsformel wurde allen Nicht-Gehirnamputierten klar, dass die Polizei nicht zum Plaudern gekommen war, sondern um den Gesprächspartnern Geheimnisse zu entlocken und sie in Widersprüche zu verstricken. Mit einem Wort: Die Polizei kam nicht als Freund und Helfer, wenn sie Sätze wie diese äußerte.

»Vielleicht können Sie uns etwas über Ihren Mann erzählen und was Sie von dem Vorwurf halten, er hätte Anton Pointner getötet.«

Frau Baumgartner ließ sich Zeit mit der Antwort. Sie schenkte den beiden Wasser in je ein Glas ein, füllte die Gläser nur bis knapp über die Hälfte. So macht man das also in gehobenen Kreisen!, dachte Buchinger. Die Gastgeberin sah ziemlich mitgenommen aus – kein Wunder in ihrer Situation. Die linke Hand zitterte ein wenig, als sie die Fingerspitzen zu ihren Lippen führte, so als ob sie sich selbst eine Streicheleinheit vergönnen wollte.

Linkshänderin, vermerkte Mayer in seinem mentalen Notizblock.

»Es ist so unfassbar. Können Sie sich vorstellen, was dieser Vorwurf für uns bedeutet?« Sie versuchte während des Redens zu lächeln. Am auffälligsten war jedoch die Sprechgeschwindigkeit: Sie redete so langsam, als hätte sie zwei Vollidioten vor sich. Wie eine Lehrerin aus dem Bilderbuch fuhr sie fort: »Clemens hat überhaupt keinen Grund, den Anton umzubringen.

Die beiden sind seit Jahrzehnten befreundet. Wir kennen uns seit wir denken können. Wir waren erst vor einem halben Jahr gemeinsam auf Urlaub. Dort ist ja das ganze Unglück passiert. Das alles ist so grenzenlos absurd. Natürlich, natürlich gibt es Reibereien auch in langen Freundschaften, aber Sie würden doch einen Menschen, den Sie schon ewig kennen, nicht wegen einer Meinungsverschiedenheit töten?«

Schon wieder eine Frage! Wenn wir nicht aufpassen, tauschen wir in den nächsten Minuten die Rollen und sie presst ein Geständnis aus uns raus, dachte Buchinger. Sie stand auf und holte von einem Regal hinter ihr einen Kugelschreiber. Vollkommen sinnlos, aber wohl eine Strategie, um gegen die Tränen anzukämpfen, vermutete Buchinger. Und: Sie geht leicht gebückt, das verstärkt den Eindruck, dass sie sich herablassen muss. Zu allen Menschen. Deren mütterliche Dozentin sie ist. Oder sie hat sich diese Haltung angewöhnt, weil ihr Mann, der große Schauspieler, klein ist.

»Gab es solche Meinungsverschiedenheiten?«, fragte Mayer mit der Unschuldsmiene eines pubertierenden Gymnasiasten.

Frau Baumgartner schluchzte auf und schnäuzte sich.

Buchinger betrachtete das riesige Bild im angrenzenden Wohnzimmer. Es war ganz einfach nicht zu übersehen. Im Vordergrund sitzt eine halb nackte Frau, eine entblößte Brust fesselte den Blick des Inspektors, dessen kaum zügelbare sexuelle Begierde offenbar ständig auf der Lauer war, um gierig zu erwachen. In der Bildmitte wie Nonnen gekleidete Menschen, das gesamte Szenario offenbar in einer Wüstengegend, wo zwei gewaltige Torbögen völlig unmotiviert fast die Hälfte des Geschehens überragen.

Neben dem Bild, auf dem quaderförmigen Kachelofen, stand eine massive Nachbildung von Michelangelos *David*, blütenweiß wie das restaurierte Original in Florenz, etwa einen halben Meter groß. Das Bildungsbürgertum lässt offenbar nichts aus, nicht einmal die naheliegendsten Klischees. Fehlte nur noch, dass Vivaldis *Vier Jahreszeiten* oder ähnlicher Kitsch im Hintergrund vor sich hinträllert, dachte Buchinger. Eine Schande, wie der Geschmack der Masse die herausragenden Schöpfungen der Kunstgeschichte in den Sumpf der Banalität zieht. Vor allem bei Barockmusik und Renaissance-Architektur verstand Buchinger überhaupt keinen Spaß. Man müsste Bach vor seinen Liebhabern retten und Michelangelo dort lassen, wo er hingehörte: im Olymp der bildenden Künste, die einem Gott dienen und nicht der schnellen Verwertbarkeit. Selbstverständlich musste Buchinger auch an den Petersdom denken, die Stein gewordene Metapher für das Ende einer langen Pilgerreise. Oder, einfacher ausgedrückt: für Sex mit Bellucci.

»Die beiden waren echte Freunde. So was wie die beiden gibt's heute gar nicht mehr. Glauben Sie wirklich, dass man so was wegen einer Meinungsverschiedenheit aufs Spiel setzt?«

Sie fragte schon wieder! Und griff mit der Rechten nach dem Kuli.

Linkshänderin streichen!, notierte Mayer im mentalen Protokoll.

»Und wenn's um rechtsradikale Thesen ginge? In einer alten Freundschaft zwischen Männern, die ihr Leben lang auf der Seite des Guten kämpften?«

»Jetzt unterstellen Sie Clemens auch noch, ein Rechter zu sein?«

Sie fragte schon wieder. Die Vokale zogen sich bei ihr. Wenn sie dozierte – und sie dozierte tatsächlich –, saßen ihre Zuhörer automatisch auf der Anklagebank. Oder in der Schule, erste Reihe. Buchinger erinnerte sich an seine Lehrerin in der Volksschule, Frau Loiber. Sie brauchte das Klassenzimmer nur zu betreten, und schon fühlte man sich schuldig.

»Ich glaube schon, dass ich das beurteilen kann. Ja, ich glaube schon! Ich führe mit Clemens seit zwanzig Jahren eine glückliche Ehe und kenne ihn wie sonst niemand auf der Welt. Außerdem habe ich mich im Studium mit all diesen Fragen beschäftigt, kommen Sie mir nicht so!«

»Frau Loiber, ähm, Baumgartner, ich habe Sie nur gefragt, ob in diesem Fall faschistoides Gedankengut eine Rolle gespielt haben könnte. Xenophobie, Islamophobie, Abwertung von Frauen, was weiß ich?«

Frau Baumgartner erhob sich trotz der sportlichen Kleidung eher schwerfällig. Die Frau war einfach zu fett für ihr Alter, außer den Schuhen hatte sie nichts Sportliches an sich. Buchingers Blick fiel wieder auf das Bild im Hintergrund, eine irritierende Brust, eine Wüstenlandschaft, eine Kombination jenseits der Vernunft.

Jetzt bietet mir das Surreale schon eine Herberge, wenn ich aus der Realität flüchten will, dachte Buchinger. Weit ist es mit mir gekommen! Und diese störrische Kuh redet zwar, aber wie auf einer Bühne.

Zweifellos war ihr die Aggression anzusehen, doch Buchinger wurde den Eindruck nicht los, dass eine tiefe Trauer der Kern dieser Aggression war.

»Zwei Menschen befinden sich in einem Zimmer, sonst niemand. Einer der beiden wird vergiftet. Dieser Mensch kann sich nicht bewegen. Also muss die andere Person ihr das Gift verabreicht haben. Das ist momentan der Stand der Dinge. Und: Alle an der Untersuchung des Falles Beteiligten sehen den Sachverhalt so wie ich ihn beschrieben habe. Frau Baumgartner, was halten Sie davon? Mich interessiert Ihre Einschätzung.«

Frau Baumgartner blieb stumm, sie lächelte mitleidig und fuhr sich mit der Hand durchs kohlrabenschwarze Haar.

Buchinger probierte einen anderen Weg: »Claire Zachanassian – sagt Ihnen dieser Name etwas?«

»Natürlich!«, antwortete sie langsam, mit sehr deutlicher Artikulation. Sie machte beim »ü« einen derart schönen runden Mund, dass man sich wie in der ersten Reihe im Burgtheater fühlte. »Claire Zachanassian ist der Name für den menschgewordenen Racheinstinkt. Der Name stammt aus einem Drama von Dürrenmatt. Uralt – nicht Dürrenmatt, denn der ist schon tot. Aber das Drama. Und unter dem Namen Claire Zachanassian habe ich vor Jahrzehnten in einer Studentenzeitschrift in Salzburg publiziert.«

Davon abgesehen, dass sie für die Übermittlung dieser Information eine Ewigkeit benötigte, war sie dennoch brauchbar. Da passten doch endlich mal zwei Teile zusammen!

»Dürfen wir uns im Arbeitszimmer Ihres Mannes ein wenig umsehen? Ich nehme an, ein berühmter Schauspieler wie Clemens Baumgartner hat so etwas wie einen Rückzugsraum. Und einen Computer. Wenn wir den mitnehmen dürften, wäre uns sehr geholfen.«

»Nix für ungut, Herr Inspektor! Aber erst sagen Sie, mein Mann wäre ein Mörder, dann unterstellen Sie ihm eine Nähe zu rechtsradikalem Gedankengut und jetzt wollen Sie seinen Computer mitnehmen? Tut mir leid, aber mein Vertrauen in die Exekutive könnte größer sein. Sie können sich gerne in seiner Bibliothek im zweiten Stock umsehen, aber der Computer bleibt hier!«

»Vorerst!«, traute sich Buchinger noch zu entgegnen. Und zu Mayer gewandt: »Sicherstellung beantragen!« Mayer und er warfen noch einen schnellen Blick in Baumgartners Bibliothek im zweiten Stock, die eher einem Kino glich: Hunderte, wahrscheinlich tausende DVDs gaben eine beeindruckende Wandgestaltung ab, auf den beiden gegenüberliegenden

Längsseiten, sehr bunt. Die dritte Seite des Raums war nichts anderes als ein gigantisches Fenster, die vierte Wand diente als Projektionsfläche für einen Beamer, der an der Decke befestigt war. Baumgartners Arbeitsbereich war ein Kinosessel und ein Couchtisch mit einem Notebook, kein klassischer Schreibtisch. Daneben ein Regal mit Büchern, in der Hauptsache Lexika und gesammelte Werke der obligatorischen Dramatiker: Goethes gesammelte Werke, Dürrenmatt, Kleist, Schwab, Euripides, Shakespeare, aber auch Racine und Fo. Mit einem Wort: alles. Die Erscheinung insgesamt sehr stylisch, großzügig und elegant, aber gerade deshalb für diese Gesellschaftsschicht nicht außergewöhnlich.

»Was macht Sie so sicher, dass Ihr Mann Pointner nicht ermordet haben kann?«

»Er ist dafür viel zu schwach. Und viel zu gut. Das passt überhaupt nicht in sein Programm. Er ist ein Selbstdarsteller, das ja, exaltiert auch abseits der Bühne, aber viel zu antriebslos für einen Mord. Wissen Sie, wie viel Kraft man für einen Mord braucht?«

Sie fragte schon wieder! Aber sie erwartete keine Antwort. Sie wusste offensichtlich alle Antworten selber. Wahrscheinlich eine Lehrerin.

»Im Regelfall ist ein Mörder nach seiner Tat erschöpft, total fertig. Der klassische Mörder sitzt nach seinem Verbrechen blöd rum und kann sich nicht rühren, weil er so ausgelaugt ist wegen dem, was er getan hat. Sobald er wieder zu Kräften kommt, hat er nichts anderes im Sinn als die Tat zu gestehen. Das alles ist für Clemens viel zu mühsam. Er könnte diese Strapazen nie auf sich nehmen. Das macht mich so sicher, dass Sie sich furchtbar irren. Was auch immer in dem Zimmer im Krankenhaus passiert sein mag. Und: Dass Sie Clemens in die Nähe von rechtem Gedankengut rücken, werden Sie noch bitter bereuen.«

Ein schöner Vortrag! Wahrscheinlich eine Lehrerin – so klar, so anklagend, so überzeugend!

»Frau Baumgartner, was machen Sie beruflich?«, fragte Buchinger.

»Ich bin Professorin an einem Gymnasium«, antwortete sie und spitzte dabei den Mund wie Schauspielerinnen in Filmen aus den Sechzigerjahren, wenn sie sich vor einem Spiegel die Lippen anmalten. Und dabei gleichzeitig irgendeinem Idioten das kleine Einmaleins erklärten. »Deutsch und Sport«, fügte sie noch hinzu. Buchinger hatte die Antwort aber bereits genügt. Redundanz, also Langeweile verursacht durch Wiederholung, war etwas in seinem Leben, worauf er gerne verzichten hätte können. Dafür war das Leben zu kurz.

Eine Lehrerin also! Wie banal das Leben doch war!

Wie Recht sie mit ihrer Drohung, er werde seine Unterstellung noch bereuen, haben würde, konnte Buchinger noch nicht ahnen, als er das Anwesen Baumgartners verließ. Er war wie elektrisiert von dem Gedanken, dass Claire Zachanassian und Dürrenmatt mehrmals aufgetaucht waren. Wie weithin sichtbare Bojen in einem bleigrauen Meer. Außerdem ließ sich der Eindruck nicht verleugnen, Baumgartners Ehefrau umhülle das Wesentliche mit einem undurchdringlichen Dunkel, mit einem finsteren Mantel, einem schwarzen Konglomerat aus undurchsichtigem Material. Vielleicht lag es auch nur an dem heraufdämmernden Gewitter, das einen Wetterumschwung andeutete, dass Buchingers Assoziationen ins Dunkel abdrifteten. Jedenfalls wurde er den Eindruck nicht los, dass irgendetwas nicht stimmte – und das war für einen Kriminalisten ein durchaus fruchtbarer Eindruck, selbst dann, wenn man ihn noch nicht zu deuten wusste.

Buchinger hatte Mayer ins Büro geschickt, damit dieser Licht in die Vergangenheit von Claire Zachanassian bringe. Er selber stattete Baumgartner einen Besuch ab.

Interessant, dachte er, wie Dinge und Ereignisse immer gemeinsam vorkommen: der Anblick einer Zeitung und das Rascheln beim Umblättern und der Geruch der Druckerschwärze. Der Anblick des Gefängnisses, das flaue Gefühl im Magen und der ewig gleich dämliche Gruß des Justizwachebeamten am Eingang: »Guten Morgen!« mit zwei quälend gequetschten »e«. Unabhängig von der Tageszeit. Musste wohl so sein, dass wir die Sinneswahrnehmungen nicht einzeln verdauten, sondern immer gleich im günstigen Doppel- und Mehrfachpack: eine raschelnde und nach Druckerschwärze riechende Zeitung und ein unangenehmer Ort mit monoton grüßenden Menschen. Wenn es sich so verhielt, dann musste man verdammt aufpassen, dass man nicht vorschnell das ganze Paket wahrnahm. Also das Gelb und die Krümmung und den bittersüßen Vorgeschmack und die klebrigen Hände, wenn man sie schälte, die Banane. Oder die vergitterten Fenster, die Kahlheit der Räume, das Hallen der Schritte auf den Gängen und die Assoziation von »Justizanstalt« mit »unangenehm«. Mit dem letzten Begriff war Buchinger gar nicht zufrieden. »Unangenehm« passte einfach nicht zum Geist dieses Ortes, war irgendwie zu schwach und farblos und entsprach nicht der Tragik, die dieser Festung mitten in Wels innewohnte.

Baumgartner war alles andere als unangenehm, eigentlich kein unsympathischer Mann, wenn man davon absah, dass er höchstwahrscheinlich einen Menschen ermordet hatte. Etwas überdreht vielleicht, was man ihm kaum übel nehmen konnte. Und vielleicht ein wenig überheblich. Ein Mann jedenfalls, der sich seiner Wirkung bewusst war. Letzteres machte ihn doch wieder ein wenig unsympathisch.

»Was für einen Grund sollte ich haben, den Anton umzubringen? Der war ja eh schon halb tot!«

»In Bezug auf das Motiv tappen wir noch im Dunklen«, musste Buchinger zugeben. »Aber glauben Sie mir: Es findet sich unter Garantie eines. So funktionieren wir Menschen: Wir können einander nicht leiden! Höchstens oberflächlich. Aber dieses uralte Gehirn in unserem Schädel ist darauf programmiert, sich zu verteidigen oder die Flucht zu ergreifen. Auf jeden Fall ist es egoistisch. Und Allianzen mit anderen aus der Horde gehen wir nur dann ein, wenn das einen Vorteil verspricht.«

»Wollen Sie mir jetzt einen Vortrag über Evolutionstheorie halten? Ich hab wirklich andere Sorgen!«

»Ich will nur sagen, dass irgendwer sicher irgendwas finden wird, das Ihre Beziehung zu Pointner in ein Licht taucht, das Sie verdächtig macht. Sie sind dringend tatverdächtig, man hat Sie am Tatort neben dem Toten vorgefunden, vorher gab's einen lauten Wortwechsel im Zimmer. Wenn Sie etwas sagen können, das Sie entlastet, dann sollten Sie das schnell tun. Verlassen Sie sich nicht darauf, dass wir kein Motiv finden. Wir finden sicher eins. Denn es gibt immer ein Motiv. Das wollte ich sagen.«

»Verstehe.«

Buchinger tastete in der Tasche seines Sakkos nach seinen Zigaretten, fand natürlich keine, er hatte ja mit dem Rauchen aufgehört. Leider.

Baumgartner wirkte sehr ruhig. Nicht gelassen, sondern ruhig auf eine resignative Weise. »Ich kann Ihnen nicht mehr sagen, als ich eh den anderen Beamten schon gesagt habe. Der Anton und ich sind seit unserer Jugend befreundet. Vor einem halben Jahr ist seine Frau unter tragischen Umständen gestorben, kurz darauf wurde er schwer krank. Ich habe ihn mindestens einmal wöchentlich besucht, das schuldet man einem Freund.«

Durch Baumgartners Körper ging ein Ruck, nun saß er ganz aufrecht da. Als hätte ihn die Darstellung seiner guten Tat größer gemacht.

»Als das passiert ist, haben wir miteinander geredet. Das heißt, ich habe mit ihm geredet, er war ja notgedrungen eher der Zuhörer. Plötzlich fällt er aus seinem Rollstuhl und stirbt. Die Tür geht auf, die Schwestern schreien, Anton liegt vor mir, ich stehe da wie ein Idiot, der ihn getötet hat.«

Baumgartner schüttelte den Kopf. »So blöd kann man ja gar nicht sein, dass man einen Mord begeht wie auf der Bühne. Noch dazu habe ich keine Ahnung von Gift und auch nie eines besessen, obwohl mir das jetzt vorgeworfen wird. Wie hätte ich denn unbemerkt aus dem Stockwerk kommen sollen? Alle wussten, dass ich da bin. Mit einer der Schwestern habe ich vor meinem Besuch sogar noch geredet.«

»Genau dieselben Überlegungen haben wir auch angestellt. Es gibt allerdings auch die Möglichkeit, dass genau dies, nämlich keine Strategie zu haben, die Strategie ist. So wie man einen Brief gut verstecken kann, indem man ihn offen auf den Schreibtisch legt. Verstehen Sie?«

»Klar, ich bin ja nicht blöd!«

»Sie begehen einen Mord vor den Augen der Öffentlichkeit – die Presse wird schreiben, dass das zu Ihnen passt. Immerhin sind Sie ein gefeierter Schauspieler, der es gewöhnt ist, dass alle Welt auf ihn blickt. Sie nehmen zu Recht an, dass niemand Sie für so blöd halten wird, einen Mord wie diesen zu begehen. Und da diese Sichtweise ausgeschlossen werden kann, muss die Mordhypothese fallen gelassen werden.«

»Ich verstehe Sie ja! Natürlich kann man das so sehen! Und es sieht wahrscheinlich auch so aus! Aber es ist ganz einfach nicht wahr! Es schaut ja auch so aus, als würde sich die Sonne um die Erde drehen.«

Baumgartner hatte sich wieder warm geredet, nun deklamierte er wie am Landestheater in Linz, *Hamlet* oder so.

»Ich würde Ihnen gerne glauben, Herr Baumgartner. Aber ohne einen alternativen Erklärungsansatz wird's nicht gehen. In meiner Welt gibt es keine Zufälle, vor allem keine Ereignisse ohne Ursachen. Wenn es so scheinen mag, als würde ein Ereignis unverursacht geschehen, dann denke ich, dass wir die Ursache noch nicht kennen. Mit der Betonung auf *noch*.«

»Sie müssen mir helfen, ich bin unschuldig! Es muss eine andere Erklärung für Antons Tod geben. Ich bin sein Freund! Ich war sein Freund.«

»Ich will ganz offen sein: Sie haben unter dem Namen Claire Zachanassian Postings publiziert, die …«

»Blödsinn!«

»…, die Ihrem Ruf als weltoffener und liberal denkender Künstler diametral widersprechen. Anton Pointner hat sich als kritischer Kommentator des kulturellen und politischen Geschehens in Oberösterreich einen Namen gemacht. Mein Büro hat mich informiert, dass er als deklarierter Antifaschist galt. Könnte doch leicht sein, dass Sie beide deshalb aneinandergerieten?«

»Noch einmal: Das ist ausgemachter Blödsinn! Ich publiziere keinen rechten Müll. Hab gar keine Zeit dazu. Und denke ganz anders. Recht logisch scheint mir Ihre Argumentation auch nicht zu sein: Wenn ich unter einem Pseudonym rechte Scheiße von mir gebe, wie sollte dann Anton wissen, dass ich es bin, der sich hinter dem Pseudonym verbirgt? Und nicht mit mir darüber sprechen? Und ich bring ihn dann um? Wieso eigentlich? Klar, dass die Aufklärungsrate in Österreich so miserabel ist! Ihr Polizisten habt ja einen Knall! Ich rede nur mehr im Beisein meines Anwalts mit Ihnen!«

Das war ja einigermaßen positiv verlaufen, dachte Buchinger. Der Hang zur Ironie ist ihm also geblieben, der Erfolg seiner Ermittlungen blieb noch aus. Kann alles noch werden, das Blatt wendet sich schnell. In der Tat: Nun kippte das Wetter endgültig. Ein Sommer kündigte sich an, wie man ihn kannte in Österreich: Regen, der sich mit Gewittern abwechselte, zu niedrige Temperaturen im Wechsel mit Kälte, die Seen erwärmten sich nicht und wenn man etwas Schönes sehen wollte, dachte kein Mensch an das Wetter, sondern ans Fernsehen. Der gute alte Sommer also, nicht diese grausamen mediterranen Vorboten des tödlichen Klimawandels wie Hitzerekord, Wasserknappheit und Ernteausfall.

Die Welser Vorstadt trotzte jeder Veränderung, hier blieb alles wie immer, da hatte selbst ein Wetterumschwung keinen Einfluss auf die friedlichen Umstände, die wie in einem Einweckglas die Wechselfälle des Lebens überdauerten: Der Schreckliche ließ sich selbst vom Nieselregen nicht davon abhalten, seinen Pool zuzuschütten. Wahrscheinlich brütete er während seiner schweißtreibenden Arbeit über einer Möglichkeit, seinem Nazi-Nachbarn unbemerkt Stahlnägel in die Autoreifen zu hämmern. Doch der war ganz offensichtlich nicht auf seinem Beobachterposten hinter dem Küchenvorhang. Telefonierte wahrscheinlich gerade mit seinem Anwalt, weil der Schreckliche eine Scheibtruhe schob, deren Rad quietschte.

# Kapitel 6
# Der Schreckliche

Der folgende Tag, ein Donnerstag, leitete den Herbst ein. Immerhin war bereits der 2. August. Es war um fast zehn Grad kühler. Der Tag begann trist und endete trist. Und Buchinger begann den Tag als Polizist und sollte den darauffolgenden Tag als suspendierter Polizist beenden.

Er versank gerade in einer dem Wetter angepassten Depression, und die letscherte Tasse »Kaffee« im Stehen konnte diesem Gemütszustand auch nichts entgegenhalten. Im Fall Pointner/Baumgartner trat er auf der Stelle: Wie auch immer man es drehte und wendete, das Rätsel blieb. Das Offenkundige schien so unvernünftig zu sein, so unerklärlich. Baumgartners Frau hatte Emotionen gezeigt, die so gar nicht zum Geschehen passten. Der Schauspieler selbst war eben ein Schauspieler und schien etwas zu verschweigen, wenn er sich nicht irrte. Aber wer hatte schon nichts zu verschweigen? Außerdem waren diese Eindrücke keine Fakten, keine Grundlage für kriminalistische Schlussfolgerungen, lediglich Gefühle.

Mayer hatte einige Informationen zu den publizistischen Ergüssen der jungen Angelina Baumgartner zusammengetragen. »War gar nicht so leicht, die hatten damals noch gar kein richtiges Internet!« Für Mayer mussten sich die Neunzigerjahre anfühlen wie die Steinzeit, so ganz ohne Smartphones und Selfies. Jedenfalls oszillierte sie in ihren Texten für die Zeitschrift der Germanisten (ja, damals wurde auch noch nicht gegendert) zwischen antibürgerlicher Pose und einem katholischen Engagement, das von sich selbst überzeugt war, links zu sein.

»Wie das geht, weiß ich nicht«, meinte Mayer. »Das hat mir

ein gewisser …«, Mayer zückte seinen Notizblock, »… ein gewisser Michael Berg diktiert. Stottan meinte, ich solle ihn anrufen und mir die Texte interpretieren lassen.«

So hatte dieser Tag auch sein Gutes: Buchinger war der überheblichen Besserwisserei Bergs ausgekommen, eines Mannes, der den Ruf hatte, alles zu wissen. Der konnte zwei Stunden über ein Dreieck reden oder über die Farbe Weiß oder über einen in Oberösterreich gebräuchlichen Familiennamen! Er wurde als externer Berater zu allem und jedem befragt, und zwar österreichweit, und Stottan war fest davon überzeugt, dass seine Expertise nicht unwesentlich zum Erfolg, vor allem der oberösterreichischen Polizei und hier vor allem der Welser Kripo, beitrug. Neben ihrem eigenen Beitrag wohlgemerkt.

Dann überschlugen sich die Ereignisse, zumindest für Welser Verhältnisse. Wels war ja in der glücklichen Lage, dass ein festgenommener Dealer oder ein geplünderter Zigarettenautomat bereits die Highlights der Verbrechen darstellten.

Ein Kollege aus dem fünften Stock gesellte sich zu Buchinger, der im fahlen Licht des Automaten stand, der es einfach nicht schaffte, einen wirklichen Kaffee zu produzieren. »Schau mal: Da ist vor Tagen eine Meldung eingegangen. Eine gewisse Frau N. aus der Vorstadt meldet ihren Mann, fünfundneunzig, als vermisst. Er dürfte ein ziemlicher Streithansl sein, zumindest für sein Alter. Jedenfalls hat seine Frau neben der Schreibmaschine einen Drohbrief an den Nachbarn gefunden, es geht um ein weggeworfenes Papierl. Wir haben den Brief sichergestellt.«

»Schreibmaschine?«

»Ja, Schreibmaschine! Aber nicht, dass du glaubst, eine elektrische! Sondern eine mechanische mit Farbband und Tipp-Ex zum Korrigieren. Hab ich zuletzt in einem Wimmelbuch meiner Kinder gesehen. Als sie drei Jahre alt waren. Jedenfalls ist der Mann weg. Kein Lebenszeichen mehr von ihm. Mit dem Nachbarn haben wir auch geredet, er wird in der Siedlung *der Schreckliche* genannt. Scheint ja eine nette Wohngegend zu sein!«

»Der Schreckliche?«

»Ja, du kennst ihn sicher. Wir sind nämlich draufgekommen, dass du auch dort wohnst. Kannst du dich mal der Sache annehmen, du kennst doch die Umstände dort sicher viel besser als wir?«

Und ob er die Umstände kannte! Die Nachbarn – einer unsympathischer als der andere! Auch so ein komisches Naturgesetz! Alle, die er kannte, hatten verrückte Nachbarn. Da blieb kein anderer Schluss übrig als der, dass alle verrückt waren. Man selber natürlich nicht! Der alte Nazi hatte ihm schon einmal einen toten Hasen auf die Terrasse gelegt, aus purer Boshaftigkeit. Der andere, der Schreckliche, war ein furchtbarer Angeber, dessen übersteigertes Selbstvertrauen von seinen dubiosen Finanzgeschäften gespeist wurde. Dann gab's da noch Frau Schneider, die sich seit Jahren, schon lange vor ihrem dreißigsten Geburtstag, täglich von ihren riesigen Hunden durch die Auen ziehen ließ. Harmlos, aber doch irgendwie tragisch anzusehen, wie eine Frau ihres Alters die Liebe von den Menschen abzog und auf Hunde umlenkte. Die war höchstwahrscheinlich nicht einmal auf einer Partnerbörse angemeldet! Und schließlich ich selbst, dachte Buchinger: ein alter Grantscherben, der zufällig die schönste Frau der Welt aus Stadl-Paura entführen durfte wie Paris seine Helena. Der Barockmusik liebte und Punk, der gerne über Zahlen und Architektur nachdachte, vor allem den Petersdom, und der ziemlich neugierig war, neugierig ohne Ende, der sich am liebsten in Bücher versenkte. Der jetzt erst, mit über sechzig, halbwegs erträglich und umgänglich wurde, ab und zu sogar an seine Hochbeete dachte und sie dennoch hoffnungslos vertrocknen ließ und aus lauter Boshaftigkeit nackt im Garten rumlief, weil er wusste, dass das den alten Nazi von nebenan grenzenlos ärgerte. Auf Interventionen in seinem Umfeld hatte er nicht die geringste Lust. Er nahm an, dass der alte Nazi nicht einmal wusste, dass er bei der Kripo arbeitete.

In Summe ergab das: »Ja, ich werd mal schauen.« Damit war die informelle Dienstbesprechung in netter Atmosphäre – grelles Licht, enervierend summender Kaffeeautomat, Kaffee simulierendes Gesöff – beendet. Buchinger meinte, damit das Schlimmste des Tages überstanden zu haben, doch er sollte sich täuschen. Der Tag war noch lange nicht fertig mit ihm!

Michael Berg rief an. Er wolle unbedingt mit Dr. Buchinger persönlich sprechen! »Es ist so: Ich möchte Sie warnen. Das ideologische Gebräu, das einst aus der Feder von Frau Baumgartner aufs Papier floss, galt damals als kritisch im besten Sinne des Wortes. Die Bedeutung hat sich gewandelt. Aus dem humanistischen Anspruch ist in den Augen der Mehrheitsgesellschaft eine gefährliche Melange an Überzeugungen geworden, die als fundamentale Kritik an den Grundwerten angesehen wird. Im Klartext: Die epikureischen Imperative des *Lebe im Verborgenen!* und *Lustmaximierung durch Askese!* werden als Affront gegen den Konsumismus angesehen, der den Motor unseres Wohlstands darstellt. Groteskerweise, muss man sagen, denn immerhin hat sich nicht nur ihr Anti-AKW-Engagement durchgesetzt, sondern auch ihr Plädoyer für regionalen Konsum und gegen globalisierten Ausverkauf des Planeten sind mittlerweile im Mainstream angekommen. Trotzdem: Diese Bio-Katholiken von damals sind durch die Institutionen marschiert und heute als Nutznießer des Kapitalismus' an dessen Spitze angelangt. Sie bewegen sich im obersten Einkommenssegment, haben ihre grundsätzlich antikapitalistische Attitüde aber nicht abgelegt.

Da bleibt nach wie vor die schmarotzerhafte Ablehnung des Kinderkriegens, die ideologisch zum Verzicht auf Kinder wegen des ökologischen Fußabdrucks umgedeutet wird. Sie bleiben auch in der Führungsebene die Wühlmäuse von damals. Nicht allein das ist schon gefährlich genug.«

Berg machte eine kurze Pause. Wahrscheinlich zündete er sich gerade eine Zigarette an – das einzig wirklich Sympathische an ihm. Buchinger hütete sich, eine Frage zu stellen oder auch nur »Aha« zu sagen. Das hätte Berg unnötig motiviert, weiterzureden bis in alle Ewigkeit. Und der Gebrauchswert von Bergs Ausführungen war auf eher akademischem Niveau, konvergierte also streng gegen Null.

»Auch die Perspektive der anderen auf die Gewinner im Verteilungskampf ist gesellschaftspolitischer Sprengstoff. Sehen Sie sich die sogenannten Parteiprogramme an: Alle drängeln wie die Lemminge in die Mitte und versprechen den Wohlstandsverlierern, dass sie sich jetzt holen könnten, was ihnen zusteht bzw. was ihnen genommen wurde. Verstehen Sie, was ich meine?«

Natürlich verstand Buchinger. Für diese Analyse hätte man sich trotzdem die Zeit für das Telefonat sparen können. Ist ja interessant, was Berg da von sich gab, aber erstens nicht neu und zweitens für den Fall komplett irrelevant.

»Sie fragen sich vielleicht, Herr Doktor – in welchem Fach haben Sie eigentlich promoviert? Gibt's so was wie ein Kriminalistik-Studium? Sie fragen sich vielleicht, ob Sie diese Informationen brauchen können.«

Buchinger musste nur drei Sekunden schweigen, dann war die Aufforderung zur schmerzlichen, weil zeitraubenden Kommunikation auch schon wieder überstanden.

»Der Nährboden der Einstellungen der Baumgartners ist nach wie vor höchst aggressiv. Das sind keine Jugendflausen menschenfreundlicher Fantasten während des Studiums eines Orchideenfachs – das sind sozioökonomische Sprengköpfe, die auch die Gegenseite radikalisieren. Will sagen: Wer sieht, wie locker die Gewinner im Verteilungskampf das Geld verdienen, muss zur Pumpgun greifen, wenn er sich anhören muss, wie ebendiese Leute aufs *System* schimpfen und auf alle spucken, die sich kein Gemüse aus ökologischem Anbau und kein Biobrot und kein Ökohaus in verkehrsberuhigter Lage leisten können, damit auch die Schmetterlinge ein Platzerl zum Ausruhen finden.«

War das ein Scherz oder meinte er das ernst? Jedenfalls schien das Schlimmste überstanden.

»Ich danke Ihnen! Diese Information hilft mir sicher weiter«, bemerkte Buchinger knapp.

»Eine charmante Lüge – ich weiß. Was ich noch sagen wollte: Vom radikalisierten linken Rand des politischen Spektrums zum radikalisierten Rechtsaußen ist es weniger weit als bis zur Mitte. Dass Baumgartner nun rechten Müll publiziert, würde ganz gut ins Bild passen.«

»Ja, das ist mir bekannt, danke. Also …«

»Natürlich stellt sich auch folgende Frage: Was …«, Berg zog hörbar an seiner Zigarette. Buchinger seufzte hörbar.

»Was bedeuten heute die Begriffe *links* und *rechts*? Ist, wer von Heimat spricht, ein Rechter? Oder wer gegen die Gesamtschule ist? Man muss hier verdammt aufpassen, da gibt's seltsame Allianzen und Kampfzonen, die mit den herkömmlichen Bezeichnungen nur unzureichend beschrieben werden können.«

Buchinger musste daran denken, dass Michael Berg, wenn er in Frankreich lebte, Michel de Montaigne heißen würde, so wie einer seiner Lieblingsautoren. Der Skeptiker ging in seinen Essays ebenso leichtfüßig wie Berg von einem Aspekt eines Themas zum nächsten, ohne je den Fokus zu verlieren. Wenn ich mal mehr Zeit habe, also Zeit zum Herschenken, muss ich ihm das erzählen.

»... das ganze Land begraben. Und wir können nur zusehen. Also gut, auf Wiederhören, viel Erfolg!«

Da hatte Buchinger wohl einiges versäumt. Er würde es überleben. Als er auflegte, kehrte er nicht wirklich freiwillig aus dem Turm von Montaignes Schloss im Perigord in das Resopal-Büro im Zentrum von Wels zurück. Die Mühen mit Berg lagen nun hinter ihm, vor ihm lag die Mühe mit Frau N., der neunzigjährigen Frau des alten Nazis.

Das Telefonat gestaltete sich schwierig. Die Frau hörte nur mehr auf einem Ohr, und nach geraumer Zeit erhärtete sich der Verdacht, dass sie das Handy an genau das andere Ohr hielt. Ja, sie habe die Polizei verständigt, und ja, ihr Mann sei abgängig. Das sei noch nie vorgekommen, normalerweise beziehe er seinen Posten als Aufklärer und informiere sie stündlich über die besonderen Vorkommnisse in der Siedlung. Zugegeben, das sei nicht sehr unterhaltsam, aber es halte ihn fit, so wie das kalte Duschen und die Liegestütz am Morgen. Ja, sie habe die Blaupause eines Briefes gefunden in seiner Schreibmaschine, einer guten alten Hermes Baby. Die habe er unmittelbar nach dem Krieg gekauft. Und ja, der Brief sei an den Schrecklichen adressiert gewesen, er habe sich aber auch wie ein Abschiedsbrief gelesen. Ihr Gatte – mein Gott, was für ein Wort! – verweise darin auf Singapur, wo man für ein weggeworfenes Papierl quasi guillotiniert werde, eine Verfahrensweise, die er dem Schrecklichen dringend anempfehle. Außerdem weise er darauf hin, dass er zweimal – die genauen Daten halte er bei sich unter Verschluss – seine Frau gesehen habe, wie sie Männerbesuch – mein Gott, was für ein Wort! – erhalten habe. Er behalte sich wegen des Papierls rechtliche Schritte vor und bringe das Schreiben deshalb persönlich vorbei, um dessen ordnungsgemäße Zustellung garantieren zu können. Mit diesem Schreiben habe er das Haus verlassen und sei nie wieder zurückgekehrt.

Das Telefonat hatte lediglich die Sachlage bestätigt, es hatte nichts zur Klärung des Falles beigetragen. Des Falles? Das war doch kein Fall, dieser Blödsinn hielt ihn nur von der Arbeit ab! Was interessierte ihn ein geisteskranker Ewiggestriger, der sich mit einem hochgekrochenen Neureichen einen Kleinkrieg um nichts lieferte? Soll sich der fünfte Stock doch selber um seine Angelegenheiten kümmern! Buchinger wollte die Sache zu Grabe tragen, als er wie elektrisiert aufschrie: »Zu Grabe!«

Mittlerweile – der Tag, der den Herbst einleitete, war noch nicht vorbei und einschläfernde Regenschleier zogen an den Fenstern des Polizeikommandos vorüber – hatte Stottan schwierige Telefonate zu führen. Als sie fertig war, zitierte sie Mayer aus dem Morddezernat zu sich. Mayer hatte auf der Polizeischule den Ruf genossen, hochbegabt zu sein. Er hatte nämlich den Rechtschreibtest bestanden. Das war doch ein knallhartes Kriterium. Das andere, das weiche, traf auf ihn nicht zu. Es hatte sich unter Müttern herumgesprochen, dass hochbegabte Kinder oft verhaltenskreativ wären. Selber hochbegabt, interpretierten sie den Zusammenhang so, dass verhaltensauffällige Kinder – also etwa ihres – hochbegabt sein müssen. Abgesehen von der durchaus diskussionswürdigen Logik: Mayer war nicht verhaltensauffällig, wenn man davon absah, dass er hochmotiviert arbeitete, von Pflichtbewusstsein beseelt war und ein hochanständiger Kerl. Er trank nicht, schaute keine Pornos, redete niemals schlecht über andere und prahlte nicht. Keine guten Voraussetzungen für das Überleben in der Alterskohorte, aber umso bessere Voraussetzungen für das Ansehen in der Gruppe potenzieller Schwiegermütter.

»Mayer, machen wir's kurz: Bei mir gehen Beschwerden ein über das Vorgehen Buchingers, es wird wohl Anzeige erstattet werden. Wenn Sie nicht irgend so einen Schnellsiedekurs für Verwaltungsbeamte machen wollen, sondern wirklich auf die Fachhochschule wollen, dann antworten Sie frisch vom Leder weg und rasch: Hat Buchinger tatsächlich sowohl Baumgartner als auch seine Frau mit dem Vorwurf konfrontiert, es sei der Verdacht rechtsextremen Gedankenguts in Publikationen des Schauspielers aufgetaucht? Sagen Sie jetzt nichts, ich kenne mich schon aus! Sie können gehen. Sagen Sie Buchinger, ich werde ihn nicht retten können, wenn er noch so einen Blödsinn produziert. Doktortitel hin oder her!«

»Zu Grabe!«, wiederholte Buchinger. »Wie blind kann man sein? Zu Grabe!«

Er kramte ein wenig in seiner Schublade, vollkommen sinnlos. So wie Hühner unmotiviert Körner zu picken beginnen, wenn ihnen der drohende Rangordnungskampf am Hühnerhof zu steil wird. Konnte die Sache wirklich so einfach und gleichzeitig so furchtbar sein, so monströs furchtbar? Da half selbst die jahrzehntelange Routine nicht: Der Blick in die Abgründe der Psyche macht einen schaudern. Und wie diese brodelnde Suppe des Bösen nach oben drängt, ans Tageslicht und wie sie gesehen werden will, das macht einen staunen. Hat nicht auch Berg davon gesprochen: »… das ganze Land begraben?« Die Zeichen waren nicht nur zahlreich und deutlich, sie drängten förmlich zur Entdeckung der Wahrheit!

Zwischen dem Denken und dem Tun liegt ein weites Meer: Da kommt man drauf, dass man nicht mit dem Auto fahren sollte, aber bis man sich ein Monatsticket für die Öffis kauft, vergehen Jahre. Da weiß man, dass die Massentierhaltung nichts anderes ist als eine Massenvernichtung, aber bis man am Leberkässemmerl vorbeigeht, vergehen Jahre. Da wusste Buchinger endlich, was er tun sollte, aber er tat es nicht. Er stand auf, suchte Kleingeld für einen Kaffee, fand glücklicherweise keines, ging im Kreis, betrachtete seine Fingernägel.

Schließlich griff er doch zum Telefon und wählte die Nummer.

»Buchinger hier, Kriminalpolizei Wels, dein Nachbar. Schrecklicher, hör mir mal zu: Dein Nachbar ist verschwunden, der Nazi hinter dem Vorhang. Weißt du was drüber?«

»Der ist verschwunden? Das freut mich! Hoffentlich kommt er nicht wieder!«

»Die Lage ist ernst: Möglicherweise warst du die letzte Person, die ihn gesehen hat. Er dürfte dir einen Brief ausgehändigt haben.«

»Das war doch kein Brief, sondern der Drohbrief eines Wahnsinnigen. Er hat mir mit der Guillotine gedroht, weil ich angeblich ein Taschentuch oder Ähnliches verloren habe. Der Typ ist ja nicht dicht. Also wenn er wirklich verschwunden ist, dann ist das ein riesiges Glück.«

»Habt ihr miteinander gesprochen, ich meine, als er dir den Brief vorbeibrachte?«, fragte Buchinger.

»Natürlich haben wir miteinander gesprochen. Ich hab ihm auch gesagt, dass er ein Trottel ist.«

»Was genau hast du gesagt? Weißt du das noch?«

»Klar! Ich vergesse meine tollen Sätze nicht so schnell. Meine Worte waren: *Hat Ihnen schon mal jemand gesagt, dass Sie ein Trottel sind?*«

»Nett. Und er darauf?«

»Nichts. Ich nehme an, er hat es nicht gehört. Ist ja extrem schwerhörig, der alte Knabe, und regt sich trotzdem auf, dass es in unserer Siedlung zu laut ist.«

»Sonst noch was?«

»Ja, ich hab ihm gesagt, er soll sich wieder einen Anwalt nehmen, das wird sicher lustig. Noch lieber wäre mir aber, wenn nicht ein anderer die Gelegenheit bekommen würde, ihn zu erschlagen, sondern ich. Das Vergnügen möchte ich mir nicht entgehen lassen.«

Der Schreckliche wundert sich wahrscheinlich aufrichtig, warum ihn keiner mag, dachte Buchinger: Gebärdet sich wie der fetteste Affe einer Horde und gibt mit seinem Geld an wie ein Kleinkind mit dem Scheißhaufen im Topferl. Kein Wunder, wenn der alte Nazi stinksauer ist auf ihn: Immerhin beleidigt und droht er ihm offen, parkt sein Auto knallhart vor der Garage des Kriegsveteranen und schmeißt angeblich seine Schnecken rüber in den Garten des ehemals Großdeutschen. Wirklich nicht leicht sich zu entscheiden, wer der größere Ungustl ist von den beiden. Buchinger legte auf.

Verhalten sich die Dinge nun tatsächlich so, wie sie erscheinen? So einfach, so trivial? Und wenn ja, konnte man davon ausgehen, dass nicht nur im Fall des verschwundenen Nazis das Offensichtliche das Wahre ist? Verhielt es sich mit dem vergifteten Katatoniker vielleicht genauso? Dass die Wahrheit so unglaublich platt vor uns liegt, dass man sich schon schämt, wenn man Gedanken investiert, um einen Fall zu lösen? Buchinger beschloss, die Beantwortung dieser Frage auf ein andermal zu verschieben, und griff abermals zum Telefon, diesmal, um eine Hausdurchsuchung der besonderen Art anzufordern. Sie wurde ihm für den nächsten Tag zugesichert.

Büroarbeit war ja nie eine Domäne Buchingers gewesen. Und sie würde es auch in seinen letzten Dienstjahren nicht mehr werden. Er hatte nun vier Telefonate geführt. Das Gefühl, Großartiges geleistet zu haben, ließ sich nicht leugnen. Da lag es nur nahe, sich mit einem Außendiensteinsatz zu belohnen

– nicht beim Obermair, dem aus dem Gastgarten gewordenen Paradies auf Erden mit dem besten Bier weit und breit. Dafür war es noch zu früh, leider. Er dachte eher an einen wirklichen Außendienst: »Mayer, starte unseren Boliden, wir besuchen mal die Wohnung Pointners, von der unser Kollege in Linz so geschwärmt hat!«

Mayer würde ein Wort wie »Bolide« nie verwenden, er kannte es nur aus Buchingers Mund. Den Dienstwagen mit einem Rennauto zu vergleichen, wäre ihm selbst nie eingefallen.

Pointners Haus war eine Oase im schnellen Strom der Stadt. Der Autolärm brach sich an den umstehenden Häusern, es war überraschend still an diesem Ort. In den Garten kam man über eine etwa zwanzig Stufen lange Treppe, er konnte kaum eingesehen werden: Dichtes Schilf, eine kleine Birkengruppe und eine ausladende, aber nicht allzu hohe Weide schirmten den Garten vor neugierigen Blicken ab. Zumindest von der Straßenseite aus. Von den umliegenden Häusern hatte man sicher einen ungehinderten Blick in das idyllische Gärtchen. Wirkliche Rückzugsmöglichkeiten gibt's in einer Stadt kaum. Es sei denn, man konnte Unsummen dafür zahlen. Doch das kleine Haus hier war sicher kein Domizil eines Superreichen. Es strahlte zwar etwas Heimeliges aus, dachte Buchinger, während er einen Blick in diesen Flecken Natur mitten in der Stadt zu erhaschen versuchte, aber das Wort, das am besten zu diesem Haus passte, war: »Verfall.« Eine Liane rankte sich die Regenrinne entlang, der Verputz blätterte ab, zwischen den Granitsteinen auf dem gewundenen Pfad kämpften sich Löwenzahn und Erdholler in den feuchten Schatten. Moos und Algen eroberten als grüne Patina den einsehbaren Teil des Gartens. Dem Hinfälligen dieser Erscheinung haftete dennoch etwas Widerständiges an. Das Haus entzog sich auf charmant nachgiebige Weise dem Diktat der chicen Funktionalität, die nichts anderes hervorbrachte als

Gleichförmigkeit. Davon konnte hier wirklich nicht die Rede sein: Das Häuschen schien aus den Fünfzigerjahren übrig geblieben zu sein. Hier hockte es zusammengekauert und überdauerte die Zeiten und den Zeitgeist.

Wieder öffnete die junge Frau, Emilia Pointner. Wieder schien sie aus tiefem Traum erwacht, wieder verfehlte ihr Blick nicht die Wirkung auf den jungen Polizisten. Doch diesmal signalisierte ihr Blick nicht nur Gleichgültigkeit, er zeigte so etwas wie einen leisen Anflug von Interesse. Mayer und Emilia Pointner schauten einander für den Bruchteil einer Sekunde zu lange in die Augen, dafür haben Beobachter wie Buchinger sicher ein besseres Gespür als die Beteiligten selber.

»Hätten Sie etwas dagegen, wenn ich mich ein wenig in der Bibliothek Ihres Vaters umsehe?«, fragte Buchinger nach den obligatorischen Eingangsfloskeln. Frau Pointner hatte die beiden Polizisten nicht unfreundlich empfangen, sie schien sogar etwas Sympathie zu empfinden. »Mein Kollege Mayer wird Sie begleiten und Ihnen einige Fragen stellen, wenn Sie gestatten.« Mayers Blick, mit dem er Buchinger bedachte, oszillierte irgendwo zwischen blankem Entsetzen und Überraschung: Würde er seine Sprache wiederfinden, wenn er mit Emilia Pointner allein wäre?

Buchinger klopfte ihm freundschaftlich, beinahe schon väterlich auf die Schulter. In der Tat war es ja so, dass ihm väterliche Gefühle nicht fremd waren, gar nicht fremd sogar. Aber nach der Scheidung war die Nabelschnur zwischen ihm und seinen Zwillingen durchtrennt worden. Gelegentliche Anrufe verstärkten den Eindruck zunehmender Entfremdung mehr als sie ihr entgegenwirkten. Harmloser und wortkarger Austausch von Höflichkeitsfloskeln zu Weihnachten und an Geburtstagen. Die beiden waren auch schon über dreißig und lebten im Ausland. Versuchten es besser zu machen als ihre Eltern. »Du machst das schon, Mayer!«, sagte er. »Ich komme in wenigen Minuten zu euch.«

Buchinger ließ sich den Weg zur Bibliothek zeigen, sie war gleich nebenan. Emilia Pointner bat Mayer freundlich ins Wohnzimmer. Buchinger sah die beiden an einem Stapel Bücher in der Garderobe vorbeigehen – der oberste Band war Hesses *Lektüre für Minuten*. Was er noch wahrnahm: ein Parfum aus seiner Jugend, er hätte nicht sagen können, welches. Lavendel? Und leise Musik, R.E.M.s *Losing My Religion*. Mayer zückte im Gehen seinen Notizblock und einen garantiert gespitzten Bleistift. Dann verschwanden die beiden im Wohnzimmer, Buchinger sah Pointners Tochter noch lächeln, dann wandte er sich der Bibliothek zu.

Was Buchinger hier sah, war selbst für ihn ungewöhnlich und neu. Kriminalbeamte waren ja bisweilen mit dem Leid und dem Elend fremder Menschen konfrontiert. Dieses Leid war nicht nur die Spur, die das Verbrechen in den Seelen der Trauernden hinterließ, es spiegelte auch die Natur des Menschen wider, die Natur des Bösen. Das Leben, das hatte ihn dieses gelehrt, ist vor allem eins: unendlich traurig. Doch hier, in Pointners Bibliothek, war es nicht der Anflug von Trauer, der den Eindruck bestimmte. In der Hinterlassenschaft eines Verstorbenen zu stöbern hatte als solches bereits etwas Unanständiges an sich. Die aufgefundenen Gegenstände sprachen in der falschen Sprache zu einem: Kein Ding, und schien es noch so eindeutig zu sein, erhielt die ihm zustehende Bedeutung. Dem Blick des Ermittlers fehlte ganz einfach die Perspektive eines gelebten Lebens, die die Dinge mit Bedeutung erfüllte.

Zu dieser Fremdheit, zu dieser Unzugänglichkeit einer anderen Biografie als der eigenen, die sich immer einstellte, wenn Buchinger in den Lebensspuren eines Verdächtigen oder eines Opfers wühlte, gesellte sich hier eine fundamentale Verschlossenheit der Dinge, die nicht größer hätte sein können, wenn er in China ermitteln hätte müssen. Ohne Mandarin zu beherrschen.

Was noch relativ normal war für eine Bibliothek, war die große Anzahl an Büchern, die dicht gedrängt, oft in zwei Reihen, neben- und hintereinander standen. Auf den stehenden Büchern lagen weitere Bücher – eine Unordnung im Wechsel zwischen Vertikale und Horizontale, die einem Fanatiker der Ordnung wie Buchinger wie eine Störung erscheinen musste. Dieser Fülle an Büchern, die wie Lawinen aus den Regalen brachen, wohnte etwas Gewalttätiges inne.

Die freien Flecken über und schräg rechts über dem Schreibtisch waren mit DIN-A4-Zetteln verhängt, wie kleine Plakate, die jeweils drei Wörter enthielten. Sie ließen sich in zwei Gruppen einteilen: Die erste Gruppe umfasste je drei Wörter, durch Punkte voneinander getrennt, etwa *fischerin.seelen.offenkundig*. Dabei spielte es keine Rolle, welche Wortarten vertreten waren – alle Wörter waren klein geschrieben. Die Reihenfolge schien beliebig zu sein. Andere Kombinationen stachen Buchinger ins Auge: *ablass.schwarz.rechnen* und *ereignen.dann.erschienen*. Zwischen ihnen ließ sich vielleicht ein Zusammenhang herstellen, ansonsten war nur klar, dass die Dreierkonstruktionen keine Sätze ergaben, nicht einmal Satzteile. Sie begannen auch nicht immer mit derselben Wortart.

Die zweite Gruppe von Wörtern war nicht durch Punkte, sondern durch Bindestriche voneinander getrennt oder miteinander verbunden – das ließ sich auf die Schnelle nicht entscheiden. Jedenfalls handelte es sich hier – etwas konkreter als in der ersten Gruppe – um Namen berühmter Menschen, wenn er sich nicht irrte. *Sokrates – Amery – Hume* etwa. Weiters entdeckte Buchinger noch zwei Landkarten, eine von Oberösterreich, eine von Österreich, beide ebenfalls an freie Stellen der Wand geklebt. Verschiedenfärbige Stecknadeln markierten Orte, wie im Kommissariat, wenn man einem Täter hinterher war, der an diversen Orten seine Spuren hinterlassen hatte. War Pointner hinter jemandem her gewesen? Eine Logik in der Anordnung ließ sich jedenfalls nicht erkennen, obwohl einige Stecknadeln mit Wollfäden verbunden waren. Die daraus entstehenden Gebilde ergaben jedoch keine geometrischen Figuren mit Wiedererkennungswert, Dreiecke etwa oder Quadrate. Gott sei Dank, dachte Buchinger noch, sonst hätte ich mir wieder eine Einführung in *Platon und die Geometrie* von Dr. Berg anhören müssen.

Buchinger liebte Bibliotheken. Auch wenn man sich in der Privatbibliothek eines Verstorbenen so vorkam, als würde man in einer Dessous-Lade einer fremden Frau wühlen: indiskret und unanständig.

Kaum zu glauben, dass die Dinge, deren Banalität einem hier entgegenschlug, einem anderen Menschen die Welt bedeutet hatten. Bilder und Bücher, Notizen und kleine Souvenirs. Man sollte alles wegschmeißen. Oder, noch besser: gar nichts besitzen. Dann ersparte man der Nachwelt diesen ernüchternden Blick auf Gegenstände, die man im Laufe eines Lebens mit Bedeutung erfüllt hatte. Mit der Liebe verhielt es sich seltsamerweise genauso: Wer dachte denn nicht, dass seine orgastische Bewusstlosigkeit über Wochen und Monate so einzigartig sei, dass das Universum, ihrer ansichtig, sich schämen müsse? Dass die Sonne im Vergleich dazu ein müdes Flämmchen sei? Im Nachhinein betrachtet aber sind die hochstilisierten Emotionen, die die Welt aus den Angeln heben, doch nichts anderes als der banale Austausch von Körpersäften.

Buchinger ging nicht wirklich davon aus, dass seine Recherche hier etwas zur Aufklärung des Falles beitragen würde. Aber eine gründliche Untersuchung erforderte nun mal eine umfassende Studie der Umstände. Alte Schule eben, gab's heute ja nicht mehr.

Abschließend widmete er sich den Büchern. Die meisten fielen wohl in die Kategorie »Belletristik«, dann gab es natürlich noch Sachbücher aus den unterschiedlichsten Bereichen. Wie viel man doch nicht weiß! Yoga fand er hier und Bücher über klinische Psychologie, das Internet, Baudrillards *Der symbolische Tausch und der Tod*, Nachschlagewerke zum Poststrukturalismus, zur Geschichte des modernen Romans, zur Geschichte des Hässlichen und zur Psychologie der Geschlechtsidentität. Manche Titel lasen sich so interessant, dass er bedauerte, nicht zwei Leben zur Verfügung zu haben, sondern nur eines, und zwar eines mit permanenter Zeitknappheit und Rückenschmerzen: *Die Ökonomie von Gut und Böse*, *Schnelles Denken*, *Langsames Denken*, *Die Kunst des Krieges*, *Chronik von Stadl-Paura*. Aber auch so kryptische Titel wie *Nasenbohren als Kunstform* und *Die sexuellen Präferenzen der Wühlmäuse*.

»Den Computer mitzunehmen hat keinen Sinn«, meinte Pointners Tochter beim anschließenden Gespräch. Sie hatte kleine Mokkatassen vorbereitet, der intensive Duft nach Kaffee und das lockere Geplauder zwischen Emilia und dem jungen Mayer schufen eine äußerst entspannte Stimmung. Schön zu sehen, dass bei den Menschen doch die Neugier und das Interesse am anderen überwiegen und nicht die Angst. Auch dann, wenn die Interessen sehr unterschiedlich sind wie hier bei einem Polizisten und einer Zeugin. Buchinger war auch überzeugt davon, dass man nur lange genug miteinander reden müsse, dann käme man drauf, dass man einen gemeinsamen Bekannten habe. Nicht dass er das könne, aber Bellucci kann das.

»Sie können ihn gern mitnehmen, aber es hat einfach keinen Sinn. Er hat alles mit der Hand geschrieben, auch seine Texte für Zeitungen und seine Bücher. Ich bin mir nicht einmal sicher, ob er die Dateien überhaupt gespeichert hat. Nach dem Abschicken an die Verlage oder die Redaktionen, meine ich.«

»Verrückt eigentlich in Zeiten wie diesen. Hat er die handschriftlichen Aufzeichnungen irgendwo gesammelt?«, fragte Buchinger.

»Ja, das sind diese gebundenen schwarzen Bücher mit beigem Leinenrücken. Sie können Sie gerne mitnehmen, aber ich möchte sie wieder zurückbekommen. Ich hab sonst eigentlich nichts von ihm. Seine Bücher interessieren mich nicht.«

Ansonsten hielt sie den Kopf gesenkt, aber nun blickte sie kurz zu Buchinger auf und lächelte beinahe. Es war kein Kunststück, sich in ihre Situation hineinzuversetzen: Sie hatte innerhalb eines halben Jahres ihre Mutter und ihren Vater verloren. Letzteren nach langer, schwerer Krankheit. Da mischte sich vielleicht ein Anflug von Erleichterung in die Trauer. Und gleichzeitig kämpfte sie sicher gegen das Gefühl der Ohnmacht: Was nicht alles zu erledigen ist in Tagen wie diesen! Zudem lebte sie von ihrem Freund getrennt.

»Sind diese Bücher irgendwie chronologisch geordnet?«

»Ja, die letzten stehen momentan rechts unten, gleich neben dem Computer. Es sind eh alle beschriftet, mit dem Datum am Buchrücken.«

»Darf ich die letzten drei mitnehmen?«

»Wie gesagt: Gerne – aber bringen Sie sie mir wieder!«

»Danke, mach ich. Noch eine Frage: In der Bibliothek hängen kleine Plakate, immer drei Wörter drauf, *gehobenem.gebet.weinrot* zum Beispiel. Wissen Sie, was das zu bedeuten hat?«

»Keine Ahnung! Mein Vater war ein sehr fantasievoller Mensch. Er hat mir, als ich klein war, keine Geschichten vorgelesen, sondern aus dem Stegreif welche erfunden. Und überall Notizen gemacht, für Bücher, Dramen, Gedichte. Vielleicht sind diese Wörter auch solche Notizen. Ich nehme das an.«

Sie schnäuzte sich, dann war es sehr ruhig im Raum.

Mayer erzählte auf der Rückfahrt im Auto, dass er in diesem Moment das Bedürfnis verspürt habe zu helfen, zu trösten. Gleichzeitig habe er natürlich gewusst, dass das nicht seine Aufgabe war. Und dass ihm das auch gar nicht gelingen würde.

»Ich weiß, dass Sie jetzt andere Sorgen haben, aber ich möchte Sie noch etwas fragen«, begann Buchinger wieder das Gespräch. Die Stille war ihm gar nicht unangenehm, im Hintergrund war leise Musik zu hören, der unvergessliche Jack Grunsky, wenn er sich nicht irrte. Nicht ganz die Musik ihrer Generation. »Es ist die Rede davon, dass es zwischen Ihrem Vater und Clemens Baumgartner Meinungsverschiedenheiten bzw. Streit gegeben haben soll. Wissen Sie etwas darüber?«

»Was soll ich sagen? Die beiden waren wie Brüder. Brüder können offenbar nicht ohne einander. Aber miteinander geht gar nichts wirklich gut. Sie waren in ständiger Konkurrenz. Und bezogen sich ständig aufeinander, zueinander. Sie hatten viele gemeinsame Interessen – das ist doch eine gute Grundlage für Freundschaft, oder? Ich würde sagen, man kann sich keine bessere Freundschaft vorstellen. Klar gab es Streitereien, oft sogar heftige. Zu Weihnachten ist mein Vater einmal auf Onkel Clemens – ich nenne ihn Onkel, so sehr gehört er zu unserer Familie – mit einem Schürhaken losgegangen. Raten Sie mal, worum es ging!«

Buchinger und Mayer wechselten kurz einen Blick. Ihre Ahnungslosigkeit hätte nicht größer sein können.

»Sie haben sich um einen Beistrich gestritten. Ob man vor irgendeiner bestimmten Infinitivkonstruktion einen Beistrich setzen müsse. Stellen Sie sich das vor! Ist sicher schon mehr als zehn Jahre her, damals konnte man solche banalen Fragen noch nicht einfach mit dem Handy lösen. Sie haben über alles

Mögliche gestritten: Ob man seinen Urlaub in der Toskana verbringen solle. Ob man es bemerken würde, wenn alle Chefs in Österreich ein Monat lang nicht in die Arbeit kämen. Ob es einen wahrnehmbaren Unterschied mache, wenn die Welt morgen doppelt so groß wäre wie heute. Alles: die Gegenstände, die Lineale, die Augen, die Wassertropfen usw. Sie sehen, das waren Themen von fundamentaler Ernsthaftigkeit. Nein, echte Streitereien gab es zwischen den beiden nicht. Nie, soviel ich weiß. Onkel Clemens ist sicher kein Mörder, und sicher nicht der Mörder meines Vaters.«

# Kapitel 7
# Wahlverwandtschaften

Freitag, der vorläufig letzte Tag im Dienstplan von Chefinspektor Buchinger: Die Herbststimmung dauerte nun bereits den zweiten Tag an. Das bedeutete, dass sie bereits zur Gewohnheit geworden war. Man redete nicht einmal mehr darüber, nicht einmal bei zufälligen gemeinsamen Fahrten im Lift oder beim Anstellen an der Supermarkt-Kassa. So ist der Mensch nun mal: ein Gewohnheitstier! Nach zwei Tagen merkt der gar nicht mehr, dass sich irgendwas verändert hat! Ob es Buchinger mit seiner Suspendierung wohl auch so ergehen würde?

Bellucci war schon weg, arbeiten. Das Gefühl, allein zu sein, schlich fast unmerklich in die Knochen und knapp unter die Haut, so, dass man es gerade schon bemerkte. Ihr Geruch verflog im Haus, nur die Erinnerung an die letzte Nacht blieb.

Er kletterte auf den Rand seines Hochbeetes, um eine gute Aussicht auf den Garten des Schrecklichen genießen zu können. Es ist einfach ein großartiges Gefühl, dabei zu sein, wenn es einem der großen Arschlöcher auf diesem Planeten an den Kragen geht. Dann rollte ein LKW an mit einem Anhänger – schwierig genug in den engen Straßen der Siedlung. Ein kleiner Bagger wurde entladen, der sich wackelnd auf das Grundstück des Schrecklichen hinstotterte. Das war leicht möglich, denn der Schreckliche hatte sein Auto wieder mal auf dem Parkplatz seines Nachbarn abgestellt, es störte also nicht.

Der Schreckliche staunte nicht schlecht, als er bemerkte, dass der ganze Aufwand ihm allein galt. Er stellte seine Scheibtruhe ab. Buchinger wäre fast aus dem Rucola-Beet gefallen, so sehr brachte ihn die Performance aus dem Gleichgewicht.

Der Ablauf der Ereignisse folgte einem bekannten Drehbuch: Der Schreckliche beschwerte sich lautstark, drohte damit, die ganze Polizei zu kaufen, so wie er die vier Häuser rundum gekauft hatte, irgendwer wedelte mit einem Hausdurchsuchungsbefehl unter seiner Nase rum, der Schreckliche schrie daraufhin in sein Handy und der Bagger tat, was Bagger nun mal so tun: Er schaufelte ein Loch in das eben zugeschüttete Loch. Der Schreckliche musste dabei zusehen, wie seine tagelangen Anstrengungen in Bezug auf death cleaning paradoxerweise zu Grabe getragen wurden. Eher schon aus dem Grabe, wenn man stilistisch genau bleiben wollte. Eine moderne Version des Sisyphos quasi, der Sisyphos aus der Welser Vorstadt. Unmöglich, sich diesen Sisyphos als glücklichen Menschen vorzustellen, vor allem in dem Moment, wenn er zusieht, wie der Bagger sein Zerstörungswerk von Neuem beginnt.

Anstatt zu warten bis die Leiche des alten Nazis – wahrscheinlich im rechten Winkel – aus dem Schotterbett gehoben wurde, konnte sich Buchinger genauso gut den Aufzeichnungen Pointners widmen. Er hatte die schwarz gebundenen Bücher noch nicht geöffnet: Diese Schwelle der Intimität zu übertreten fiel ihm nicht leicht.

Was Buchinger aber in den frühen Morgenstunden, lange bevor die Baumaschine auf das Grundstück des Schrecklichen rollte, studiert hatte, waren die Bedeutungen der Familiennamen Pointner und Baumgartner. Wüsste Stottan davon, sie würde wohl kaum davor zurückschrecken, Buchinger zu töten.

Pointen oder Peunten waren kleine Flächen, die für die Ärmsten der Armen aus dem allgemeinen Grund einer Siedlung ausgegliedert und eingezäunt wurden zu deren individueller Nutzung. Wer Pointner heißt, war also ein armer Mensch, der einen kleinen Acker zugesprochen bekam. Ein Baumgartner hingegen war etwas Besseres, jemand, der einen Obstgarten besaß mit edlen Obstsorten.

Buchinger öffnete das erste »Buch«, ein schmales schwarzes Bändchen, aus dem der Tod kalt herausatmete. Reg dich nicht so auf, Buchinger, dachte er, wenn du ein Buch von Goethe oder Max Frisch oder Elias Canetti liest, wirst du ja auch nicht sentimental. Er las:

Ramsau, Winter 2018–19

Samstag

Mein Vater hatte nicht nur für englische Wörter eine Vorliebe, sondern auch für Demütigungen. Wenn er nachdachte, sagte er *well*, das Essen war bestenfalls *alright* und alle Künstler waren Spinner, *anyway*. Mich nannte er *loser*.

Seit Ewigkeiten schon hasse ich Englisch, diese Sprache gewordenen Würgreflexe. Daran musste ich heute denken, als auf halbem Weg von Schladming rauf nach Ramsau nichts mehr ging und wir Ketten anlegen mussten. Ketten anlegen bedeutet: sich eine Stunde lang ärgern, weil sich immer irgendwo irgendwas verhakt; verschmutzte Kleidung; erfrorene Finger. Und der stechende Schmerz im Rücken, verursacht von den vermuteten Blicken der Einheimischen, die mit lässigem Grinsen an dir vorbeibrausen. Wahrscheinlich mit Sommerreifen! Das erste Wort, das mir einfiel, als die Ketten endlich montiert waren und ich nicht wenig stolz auf meine ruinierten Handschuhe und die verdreckten Jackenärmel blickte, war *shit*. Verdammt, ich wurde wie mein Vater!

Es wurde bereits finster, der Schnee fetzte im stürmischen Wind waagrecht vorbei und türmte meterhohe Wechten auf. Man wundert sich, wie da überhaupt Schnee liegenbleiben kann, wenn er parallel zur Erde vorbeipfeift. Wir kämpften uns hoch auf das Plateau von Ramsau und schließlich auf einem schmalen Weg zu unserer Hütte – und das, obwohl das Navi schon längst seinen Dienst eingestellt hatte. Clemens war schon da, sein Wagen parkte leicht schräg vor der Hütte. Zugegeben, das Licht, das aus dem Fenster heraus die Schneeflocken tanzen ließ, hatte etwas Erwärmendes, Romantisches. Ich sah durch die Heckscheibe in den Kofferraum von Clemens' Auto, erspähte völlig durchnässte Handschuhe und einen Schneeketten-Koffer. Begrüßung wie erwartet, wenn sich Städter in der wilden Unwirtlichkeit extremer Natur begegnen: Wir Männer klopfen uns wie Gorillas auf den Rücken, unsere Frauen liegen sich in den Armen, sie schreien sich kurz die wichtigsten Neuigkeiten der letzten Stunden zu und flüstern dann irgendwas unglaublich Geheimnisvolles. Wahrscheinlich verarschen sie uns gerade. Sie vergessen gern, wer die Ketten angelegt, wer das Holz reingetragen und den Ofen aktiviert hat. Ich muss allerdings zugeben, dass es Maria war, die mir den entscheidenden Tipp bei den Ketten gegeben hatte.

»Hast du auch Ketten anlegen müssen?«, frage ich Clemens.

»Bin doch kein Loser! Mein Wagen hat eine hervorragende Straßenlage, der frisst sich durch den Schnee wie ein ICE auf Schienen.«

Wir schaffen das Zeug rein ins Haus, ich stelle ein paar exzellente Rotweine in die Küche, da stehen schon ein paar mehr als exzellente Flaschen von Clemens. Der Kachelofen bullert bereits vor sich hin, die Bude ist einigermaßen überheizt, genau das Richtige für Tage wie diese. Maria zieht sich gleich aus, ihr ist nicht kalt. Klar, sie hat auch keine Ketten anlegen müssen. In blickdichten Strumpfhosen sitzt sie beim Kachelofen, ich könnte sie fressen, so wie sie dasitzt. Neben ihr Angelina, sie heißt eigentlich Anna, aber wir alle nennen sie Angelina. Ich könnte sie fressen, so wie sie dasitzt. Unterschiedlicher können Frauen nicht sein: Maria, quirlig wie eh und je, und die ruhige und besonnene Angelina. Meine Reaktion ist trotzdem dieselbe.

»Peter und Ingrid kommen später«, sagt Clemens, »wir können schon ein paar Bier kippen, bis sie da sind.« Denn das ist der Plan dieses kleinen Ausflugs: Wir trinken bis zum Verlust der Muttersprache und schlittern mit wohldosiertem Alkoholismus vom alten Jahr ins neue.

Die beiden Frauen nippen an ihren viel zu heißen Tees, Clemens und ich schütten eiskalte Biere in uns rein. Maria hatte meinem Vater Worte der Anerkennung abgerungen, ich nehme an, weniger für mich als für sie: *Fine*! Sie hatte ab und zu in einem Studentenbeisl in Salzburg serviert, einem grindigen Italiener mit großzügig gepanschtem Wein. Ich hatte ihr Tattoo auf der Innenseite des linken Arms entdeckt, dort, wo man den Puls misst.

»Was ist das«, fragte ich, »das Elektrokardiogramm deines Geliebten?«

»Nein, das ist die Temperaturkurve des Paradieses, meines Paradieses.«

»Scheint aber turbulent zuzugehen dort, wenn ich mir das ansehe. Höhen und Tiefen im flotten Wechsel.«

»Find's raus!«

Es kostete mich drei Bier und einen »Chianti« als Bestechung für den Idioten von Barkeeper, um den Namen des Ortes aus ihm rauszubringen: Syrakus. Barock. Eine Orgie in Barock. Mehr wusste ich nicht über die Stadt, nein, eines noch: »Zu Dionys, dem Tyrannen, schlich Damon, den Dolch im Gewande.« Die *Bürgschaft* spielt in Syrakus. Hatte ich als Schüler mal auswendig lernen müssen, wegen meines verkrüppelten Deutschlehrers, Oberstudienrat Luftinger: Glatze, Buckel, O-Beine und eine Stimme wie ein sterbendes Schwein.

»Syrakus!«, sagte ich zu ihr. Die Temperaturschwankungen

auf ihrem Diagramm am Puls zeichneten den Tag- und Nachtwechsel auf.

Sie war begeistert und nahm mich mit auf ihr Zimmer. Ich wollte nie wieder raus aus diesem Zimmer. Vor allem, weil sie die weihnachtlichen Lichterketten das ganze Jahr über leuchten ließ. Das war an Romantik nicht zu überbieten.

Wir fantasieren uns nicht nur die Zukunft zurecht, sondern erfinden genauso die eigene Vergangenheit. Warum auch nicht? Man kann sich sowieso nicht genau erinnern. Wie konnte man an exakt den Punkt gelangen, wo man sich im Augenblick befand? Vielleicht mach ich einen Roman draus, aus diesen Varianten erfundener Vergangenheit. Man weiß ja nie. Maria schläft, schön wie eine griechische Statue. Ein kurzer Blick auf Google und ich finde bestätigt, dass es Cicero war, der Syrakus als »die schönste aller griechischen Städte« bezeichnet hatte. Dachte kurz, es wäre Ovid gewesen. Wäre damals, als ich ihr verrücktes küssenswertes Tattoo entdeckt hatte, nicht im Traum möglich gewesen, dass man Trivialitäten in Sekundenschnelle entscheiden konnte. Damals dachte man ja noch, dass man Handys fürs Telefonieren braucht!

Ich schau aus dem Fenster. Man sieht nicht viel: Der Schnee fliegt noch immer in der Waagrechten vorbei, das Land versinkt unter den Schneemassen. Das Licht des Displays vom Laptop hab ich reduziert, damit Maria schlafen kann. Im fahlen Licht des Bildschirms kritzle ich mich durch die Nacht.

Die Wände sind dünn hier in der Hütte. Wenn jemand im Nebenzimmer niest, greifst du zum Taschentuch. Ich bin mir sicher, dass ich hörte, wie Clemens und Angelina es trieben. Dieses rhythmische Knarren und Poltern macht einen fertig, wenn es nicht von einem selbst verursacht wird. Wie muss es da erst Peter und Ingrid gehen? Ihr Zimmer ist direkt neben dem der Baumgartners. Sie sind spät gekommen, auch sie mit dem Auto. Darüber wird natürlich nicht gesprochen: Dass drei Ehepaare, die Grün wählen und Müll trennen und niemals bei McDonalds essen würden, allein schon wegen der Verpackung, höchstens im Notfall mal und heimlich, und prinzipiell den Individualverkehr ablehnen, alle mit dem eigenen PKW anreisen. Und zwar nicht mit kleinen, sparsamen, sondern mit großen spritfressenden Dreckschleudern.

Ich war mit Maria mindestens zehn Mal in Syrakus. Wie sie über die glatt polierte Piazza Duomo geht, sich über die Brüstung der Befestigungsanlage hinauslehnt, wie sie vor der Fonte Aretusa posiert – ich habe alles mit meiner Kamera festgehalten. Was für göttliche Momente!

Aber der Mensch ist zu blöd für das Glück. Er drängt aus dem Zustand des Glücks hinaus, einfach deshalb, weil er den Stillstand nicht aushält. »Jede *Fortdauer* einer vom Lustprinzip ersehnten Situation ergibt nur ein Gefühl von lauem Behagen« – hab ich gerade gegoogelt, ein Satz von Sigmund Freud. Und genauso ist es. Wir wollen uns nicht mit lauem Behagen abfinden, denn Lust will Ewigkeit, will tiefe, tiefe Ewigkeit! Was in der Chemie so unglaublich einfach vor sich geht, mit der Selbstverständlichkeit von Naturgesetzen, nämlich dass sich die Elemente den Anziehungsgesetzen gemäß neu binden, das lässt sich nicht auf den Menschen übertragen. Hier gehen soziale Balken nieder und die Natur wird aus gesellschaftlicher Rücksicht unterdrückt. Sie verschwindet aber nicht, sondern sucht umso kraftvoller nach einem Weg zur Verwirklichung. Wenn ich höre, wie Clemens Angelina misshandelt, schnürt es mir die Kehle zu. Ich denke, ich werde nie wieder schlafen können. Wer liebt, schläft nicht.

Wir haben auch andere Städte auf Sizilien besucht. Überall Barock, im prächtigsten mediterranen Kleid, alles in einen weichen Beigeton getaucht, steingewordene Vanille. Und die Nekropole von Pantalica, eine Totenstadt ungeahnten Ausmaßes! Wie grandios der Widerspruch zwischen den Zeugnissen der Vergänglichkeit und Marias beinahe schon frecher Jugendlichkeit, wenn sie aus dreitausend Jahre alten Grabkammern lächelt! Wie die Stimmen von Nate Ruess von Fun und Janelle Monáe, wenn sie *We Are Young* singen. Ein Stich ins Herz aller, die altern!

Sonntag

Natürlich haben wir gewusst, dass es riskant ist, gemeinsam auf Urlaub zu fahren, auch wenn es nur ein Kurzurlaub ist. Wir kennen uns seit Jahren, da ist es nicht so leicht sich zu verstellen. Aber ich denke, dass ich im Schauspielern nicht unbegabt bin, zumindest so begabt wie Clemens. Der trinkt zum Frühstück einen Humpen Champagner und verdrückt eine Avocado mit Chia-Samen und Goji-Beeren. Darüber geträufelt, ganz traditionell, ein bisschen frischgepressten Zitronensaft und Balsamico-Sauce. Mit einem Frühstücksei lässt der sich nicht abspeisen. Den Standesunterschied soll man schon irgendwie merken. Ein Mentholzuckerl eingeworfen, dann ist er schon auf und davon, raus in den Schneesturm, langlaufen auf einer Loipe, die kein Mensch mehr sehen kann, weil der Wind sie binnen Minuten verweht.

Ich frage mich, ob das noch der Freund ist, der mich schon seit Jahren begleitet. Wir haben gemeinsam studiert, besser: Wir haben uns in derselben Studentenstadt aufgehalten. Ich hab die Bücher verschlungen und er die Mädchen. Ich hab ihm meine Mitschriften zukommen lassen und er mir seine abgelegten Freundinnen. Schade nur, dass die meisten von denen mich nicht wollten. Aber in der Arena des Geistes war er der Außenseiter und ich der Matador.

Peter zupft auf seiner Gitarre, während wir die Küche aufräumen. Was für ein göttliches Ensemble, das Scheppern der Teller und Tassen und des Bestecks, dazu *Wish You Were Here*. Wie in unserer Salzburger WG damals, vor Jahrhunderten. Niemand dachte je daran aufzuräumen, wir lungerten unausgeschlafen über unseren Büchern oder neben leeren Rotweinflaschen. Da sagt Ingrid: »Jungs, wir arbeiten das ganze Jahr, dass wir nicht wissen, wo uns der Kopf steht, dieses Wochenende seid ihr dran!« Sie ist eine furchtbare Emanze, und Peter lässt sich das alles gefallen. Er ist der Einzige von uns, der immer noch so lebt wie damals in unserer Salzburger Bruchbude. Eigentlich ist er noch extremer geworden: Tagsüber schiebt er eine ruhige Kugel auf irgendeinem Amt in Linz, aber eigentlich ist er damit beschäftigt, alles, wirklich alles selber zu machen. Er bastelt aus den Abfällen, die er im Altstoffsammelzentrum findet, Fahrräder und Fernseher im Retrostil, Kinder-Hochstühle und Regalwände. Er druckt selber Bücher, braut sein eigenes Bier und mischt naturkosmetische Tinkturen, Rasierwasser etwa. Baut Baumwolle an (wird aber nichts draus) und Knoblauch, töpfert sein Geschirr selber und schreibt mit Füllfedern aus dem späten 19. Jahrhundert. Jede freie Minute verbringt er in seiner Werkstatt im Turmzimmer in Wels, sein Hämmern ist fast täglich zu hören. »Autarkie« ist sein Lieblingswort. Er trägt sein Haar immer noch lang. Ein Biedermeier-Hippie mit geregeltem Einkommen und einem provokanten Äußeren, das niemanden mehr provoziert.

Ingrid und Peter leben wie in einer Blase, die nur für die beiden geschaffen wurde. Das kommt von der grotesken Geschichte, wie sie schließlich zueinander gefunden haben. Auf der Hochzeitsfeier eines Freundes haben sie sich gestritten, weil er beobachtete, wie sie einen fremden Mann umarmte. Sehr zärtlich umarmte. Er stellte sie zur Rede, sie war sauer, diese störrische Kuh, weil er so wenig Vertrauen zu ihr hatte.

Sie verließ ihn am nächsten Morgen. Genoss eine Auszeit in Udine, Kaffee trinken und unter den Arkaden flanieren.

Peter war und ist bis heute so unfassbar langsam, dass er praktisch alle Modeströmungen versäumte und immer noch die Musik hört, die schon in den Siebzigern veraltet war. An einem Gespräch in großer Runde teilzunehmen fällt ihm schwer, weil er zu langsam ist für schnelle und schlagfertige Reaktionen. Er ist einer von den Menschen, die sich einen ganzen Tag lang einredeten, dass ihnen die Wechselfälle des Alltags nichts ausmachten. Und die sich diese Rückgratlosigkeit als edle Form der Gelassenheit zurechtlügen. Seine Langsamkeit war auch damals schon das treibende Moment für seine Reaktion gewesen: Er machte sich auf den Weg nach Udine – mit dem Rad! Seinem uralten Zehngang mit vorsintflutlichen zwei Schalthebeln und lächerlichen Felgenbremsen. Er war völlig untrainiert und wollte ihr durch die Qualen, denen er sich auf dem Drahtesel unterzog, seine Liebe beweisen. Am ersten Tag kam er nur bis nach Enns. Er war von Linz aus gestartet. Das war erstens nicht sehr weit und zweitens die falsche Richtung. Als er in Udine ankam, sonnengebräunt angeblich und durchtrainiert wie ein junger Gott, wollte sie gerade die Heimreise antreten. Sie war so gerührt von seinem Liebesbeweis, dass sie ihm seine Dummheit vergab. Ich glaube, er lässt sich alles gefallen, weil er Angst hat, dass sie sonst wieder nach Udine abhaut und er sich wieder in den Süden schinden muss. Der Mann, den sie umarmt hatte, war übrigens der Bruder der Braut gewesen, ein Schwuler, der gerade sein Outing hinter sich gebracht hatte und schwer unter den Reaktionen seiner Umwelt zu leiden hatte. Ingrids zärtliche Umarmung war eine freundschaftliche Geste gewesen.

Ich hole Holz von dem kleinen Schuppen gleich neben unserer Hütte, das reicht als Herausforderung eigentlich für einen ganzen Tag. Dicht vermummt muss ich raus, beim Öffnen der Tür stiebt sofort der Schnee herein. Die Holzscheite sind mit einer feinen Schneeschicht bedeckt, obwohl sie unter einem schützenden Dach aufbewahrt werden. Dann wird eingeheizt und alle paar Stunden nachgelegt, schöner kann das Leben nicht sein: Aus sicherer Entfernung die Wildheit der Natur beobachten, Geschichten erzählen, Tee trinken. Wir fühlen uns alle wie die Goldgräber am Yukon, wie Abenteurer, die sich in unerforschte Gefilde wagen. Nur die heulenden Schlittenhunde Jack Londons fehlen noch, die sich nächtens im Schnee eingraben und morgens vor lauter Hunger ihr Klagegeheul anstimmen.

Clemens hat sein Studium nie fertig gemacht, aber in einem Kurzfilm mitgewirkt: *Die Kaffeemühle der N.* N war der Name der Hauptperson, einer Frau um die fünfzig, die so herrlichen Kaffee zubereiten konnte, dass sie das halbe Dorf, ein Kaff im Pinzgau, mit einem unwiderstehlichen Duft einnebelte. Clemens kam in seiner Rolle als einer der zahlreichen jugendlichen Liebhaber, nicht nur des Kaffees, sehr gut an, er hat ganz einfach ein Gesicht, das immer genau zu seiner Zeit passt. Ich schrieb für kleinere und zunehmend auch für größere Magazine. Das musste ich tun, mein Studium des Lateinischen schien ja nicht wirklich dazu angetan, mich reich zu machen. Wir eilten im Gleichschritt von einem Erfolg zum anderen.

»Hört mal, was ich da entdeckt habe!«, ruft Ingrid. Aus einer Schachtel mit Altpapier hatte sie eine kleine Zeitung hervorgekramt, Gott allein weiß warum. Wer stöbert denn schon im Altpapier herum, das man fürs Anheizen aufhebt? Egal, es war die Gemeindezeitung von Ramsau. »Der Gemeinderat beschließt: Die Diskussion über eine Neuorientierung des Tourismus' im Gemeindegebiet wird bis zur nächsten Sitzung vertagt. Die Mandatare und Vertreter der Positionen, die unterschiedlicher nicht sein können, verordnen sich selbst eine Nachdenkpause. Folgende Vorschläge sind auf dem Tisch«, Ingrid macht eine Pause, dann nennt sie einige Fraktionen, schließlich fährt sie fort mit der Aufzählung der Ideen. »Erstens die Anregung, die Wälder sowohl für die Schwammerlsucher als auch für die Mountainbiker zu sperren. Zweitens ein Vorschlag zur Belebung des angesichts des Klimawandels bedrohten bzw. sterbenden Tourismus: Alpinwhirl oder Alphirl, das sind Whirlpools in den Baumkronen der prächtigen Bergahorne, könnten eine Symbiose von Entspannung und Naturerlebnis hautnah ermöglichen. Schließlich und drittens eine Idee für die gesamte Region: Ramsau könnte mit einem einzigartigen und völlig neuen Konzept in die Geschichte des Tourismus' eingehen. Es geht um die Gründung von Hotels, in denen die Gäste im Laufe ihres Aufenthalts Tipps abgeben können über die Berufe und den Sozialstatus der anderen Gäste. Aus mehreren Studien ist bekannt, dass diese Informationen die Gäste mehr interessieren als alle Details über die Urlaubsregion zusammen. In einer großen Show am Abreisetag werden die Geheimnisse darüber, was die Leute *in ihrem wirklichen Leben sind*, gelüftet. Zwei weitere Vorschläge werden nicht mehr weiter diskutiert: Das sind zum einen Almen, auf denen kein Schweinefleisch angeboten werden soll – das gehört einfach nicht hierher. Und zum anderen die Idee, im Sinne eines Adventure-Urlaubs Bluthunde auf Langläufer zu hetzen, die die Tagesgebühr für die Loipennutzung nicht zahlen, oder auf Spaziergänger, die in den mit großem Aufwand präparierten Loipen herumtrampeln. Eine negative Presse müsse bei den letzten Ideen befürchtet werden, der Gemeinderat lehnt eine weitere Befassung mit diesen Vorschlägen daher mehrheitlich ab.«

## Kapitel 8
## Absturz und zweifacher Aufbruch

Buchinger klappte das Buch zu. Ihm schwirrte der Kopf. Allem Anschein nach verwischten sich in den Notizen Pointners Elemente des realen Lebens mit haltlosen Fantasien eines Menschen, der sich von den Eingebungen zu später Stunde treiben ließ. Kaum zu glauben, dass in einer Gemeindezeitung tatsächlich derartiger Blödsinn zu lesen war. In der sexuell aufgeladenen Atmosphäre dieser Berghütte wagte sich Pointner weit in ein Gebiet hinein, in dem es gefährlich wurde, in ein Gebiet, wo es keine Instanzen mehr gab, die zwischen wahr und falsch, zwischen real und fiktiv zu unterscheiden halfen. Oder er fabulierte sich einfach in seinen Roman hinein, eine Fingerübung sozusagen, um die Fantasie in Schwung zu bringen. Oder es gab diesen verrückten Artikel in der Gemeindezeitung tatsächlich. Mayer würde das sicher gern recherchieren.

Der Bagger war tüchtig am Werken. Der Haufen neben dem zugeschütteten Pool hatte bereits ein passables Ausmaß angenommen. Manchmal ist es ja so, dass die ausbleibenden Zeichen die Zeichen sind. Klingt paradox, ist es auch. Aber trotzdem wahr: Solange keiner der Arbeiter schrie und niemand hektisch ins Telefon brüllte, ist keine Leiche aufgetaucht.

Bellucci war schon lange weg, und hier gab es für Buchinger eigentlich nichts zu tun. Also ging er ins Präsidium. Der Wind war stärker geworden, auch der Regen hatte zugenommen. Mit Fortdauer des Tages wurde es immer kälter. Bildete er sich das nur ein, oder war die Atemluft tatsächlich bereits weiß eingefärbt wie im Winter? Die frische Luft tat ihm jedenfalls gut, das Gehen gehörte zu seinem neuen Programm, das er sich nicht ganz freiwillig selbst verordnet hatte, vielmehr war die eigentliche Chefin in seinem Leben, Bellucci, dafür verantwortlich. Wenn du eine so schöne Frau halten willst, dann darfst du dich nicht gehen lassen, sondern du musst gehen, war die Devise Buchingers geworden. In der Tat war er inzwischen nicht mehr gänzlich außer Atem, wenn er im Präsidium ankam. Die Luft ging ihm an diesem Tag erst in der Chefetage aus.

Stottan schrie mit der Inbrunst einer blutgierigen Furie: »Buchinger, was bilden Sie sich ein? Wenn ich sage, behutsam vorgehen, dann meine ich nicht: Verdächtige attackieren, Angehörige vor den Kopf stoßen. Wozu haben Sie denn Ihren Doktortitel? Sie trampeln in den Ermittlungen herum wie ein Elefant! Ich habe zwei Beschwerden aus der Abteilung *Interne Revision* auf meinem Schreibtisch liegen. Zwei Anwälte, und zwar von Herrn und Frau Baumgartner, haben Anzeige erstattet, gegen Sie und gegen das Stadtpolizeikommando, also gegen mich. Verstehen Sie mich, Dr. Buchinger?«

Stimmlich war sie bereits am Ende, ihr Geschrei längst in Krächzen übergegangen. Dass sie »Dr. Buchinger« gesagt, nein geschrien hatte, würde sie zu ihrem Lieblingsthema überleiten.

»In welchem Fach auch immer Sie Ihren Doktortitel gemacht haben, Buchinger!« Jetzt war es also so weit! »Sie können mir nicht erklären, dass es einen Sinn macht, so unempathisch aufzutreten.«

Sie ließ sich in einen schwarzen Ledersessel fallen, der geduldig nachwippte. Bei ihrem letzten Satz war der Zorn bereits der Resignation gewichen. Wie tragisch, wenn man selbst alles richtig machte und die Unvollkommenheit der anderen einem dauernd Steine in den Weg legte. Stottan hätte wahrscheinlich gesagt: »stellte«. Wie auch immer: Dem Gedanken, dass die Menschen sich nicht änderten, haftete etwas Beruhigendes an. Da konnte die Welt untergehen, Stottan würde trotzdem nur an seinem Doktortitel herumnörgeln und falsche Verben verwenden. Mit dieser beinahe tröstlichen Perspektive auf die menschliche Psyche vor Augen verließ Buchinger Stottans Büro.

Inzwischen war der beschlagnahmte Computer aus Baumgartners Villa eingetrudelt, Mayer und ein Techniker aus dem zweiten Stock quetschten bereits alles aus ihm raus, was ging. »Ganz offensichtlich ist das Gerät schon länger nicht mehr in Betrieb genommen worden«, meinte Mayer. »Der Computer war die letzten zwei Wochen nicht mehr eingeschaltet, seine Frau hat ihn sicher nicht angerührt, also auch nichts verändert.«

Buchinger verzog das Gesicht, es war offensichtlich, dass er etwas sagen wollte, wahrscheinlich zum Thema »Frau und Lehrerin und Computer«. Aber er riss sich zusammen, weil er schon genug Ärger am Hals hatte. Stattdessen wühlte er sich durch die bisher angehäuften Unterlagen zum Fall, das psychiatrische Gutachten zur Causa Pointner, die gesammelten Zeugenaussagen, die Biografien der Hauptakteure, die Liste der Publikationen der beiden Freunde. Die Internetaktivitäten Baumgartners waren noch nicht fertig ausgewertet, das dauere eben, wie die Abteilung versicherte.

Um fünfzehn Uhr war es so weit. Der Anruf von der Baustelle bestätigte, was die Gegner Buchingers längst wussten: Buchinger war vielleicht ein fantasiebegabter Literat oder Tagträumer, keinesfalls jedoch ein methodisch vorgehender Kriminalist. Genau das sollte er auch wenig später von Stottan hören. Ein Kriminalbeamter der Stadtpolizei Wels kennt die Dienstvorschriften nicht nur, sondern hält sich auch daran. Bei Buchinger verhielt es sich so, dass Ersteres zwar mit einer gewissen Wahrscheinlichkeit zutraf, Letzteres aber mit Sicherheit nicht. Man könne doch sein aus Ressentiments resultierendes Bauchgefühl nicht zum Instrument von Ermittlungen machen, noch dazu von Ermittlungen gegen einen reichen und unbescholtenen Bürger, der seinen Migrationshintergrund ausschlachten und die Polizei sicher wieder mal als Hort verblendeter Boshaftigkeit hinstellen werde. Die Baggerungsarbeiten auf dem Grundstück des Schrecklichen zogen zwar eine Anzeige nach sich, weil eine illegal deponierte Kloschüssel aus der Grube des ehemaligen Pools befördert worden war – und das darf man nicht, einen Gegenstand wie diesen einfach vergraben. Von einer Leiche aber keine Spur, dafür stand der Schreckliche nun wieder am Anfang seines death cleaning-Projekts – ein Umstand, der ihn höchstwahrscheinlich dankbar und daher auch milder stimmen würde. Immerhin stellte dieses Projekt momentan seinen Lebensmittelpunkt dar, der dem modernen Sisyphos so etwas wie einen Sinn des Lebens schenkte. Für das Versenken einer Klomuschel würde er höchstwahrscheinlich mit einer Belehrung, zehn Stunden Arbeit im Umweltschutzbereich – Müll vom Straßenrand einsammeln – und fünfzig Euro Strafe davonkommen.

Dass er einmal über einen genialen Verbrecher stolpern würde, damit hatte Buchinger ja immer schon gerechnet. Aber dass er wegen eines Ungustls, der einen anderen Ungustl NICHT getötet hatte, Probleme bekommen würde, war der Gipfel der Demütigung. Noch dazu für den einzigen Beamten Österreichs, der am liebsten gearbeitet hätte bis er mit der Dienstwaffe in der einen und dem für Stottan zu verfassenden Bericht in der anderen Hand von diesem Planeten abberufen würde. Er war sich einfach zu sicher gewesen. Und alles hatte ja auch in diese Richtung gewiesen: Der Alte war verschwunden, der neureiche Testosteroniot hatte zu buddeln begonnen und es hatte einen unerfreulichen Disput zwischen den beiden neben der offenen Grube gegeben. Der Schluss war zwingend. Fast! Die Dienstmarke war weg, auch seinen Ausweis mit integriertem Foto musste er abgeben.

Und nun? Buchinger war vom Dienst suspendiert und hatte von der einen auf die andere Sekunde alle Zeit der Welt. Stottan konnte aufatmen, sie hatte ihren Stachel im Fleisch entfernt. Aber – wen würde sie jetzt anschreien? Die letzte Amtshandlung Buchingers war, seinen Kollegen von der FinPol, der Finanzpolizei, einen Namen zu stecken, den Namen des Schrecklichen. Pure Denunziation zwar, aber wer sich in die Ecke gedrängt fühlt, sieht oft keinen anderen Ausweg mehr, als seine Prinzipien zu ändern.

Von einem Moment auf den anderen hatte er seinen Lebensmittelpunkt verloren, seine Arbeit, und konnte nun das tun, wonach sich nicht nur die österreichische Beamtenschaft sehnte, nämlich nichts. Mein Gott, was sollte er mit der Fülle an Zeit anfangen? Auf Seniorenreisen Schneidbretter oder Heizdecken kaufen? Radio Oberösterreich hören und die richtige Zeit fürs Pflanzen von Jungzwiebeln abwarten? Sich mit den Senioren der Polizeidirektion monatlich in einem nach altem Fett stinkenden Wirtshaus treffen und über die alten Zeiten unterhalten? Da schon eher beim göttlichen Obermair, dem einzigen Wirt in Wels mit einem göttlichen Bier und einem genial alten Gastgarten mit schattenspendenden Kastanien, sich zu Tode saufen und essen, Blunzen etwa. Aber was war das für eine furchtbare Perspektive, seine Existenz auf deren Aufrechterhaltung, also das Essen, reduziert zu sehen? Tragisch eigentlich, wenn man nicht als reicher Sohn geboren wurde und sich jede noch so unbedeutende Kleinigkeit im Schweiße seines Angesichts verdienen musste, durch Arbeit eben! Und dann fiel genau diese Arbeit weg, diese tägliche Tortur, und man fühlte sich wie Sisyphos, dem man den Felsblock genommen hatte!

Wenn die Arbeit des Sisyphos' auch sinnlos war, so war sie doch Arbeit! Er hatte etwas zu tun und musste sich nicht in grenzenloser Langeweile mit sich und nur mit sich allein beschäftigen. Denn wie furchtbar ist es, sich ausschließlich mit sich selbst zu beschäftigen und in die Abgründe der eigenen Seele zu blicken! Da kam eine Zerstreuung wie die tägliche Zwangsjacke, die Knechtung durch Lohnarbeit, gerade recht. Ob ich mir da in die eigene Tasche lüge? Indem ich die Unfreiheit des arbeitenden Menschen zur sinnstiftenden Instanz hochstilisiere? Wäre man religiös, hätte man dieses Problem nicht, der Sinn des Lebens wäre so offensichtlich wie ein Sonnenaufgang, dachte Buchinger und bedauerte, keine religiösen Anwandlungen mehr zu haben – ein seltener Moment in seinem Leben.

Es ist schon komisch: Da sehnt man sich Ewigkeiten lang nach einem Ereignis oder nach einem Zustand, aber bei dessen Eintreten wird man sentimental. Wie in *Cast Away*. Der verschollene Tom Hanks saß jahrelang auf einer Insel fest und versuchte mehrfach vergeblich in die Zivilisation zurück zu fliehen. Als es ihm endlich gelingt, rudert er auf einem behelfsmäßig zusammengeflickten Floß gegen die Meereswellen an, den Blick fest auf den Ort gerichtet, den zu verlassen er sich gerade anschickt. In seinen Blick mischt sich ein Anflug von Sentimentalität, weil er sich gerade aufmacht, seine Vergangenheit hinter sich zu lassen. Gleichzeitig kann er seine Zukunft nicht sehen, so ist das halt nun mal beim Rudern. Mit dem Rücken voran kämpft er sich ins Ungewisse.

Es ist also beides: ein sentimentaler Blick in die eigene Vergangenheit und ein blindes Vorwärtstasten in die eigene Zukunft. Nicht nur von freudiger Vorahnung begleitet. Da ist auch eine gehörige Portion Angst dabei. Selbst dann, wenn die Zukunft das Nichtstun ist.

»Bellucci, meine geliebte Bellucci, ich kann ab sofort jede Sekunde meines Lebens dir und nur dir allein widmen!« Mit diesen – zugegeben – theatralischen Worten empfing er seine Frau, die eigentlich den Mittelpunkt seines Lebens darstellte. Deren Reaktion hätte sich Chefinspektor a. D. Buchinger, der sich in Selbstmitleid suhlte, sicher anders vorgestellt.

»Das ist mir zu anstrengend! Bitte such dir wieder eine Aufgabe!« So zart und weiblich sie auch aussehen mochte, an Durchschlagskraft und Entschlossenheit im Urteil war sie um einiges härter als Buchinger.

»Fährst du mit mir morgen nach Stadl-Paura?«, fragte Buchinger, Belluccis Befehl ignorierend.

»Was sollen wir dort? Ich bin fertig mit dem Kaff!«

»Es ist göttlich schön dort, an der Traun. Wir könnten ein wenig flussaufwärts stechen, du weißt, dass ich seit dem Fall *Altaussteiger* ein lebenslanges Recht habe, mir eine Plätte auszuborgen. Wir haben uns dort kennengelernt. Und dass dein Ex-Mann dort lebt, ist kein Grund, den Ort zu hassen. Der Ort kann nichts dafür – und die Traun auch nicht. Und mir geht's gerade nicht so gut und ich wünsche mir eine kurze Auszeit auf der Traun.«

Die Traun hatte in diesem Abschnitt, der Traunschlucht zwischen Gmunden und Stadl-Paura, alles, was Utopia braucht: Dieser Fleck war so unbekannt, dass man tatsächlich schon von einem Nicht-Ort sprechen konnte. Auf den Navigationsgeräten einer Zeit, die nach dem Spektakel gierte, gab es keine Koordinaten für die Stille und Unberührtheit dieses einzigartigen Dschungels inmitten eines bevölkerungsreichen und wirtschaftlich starken Bundeslandes. Hier konnte man sich nicht sicher sein, am richtigen Ort zu sein, weil die anderen auch da waren – so wie im Disneyland etwa. Hier war nämlich niemand. Das Verborgene aufzusuchen ist beinahe schon ein Wagnis, wenn man bedenkt, wie gern die Menschen gesehen werden wollen.

Bellucci zuckte mit den Achseln – Buchinger liebte das, dieses gar nicht kokette Spiel mit ihrer Schönheit, einer Schönheit, die nichts von sich zu wissen schien. In beinahe mädchenhafter Unschuld zeigte sie in kleinen Gesten und wenigen Worten, wie sehr sie ihn liebte. Was wiederum seine Liebe befeuerte.

So gingen sie am nächsten Tag zeitig in der Früh auf dem Treppelweg entlang der Traun in Richtung der Salzstadln. Leider war nicht Sonntag. An Sonntagen war er am liebsten hier in Stadl-Paura, und zwar in der Bäckerei. Sie verlieh dem Ort etwas Idyllisches, etwas Urlaubsmäßiges, Entschleunigtes. Nur Männer waren hier, sie kauften das Gebäck für das Frühstück ein. Quasi als Dankeschön für das Entgegenkommen ihrer Frauen am Samstagabend nach dem Fernseh-Hauptabendprogramm. Oder, ein bisschen trauriger, als Vorleistung für das Nachholen des Programms vom Samstag, weil ihre Liebsten nach der x-ten Castingshow für unempathische Schnösel oder einem Thriller, dem es nicht an Blut, wohl aber an Logik mangelte, einfach keine Lust mehr auf Sex hatten. Buchinger hatte dies bisher nur in Italien und in der Seestadt Aspern gesehen: dass Autos heranbrausten und vor der Bäckerei hielten, dass sich Männer geduldig in die Warteschlange einreihten und mit den anderen Wartenden schon frühmorgens erste Scherze austauschten. Im Schicksal vereint sozusagen.

Es war ziemlich kalt, ungewöhnlich für die Jahreszeit. Eine Haube konnte man gut vertragen. Die Salzstadln boten von hier aus einen wunderbaren Anblick. Nach Originalplänen gebaut stellten sie nicht nur das historische Herz des Ortes dar, sondern waren auch unglaublich schön anzusehen. Bellucci und Buchinger gingen Hand in Hand, eine Geste, die er sich früher, als Jugendlicher, nicht vorstellen konnte bei alten Menschen.

Wie widerlich, diese runzligen und rauen Hände der Alten! Eine Gruppe von Männern kam ihnen entgegen, etwa zehn, sie sangen das Schifferlied: »Hoch auf und nu oans drauf!
Da zweite hoch, da dritte nach!«

Belluccis Blick, den sie Buchinger schenkte, war nichts anderes als ein Fragezeichen, ein schwer verängstigtes Fragezeichen. Ihr ehemaliger Mann, der nur nach wilden Streitereien in die Scheidung eingewilligt hatte, war ein geradezu fanatischer Schiffer.

»Ich glaube, ich weiß, was da auf uns zukommt: die letzten Mohikaner!«

In der Tat: Verwegener kann ein Trupp Männer nicht auftreten. Augenlider auf Halbmast, rauchige Stimmen. Alle stanken bestialisch nach Lagerfeuer. In einem der Rucksäcke schepperten leere Aludosen. Diese zehn Wilden pflegten eine der schrägsten Traditionen des Landes, indem sie eine Nacht in der Wildnis an der Traun verbrachten. In einem selbst errichteten Camp auf einer Schotterbank bot das Setting dieser Nacht viele Gespräche und noch mehr Bier. Es sollte kalt sein, sonst wäre das Abenteuer nicht perfekt. Je kälter, desto besser. Deshalb fand dieser Event meist im Winter statt. Bellucci waren diese Abenteuerausflüge noch in Erinnerung, denn Armstrong, ihr Ex-Mann, war immer mit einem Survival-Outfit nach Hause gekommen, das zwei Wochen lang zum Auslüften brauchte. Ein in ihren Augen zu hoher Preis für die Verwirklichung eines Bubentraumes.

»Unser Sherlock Holmes!«, begrüßte Armstrong Inspektor Buchinger. Er klopfte ihm auf die Schulter. »Wie geht es dir?« Eine beachtenswert nette Begrüßung, wenn man bedenkt, dass Buchinger ihm die Frau ausgespannt und er daraufhin Buchinger niedergeschlagen hatte. Doch nun schienen alle Probleme zwischen ihnen ausgeräumt. Auch für Bellucci hatte er einen freundlichen Blick. Offenbar hat jedes Beziehungsdrama auch sein Gutes: Armstrong jedenfalls wirkte sehr entspannt. Immerhin konnte er nun seine Flausen ausleben, ohne sich die Meckerei einer unglücklichen Frau anhören zu müssen.

Eine Viertelstunde später waren sie bei der Plätte angekommen. Buchinger entsperrte die Kette, die beiden kletterten ins Boot. Langsam glitten sie flussaufwärts, wie Entdeckungsreisende in unberührter Gegend. Bellucci fröstelte. Auch Buchinger musste zugeben – er hätte das aber nie getan! –, dass das Wetter bestenfalls suboptimal war für eine Reise zurück in eine glückliche Vergangenheit. Man kann eben nicht zweimal in denselben Fluss steigen! Buchinger erbarmte sich seiner frierenden Frau, sie kehrten um.

Sollte Bellucci angenommen haben, dass mit dieser Umkehr die Ruhelosigkeit ihres Mannes an ihr Ende gekommen war, dann musste sie bald erkennen, dass dies ein Irrtum war. »Ich habe eine Idee«, sagte Buchinger. »Wie wäre es, wenn wir ein paar Tage in die Berge fahren, nach Ramsau? Ich könnte dort Abstand gewinnen zum Leben in den Niederungen. Kannst du dir vielleicht freinehmen? Ein paar Tage Urlaub?«

»Urlaub ist was für die anderen!«, antwortete Bellucci knapp.

# Kapitel 9
# Ramsau

Wenn man wie Bellucci und Buchinger eine zweite Chance im Leben bekommt, dann geht man damit nicht leichtfertig um. Wer weiß, ob es eine dritte Chance gab? Das Schicksal ist in dieser Hinsicht ja nicht wirklich für seine Großzügigkeit bekannt. Mit großer Sorgfalt bemüht man sich um den jeweils anderen, um nicht zu verspielen, was man geschenkt bekam, ohne es gesucht zu haben.

Bellucci hatte sich ohne Probleme ein paar Tage freinehmen können. Die beiden fuhren also nach Ramsau. Sie wollten nur zwei Tage bleiben, es wurden fast zwei Wochen daraus. Wie bei Hans Castorp, den es statt für einen kleinen Ausflug ganze sieben Jahre auf den Zauberberg verschlug, sollte Buchinger später mal seinem jungen Kollegen Mayer erzählen. Castorp wollte seinen Cousin für drei Wochen besuchen und blieb sieben Jahre, oben in Davos, aller Mühen des Alltags im Flachland enthoben.

Nur knappe hundertfünfzig Kilometer von Wels entfernt tat sich in Ramsau eine Welt auf, die fremder nicht sein könnte – zumindest für einen eingefleischten Flachländer. Schon auf der Autobahn und im Ennstal war alles anders als zuhause: Autos aus den ehemaligen Oststaaten hatte Buchinger immer noch als bewegliche Hindernisse auf der Autobahn eingespeichert, völlig zu Unrecht, wie er beobachten durfte. Die Zeiten haben sich geändert: Große SUVs brausten an ihnen vorbei und ließen sie auf der rechten Spur alt aussehen.

Die Annäherung an das dem Dachsteinmassiv vorgelagerte Hochplateau selber erschlägt einen ärger als eine Axt. Wie muss es da nur den Holländern und Norddeutschen ergehen, wenn sie das zum ersten Mal sehen! Daher gibt's auch die Ausweichstelle am Ende der Serpentinen von Schladming hinauf nach Ramsau. Die Holländer und Norddeutschen und natürlich die Wiener stranden hier mit offenen Mündern und zittrigen Händen und können weder schalten noch lenken, so sehr knipst ihnen das gewaltige 3D-Bild des Dachsteins das Licht aus. Ihre Wägen rollen langsam in die Ausweichbucht, wo die Motoren schließlich stotternd absterben. Die Einheimischen indes fahren cool an ihnen vorbei.

Bellucci und Buchinger nahmen diese Hürde mit Bravour, nicht zuletzt deshalb, weil sie fuhr und nicht er. Die Reise hierher hatte keine Minute zu lang gedauert, sie konnten während der Autofahrt alles besprechen, was sich in der letzten Zeit an Problemen angehäuft hatte.

Da war zunächst das Rätsel um einen grotesken Todesfall, einen Mord – war es eigentlich ein Mord? – quasi vor den Augen der Öffentlichkeit. Dann diese Tagebücher Pointners, in denen sich die komplizierte Geschichte einer komplizierten Persönlichkeit offenbarte. Und die Bibliothek in Pointners romantischem Häuschen. Und die These, dass der Mord an Pointner mit einem anderen Todesfall, nämlich dem Tod seiner Frau zusammenhängen musste. Schließlich die blöde Geschichte mit dem zugeschütteten Pool, die Buchinger den Job gekostet hatte und seinem Nachbarn mit den dubiosen Geschäften einen Triumph beschert hatte, der ihn noch unerträglicher machen würde. Inzwischen tat er sich ja gar nicht mehr so leicht, Handwerker und Arbeiter für seine Renovierungsarbeiten zu finden. Wer ihn kannte, wusste bereits, dass jegliche Tätigkeit in einem seiner Häuser mit Streit endete, und sei es wegen zehn Euro.

Das Reden macht die Welt zwar nicht besser, aber sie erscheint danach erträglicher. Das ist so ähnlich wie mit dem

Sport: Man kann der Depression davonlaufen. Nur mit dem Schreiben funktioniert es nicht wirklich: Wer sich schreibend mit seiner Seele auseinandersetzt, wird immer schwermütiger. Und gerade auf diese Schwermut hatte Buchinger Lust bekommen, sie korrespondierte elegant mit seiner eigenen Verfassung. Deshalb hatte er auch die Tagebücher Pointners mitgenommen. Das war leicht möglich gewesen, denn das Protokoll war noch nicht geschrieben, das mögliche Beweisstück – die drei schwarzen Hefte – schien noch in keinem Bericht auf. Und wenn es nach Buchinger ginge, würde dies auch nie geschehen! Das war das einzig Positive an seiner Suspendierung, dass er sich keine Sorgen mehr wegen der Schreibarbeit machen musste, auf die sich die polizeilichen Tätigkeiten in den letzten Jahren mehr und mehr reduzierte. Inzwischen protokollierten sie mehr als dass sie handelten. In einem seiner letzten Berichte hatte Buchinger protokolliert, dass er protokolliert hatte – und sich prompt eine Rüge durch Stottan eingehandelt.

Sie bezogen Quartier in einem Häuschen unweit des Zentrums.

»Griaß enk!«

Buchinger hätte jubeln können. Er liebte diese österreichischen Dialekte. Er hasste nichts mehr als die Anbiederung an das sogenannte Deutsche, die nun auch in Wels um sich griff. Wenn jemand beispielsweise fand, dass ein Essen »lecker« war. Zu dem er »eine« Cola getrunken hatte.

»Wasser und Obst ist in der Wohnung drein!« Genial.

Die Wohnung sah genauso aus, wie man sich einen alpinen Rückzugsort vorstellte: viel Holz, ein Kachelofen, in den Betten Tuchenten aufgeplustert wie fröstelnde Spatzen. Irgendwie grotesk mitten im Sommer. Dass dies weniger grotesk als vielmehr unglaublich vernünftig war, sollte Buchinger bereits in der ersten Nacht merken, in der er mit seiner dünnen Welser Decke sicherlich erfroren wäre. Auf der Wiese vor dem Haus grasten ein paar »Ponerl«, dahinter thronte das Massiv der Dachstein-Südwand. So unfassbar ehrfurchtgebietend und mächtig, dass Buchinger unwillkürlich den Kopf einzog. Es erschien nur natürlich, kurz in dieser Haltung der Demut zu verharren, bevor man es wagte, zu dem Ungeheuerlichen dieser Erscheinung wieder aufzublicken. Die Scheichenspitze, der Hausberg der Ramsauer, beherrschte mit seinen 2667 Metern Höhe das Panorama so gewaltig, dass man sich die Flucht der Bewohner in den Glauben nur allzu gut vorstellen konnte. Der Mensch war neben dieser manifesten Kraft nicht mehr als ein Wurm. So dachte zumindest Buchinger.

»Bellucci, darf ich dich dazu einladen, unser neues Quartier mit mir einzuweihen?«

»Gewohnheiten soll man nicht ändern, wenn sie sich bewährt haben!«, meinte Bellucci.

Nach dem schweißtreibenden Exkurs in die hormonelle und animalische Basis menschlicher Existenz machten die beiden, was alle Touristen tun. Klischees sind schließlich dazu da, dass sie Schablonen bieten für Handlungen, Worte und Gedanken. Sie spazierten zur ersten Orientierung durch den Ort, vorbei an der evangelischen Kirche im Zentrum, vorbei an der mit Schindeln verkleideten katholischen Kirche, vorbei an der Skisprungschanze mitten im Ort. Danach: Studium der Karten und Broschüren, das Handy zücken und dies und das googeln. Dann zwei Bier und Kasnocken mit Steirerkas – die einzige Erfahrung des Tages, die Buchinger verzichtbar erschien.

Da der Mensch zu viel Idylle nicht aushält, insbesondere Buchinger nicht, lag er schon am frühen Abend im Bett. Grübelnd. Was soll man mit sich selber anfangen? Wenn man plötzlich nicht mehr weiß, wer man sein will und was man machen muss? Das schwarze Heft!

Dreieinhalb Stunden nach seinem Aufbruch kommt Clemens zurück, an seinem Schnurrbart klebt Eis, die Haube komplett mit Schnee bedeckt. Er atmet heftig, der Mentholgeruch seiner Zuckerl erfüllt den Raum. Seine Wangen sind gerötet, er ist dennoch guter Dinge und zornig. Wie er das schafft, beides gleichzeitig zu sein, wird mir immer ein Rätsel bleiben. Aus seinem Rucksack zieht er zwei große Papiersäcke, prall gefüllt mit Gebäck, das einen köstlichen Duft entfaltet, als es die Wärme der Stube aufnimmt. Mein Hunger empfängt ihn. Ich liebe ihn!

Warum er zornig ist? Weil er seine Fitness-Uhr vergessen hat, die ihn über Trainingsfortschritte informiert. »Alles umsonst!«, meint er.

»Als wenn das kein Sport gewesen wäre, wenn du die Uhr nicht oben hast!«, hänselt ihn Angelina.

»Natürlich hab ich Sport gemacht, aber ohne die Uhr gibt's keine Aufzeichnung davon. Das ist wie nie gewesen!« Clemens kann sich wirklich aufregen darüber. Ich muss lachen.

Angelina meint: »Das gibt's wirklich nur bei Männern! Und dafür tun sie mir auch load.« Sie sagt nicht »leid«, sondern »load«. Breitester Dialekt. Ich versteh nicht warum. »Sie verlassen sich viel lieber auf ihre technische Ausrüstung als auf sich selber! Und wenn die Uhr oder der Computer irgendwas nicht anzeigt, dann existiert es nicht! Wir Frauen hören viel mehr auf unsere Körper. Wir laufen nicht gegen die Uhr.«

Wegen dieser Kleinigkeit kommt es zu einer veritablen Streiterei, obwohl Angelina ihre Äußerung höchst bedächtig und beruhigend vorgetragen hat.

Ich sage: »Für mich ist diese Orientierung an den Zahlen und an der Aufzeichnung der sportlichen Betätigung nichts anderes als Ausdruck der protestantischen Arbeitsethik. Da geht es nur ums Funktionieren, um eine körperfeindliche Optimierung des Menschen.«

Angelina lächelt und nickt – immerhin war ich ihr zur Seite gesprungen.

»Das mag ich, wenn Katholiken, die eigentlich gar keine mehr sind, weil sie schon vor Ewigkeiten aus der Kirche ausgetreten sind, sich über die evangelische Kirche lustig machen«, kontert Clemens.

»Sie ist ja doch nur eine Sekte, meilenweit entfernt von der Mutterkirche.« Ich kann es nicht lassen, die Diskussion reizt mich. Clemens reizt mich natürlich auch.

»Was fehlt uns im Vergleich zur Mutterkirche? Dass wir kleine Jungs vergewaltigen und die Frauen an den Herd schicken? Dass wir die Bibel so auslegen, dass am Ende nur die Mächtigen und Reichen was davon haben?«

Ingrid schaltet sich ein: »Ihr seid beide auf dem Holzweg. Die traditionellen Kirchen haben jede Form von Spiritualität verloren. Das Mystische, das Geheimnis, die Verbundenheit zwischen den Menschen – das sind Dinge, die den großen Kirchen fehlen. Das sind Dinge, die dem Einzelnen offenstehen und nur dem Einzelnen. Ein Ergebnis der Aufklärung: Die Religionen werden zerschlagen, sie verlieren die Deutungshoheit für die Wirklichkeit. Die Individuen gewinnen an Freiheit und schaffen sich einen eigenen Raum der Spiritualität. Gott ist überall.«

»Religion ist doch keine Geschmackssache!« Clemens wertet mit einer wegwerfenden Handbewegung Ingrids Statement als ausgemachten Blödsinn ab. »Dieses esoterische Geschwurbel hat mir gerade noch gefehlt!«

»Ich bin Atheistin!«, entgegnet Ingrid.

Daraufhin meine ich: »Das Mystische findest du nur in der katholischen Kirche: Weihrauch, die Wandlung, bis in die Sechzigerjahre des 20. Jahrhunderts Messen, die auf Lateinisch gelesen werden. Ein Papst als direkter Nachfolger von Petrus in edler Tradition über die Jahrtausende. Die Auslegung von Gottes Wort durch das kirchliche Lehramt.«

Nun schaltet sich auch Maria ein: »Anton, was ist los mit dir? Redest wie ein Pfarrer! Dir ist die Kirche doch vollkommen egal.«

»Ich mag nur nicht, wenn irgendwelche Sektierer meine Religion besudeln.«

»Wie kannst du von *deiner Religion* reden? Du bist doch vor zwanzig Jahren ausgetreten, weil Bischöfe Internatsschülern bei der Intimwäsche behilflich waren, weil dir die Auferstehung eher Drohung als Verheißung war und weil du den Zölibat für eine verlogene Angelegenheit gehalten hast.« Maria muss lachen, während sie das sagt, aber mir ist nicht nach Lachen zumute:

»Die Religion muss uns wichtig werden und wir müssen zusammenhalten, weil uns sonst die Moslems überrennen. Die machen sich nämlich nicht über ihren eigenen Glauben lustig. Wenn wir nicht aufpassen, entwickelt sich unsere Gesellschaft zurück: Kleidervorschriften für Frauen, Sexualität wie in einem Mädchenpensionat in Hollywood-Filmen, Staatsreligion!«

»Bitte hör mir mit diesem Blödsinn auf! Klingt ja wie in einem Nazi-Bierzelt, was du da absonderst! Böse Verallgemeinerung und Hetze!«, sagt Clemens.

Ich sage so etwas wie: »Nichts als Füllwörter! Das muss ich mir doch von einem Evangelischen nicht anhören! Immerhin weiß jeder, dass die evangelische Kirche ein ungeheures Naheverhältnis zum Nationalsozialismus hatte und bis heute hat. Und dann noch diese Verlogenheit: nach außen hin asketisch, calvinistisch fleißig, aber im Innersten nichts anderes als extrem kapitalistisch!«

»Und der Papst war der erste Antifaschist, oder wie?« Clemens schmeißt irgendein Buch in die Ecke und will die Stube verlassen, da schaltet sich Peter ein: »Burschen, beruhigt euch! Wir sind zum Trinken und Feiern da, nicht zum Streiten!« Er drückt uns allen ein Bier in die Hand. Das ist das Schöne, wenn man nicht mehr fünfundzwanzig ist und auch mal den Mund halten kann und nicht unbedingt Recht behalten muss. Wir trinken und kehren langsam in den Normalmodus zurück. Anfangs weiß niemand so recht, was er oder sie sagen soll, aber wir reißen uns zusammen und finden wieder einen unverdächtigen Gesprächsfaden: Es geht ums Kochen.

Ingrid stellt einen Wasserkrug mit Steinen darin auf den Tisch. Ich muss innerlich lachen, sage aber nichts, sonst haben wir den nächsten Streit. Die Steine hat sie extra von zuhause mitgebracht. Ich habe vergessen, welche besondere Kraft sie haben. Nur als sie Räucherstäbchen anzünden will, »zum Entspannen und zum Ausräuchern des alten Jahres«, protestiere ich. Ich bekomme Kopfweh von dem Zeug und bin auch kein junger Student mehr, der sich einbildet, auf den Duftwolken von Sandelholz nach Indien segeln zu können.

Clemens sagt: »Gar nicht weit von hier hat ein Bauer an einem Kraftort einen riesigen Stein aufgestellt. Man sagt, dass er besondere Reaktionen hervorrufen kann, bei Suchenden und bei solchen, die noch gar nicht wissen, dass sie auf der Suche sind.« Er spielt das so schlecht, ich kann gar nicht hinschauen. Niemand kauft ihm das ab. Könnte ich um vieles besser!

Ingrid sagt: »Interessant!« Ich befürchte, sie hat ihm die Geschichte abgekauft.

Kurz bevor es dunkel wird, gehen wir Männer raus, um Holz zu holen. Der Eingang zu der kleinen Hütte, in der das Material lagert, ist vom Schneesturm inzwischen gänzlich zugeweht. Auch den Weg dorthin müssen wir erst freischaufeln. Tut gut, diese gemeinsame körperliche Betätigung. Weil wir alle erst so um die vierzig sind, also noch Kinder, schaufeln wir auch unsere Autos aus und bauen einen Iglu. Clemens flüstert mir zu, dass die Geschichte mit dem Hinkelstein an dem Kraftort erstunken und erlogen ist. Aber heutzutage, am Ende der Aufklärung, glauben die Menschen jeden Blödsinn.

Wir kommen rein in die Stube, wärmen uns am Kachelofen mit einem Bier in der Hand ein wenig auf. Clemens trinkt Aperol Spritz. Modegetränk. Klar, dass ihm das dann schmecken muss.

Wir schnappen uns die Stirnlampen und gehen alle raus in den Sturm, der sich einfach nicht mehr legen will. Schaut cool aus, wie wir uns da mit den starken Lichtern durch die finstere Nacht kämpfen.

Ingrid meint, dass das Einssein mit der Natur den Menschen gesund mache. Der Wind pfeift glücklicherweise so stark, dass ich den Rest überhören darf. Ich gehe knapp hinter Maria. Ich könnte ewig hinter Maria gehen. Im fokussierten Lichtkegel meiner Lampe bewegen sich ihre Beine, in eine dicke Skihose eingepackt. Ich bin schon in Syrakus ihren Beinen nachgerannt, Beinen in Miniröcken. Wir waren auch auf einigen wenigen Bällen, sie in Minikleidern. Ich liebe diesen Anblick, aber ich brauche ihn nicht. Ich sehe ihre wunderbaren Beine auch in unförmigen Skihosen. Die Realität kann mit meinem Blick nicht mithalten. Ich sehe mehr.

Als wir zurückkommen, sind unsere Gesichter gerötet vom Wind, von der Kälte und von der Anstrengung. Durch den tiefen Schnee zu stapfen ist kein Spaziergang, außerdem haben wir uns verlaufen. Eine Expedition zum Nordpol ist dagegen ein Kindergeburtstag. Wir hängen unsere Kleidung rund um den Kachelofen auf, überall tropft es, Peter wirft ein paar Scheite in die Glut, man hört das neu entfachte Feuer knistern und den Wind an den Fenstern rütteln. Wir holen Getränke aus dem Keller, die Stimmung ist gut, schließlich singen wir sogar gemeinsam *Rettet die Wale*, ein grandioses Lied.

Ich spüre, wie mir die Wärme von innen und von außen einen beruhigenden Schleier ums Bewusstsein legt. Das kommt sicher auch vom Rotwein.

Plötzlich hören wir lautes Stapfen vor dem Eingang, schließlich klopft jemand an die Tür. Clemens öffnet, ein Pärchen steht draußen im Sturm, Clemens bittet die beiden herein. Auch sie haben sich verlaufen, so wie wir vorhin. Sie kommen nicht mehr bis in den Ort, ob sie hierbleiben dürfen. Wir diskutieren gar nicht darüber, das sind wir unserer grundsätzlichen Offenheit schuldig: Natürlich können sie bleiben, es ist ja auch noch ein Zimmer frei. Die Schneeschuhe bleiben vor dem Haus, ansonsten bringen die beiden aber mit ihrer Kleidung wieder einige Liter Schnee in den Vorraum. Die Frau trägt unter der Kapuze und der Haube ein Kopftuch, das sie nicht abnimmt. Ich glaube, dass nur mir das aufstößt, die anderen sind ja furchtbar tolerant in diesen Dingen.

Sie heißt Patience, kommt aus Herzogenburg in Niederösterreich und ist eine Schönheit, wie man sie nur selten sieht. Er heißt Eki, wahrscheinlich ein Kosename für Ekrem, trägt einen Vollbart und ist ein ziemlich durchtrainierter Typ. Beide so um die dreißig, nicht scheu, wir reden viel, sie bringen einen neuen Schwung in unsere Runde. Clemens flirtet offen mit Patience. Ich hasse ihn.

Plötzlich zieht sie sich völlig ungeniert aus, splitterfasernackt. Das Kopftuch lässt sie auf. Sie wackelt kokett mit ihrem Unterteil vor meinem Gesicht und meint: »Kommt, vergnügen wir uns doch ein wenig! Hände und Füße sind inzwischen schon wieder warm. Ein bisschen Lust kann nicht schaden!« Sie hatte sich inzwischen wie ein Hündchen niedergekniet und blickt kokett über ihre linke Schulter zurück direkt auf mein

Geschlecht. Mit der Zunge befeuchtet sie dabei ihre Lippen wie in einem Erotikfilm aus den Neunzigerjahren. In dem Augenblick, in dem ich merke, dass mich diese Inszenierung nicht kalt lässt, merke ich auch, was wirklich los ist: Patience sitzt immer noch anständig an den Kachelofen gelehnt und plaudert mit Ingrid und Angelina über das tragische Aussterben klassischer Kaffeehäuser, in denen internationale Zeitungen aufliegen, und die angespannte Situation am Immobilienmarkt.

Buchinger klappte das schwarze Heft zu.

»Verrückt!«, sagte er. Buchinger konnte Männer zwischen fünfundzwanzig und vierzig überhaupt nicht leiden: ihre Erfolge, ihr siegessicheres Gehabe, ihr Lächeln. Alte Männer fand er sowieso blöd mit ihrer Präpotenz und ihrem ständigen Gerede über die Vergangenheit und ihre Verdienste und ihre Klugheit. Von den jüngeren Männern, den testosterongesteuerten Bullen, ganz zu schweigen. Um es ganz klar zu sagen: Buchinger mochte keine Männer. Wenn ein Mann denkt, dass alle Männer blöd sind, was folgt aus dieser Aussage? Dass sie blöd ist? Darüber würde er noch einmal nachdenken müssen.

Er hat es also mit einem Verrückten zu tun. Schon wieder einmal! So hatte er das überhaupt noch nie gesehen, nämlich, dass er dasselbe Feld beackerte wie die Psychiatrie, die Schattenseiten der menschlichen Seele, das Andere, das Fremde, die Abweichung vom Normalen. Normalität hatte ihn ohnehin nie interessiert.

Aber die Zeilen dieses Verrückten zeigten Wirkung.

Bellucci saß in einem Schaukelstuhl am Fenster und las. Irgendeinen historischen Roman über eine Frau als Papst. Sie liebte historische Romane. Auf dem kleinen Tischchen neben dem Schaukelstuhl hatte sie ihre Bücher für die Bestimmung von Schwammerl gestapelt. Sie liebte Schwammerl. Und konnte sich auch nicht so wie Buchinger darüber aufregen, dass das Wort »Schwammerl« auf keiner einzigen Titelseite der Bücher zu lesen war. Überall war von Pilzen die Rede.

»Bellucci!«

»Ha?«

»Kommst du?«

»Bitte nicht. Ich will lesen. Ich brauche meine Ruhe.«

Seine Frau gehörte nicht zu denjenigen, die sich nur hingaben wie Huren in dem Bewusstsein, dass sie, ohne die Beine breit zu machen, Alleinerzieherinnen oder ewige Singles sein würden. Ihr Sex war von Leidenschaft geprägt und nicht von Pflichtbewusstsein, und darauf war er nicht nur stolz, sondern dieses Wissen bereitete auch unendliche Lust. Mit Belluccis Weigerung heute kamen allerdings erste Zweifel auf. Und zwar aus einer ganz anderen Richtung als vermutet: Er hatte immer damit gerechnet, dass er dann, wenn er uralt werden würde, nicht nur die Lust, sondern auch die Fähigkeit diese auszuleben verlieren würde. Ursprünglich rechnete er damit, als er fünfzig wurde. Immerhin war Kant an seinem fünfzigsten Geburtstag angeblich mit den Worten »Ehrwürdiger Greis« angesprochen worden. Dann erwartete er diese Zäsur mit sechzig. Vergeblich, vielmehr unbegründet, wie er in der Nacht nach seiner Geburtstagsfeier beruhigt konstatieren durfte. Und nun, mit vierundsechzig? Der Schock kam wie gesagt aus einer anderen Richtung: Bellucci wollte einfach in Ruhe gelassen werden! Sie hatte Wichtigeres zu tun!

Am nächsten Tag klarte es auf, der Wind schlief ein und die Temperaturen kletterten in Höhen, die man in dieser Höhe nicht erwartet hätte. Was unverändert blieb: Immer noch bewegte man sich vor den zerklüfteten Steilhängen wie in einem überdimensionierten Hologramm. Als wäre es den drei Dimensionen zu eng geworden, als würden sie ihr Korsett sprengen wollen und eine vierte erobern. Buchinger hätte den ganzen Tag auf der Hausbank verbringen und sich vom Panorama erschlagen lassen können. Doch wer mit einem Energiebündel wie Bellucci zusammen ist, kann sich nicht einfach auf der Hausbank niederlassen. Der musste ständig in Bewegung bleiben, und wachsam. Wachsam war das richtige Wort, denn das Erste, was an diesem neuen Tag anstand, war ein gehöriger Streit mit Bellucci. Nicht wegen ihres schmerzenden Ruhebedürfnisses am Vorabend! Es ging um die Notwendigkeit, sich zu wehren.

Bellucci: »Möchtest du nicht Michael anrufen, deinen Anwalt, und Beschwerde einreichen gegen die Suspendierung?«

»Warum sollte ich?«

»Vielleicht, weil du unglücklich bist mit der Situation?«

»Ich bin nicht unglücklich.«

»Verzweifelt?«

»Ich bin auch nicht verzweifelt.«

»Ok, du willst jetzt über Worte streiten, das führt uns aber nicht weiter. Ich sag halt ganz vorsichtig, dass dein Leben sich so entwickelt hat, wie du es nie geplant hast. Es ist nicht die optimale Variante. Und das muss man nicht kampflos hinnehmen.«

»Du bist eine Kämpfernatur, mich interessiert das nicht. Das Schicksal hat mich hierhergestellt und ich schau, was ich daraus machen kann.«

»Was für ein Blödsinn! Das Schicksal hat doch einen Namen, es heißt Stottan. Und Stottan ist aus Fleisch und Blut, mit Fehlern und Schwächen. Du hast nicht einmal mit ihr gesprochen!«

»Soll sie doch selber sehen, wie sie mit der Situation zurechtkommt. Ich glaube, ihr Problem ist größer als meines.«

»Du lügst dir in die eigene Tasche, nur damit du nichts unternehmen musst.«

»Aktivismus ist Dummheit. All die Wahnsinnstaten auf dem Planeten entstehen durch hyperaktive Menschen. Übrigens vormittags. Da passiert der meiste Blödsinn. Da sind die Hyperaktiven ausgeschlafen und erklären Kriege und schicken Planierraupen in den Regenwald und legen Massengräber an. Man sollte am Vormittag schlafen, während sich die Wahnsinnigen austoben. So gehört man wenigstens nicht zu dieser Mafia dazu.«

»Na bravo! Ich bin also dumm und wahnsinnig! Nur weil ich mich wehren will, wenn ich glaube, ungerecht behandelt worden zu sein.«

Wenn das die Conclusio seines Gedankenganges war, dann war wirklich einiges schiefgelaufen. Außerdem liebte er es, wenn Bellucci sich in Rage redete. Und ihn aus seiner Lethargie riss. Doch als er auf sie zugehen und nachgeben und sie umarmen wollte, war sie schon weg, aus dem Zimmer gerauscht.

Es dauerte eine ganze Stunde, bis sie wieder miteinander reden konnten. Die Stimmung zwischen ihnen war ein Spiegelbild des Wetters: leergefegt von allem Düsteren, ein Neubeginn unter neuen Bedingungen. Selbst das Thema war ein gänzlich anderes. Normalerweise hätte Buchinger bei diesem Thema die Flucht ergriffen, aber nun – ein Jahr, nachdem er mit dem Rauchen aufgehört und mit einer gelenksschonenden Vorstufe von Sport begonnen hatte – gab es kein Zurück mehr, wenn sich Bellucci etwas in den Kopf gesetzt hatte: Sie wollte unbedingt klettern.

»Alle klettern hier, sogar die Tschechen!«

»Ich war in meinem Leben noch nie klettern und kann das auch nicht.«

»Ein Österreicher kann das«, erwiderte Bellucci.

»Aber ich will da nirgends rauf, mir gefallen die Berge von hier unten wesentlich besser.«

»Natürlich willst du rauf, du weißt es nur noch nicht.«

Was soll man da entgegnen?

Drei Stunden später und um hunderte Euro ärmer standen sie am Eingang zum Hias, einem Klettersteig in der Silberkarklamm. Sportausrüstung kostet.

Buchinger hatte schon viel erlebt und gesehen in seinem Leben: abgeschnittene Gliedmaßen (gesehen, nicht erlebt), Scheidung, Verfolgungsjagden, Schusswechsel, sterbende Menschen. Aber die Ahnung, dass er hier zum ersten Mal in seinem Leben wirklich erfahren würde, was Angst bedeutet, verließ ihn nicht mehr, seit er die Seilbrücke über den reißenden Gebirgsbach sah.

Über diese Brücke sollte, ja musste man balancieren, erst danach begann der eigentliche Klettersteig. Die kleinen Steinpyramiden, die hier überall rumstanden, konnten ihn auch nicht beruhigen. Eher sorgte er sich zusehends um den Geisteszustand der Menschheit. Diese Steinhaufen erinnerten weniger an Kraftpunkte aus der Jungsteinzeit als vielmehr an esoterische Scheißhaufen. Wahrscheinlich beschworen irgendwelche vom Glauben bewegte Menschen mit diesen Bauwerken die Wiederkehr eines Gurus, dessen Seele in den Felsmassen der Wiedergeburt harrte. Oder den Leuten war einfach fad.

Wäre es nicht doch klüger gewesen, einen Guide mitzunehmen? Damit man nicht gleich starb, wenn man sich schon auf ein derart sinnloses Abenteuer einließ? So ein Guide instruierte gerade eine Gruppe höchst bleicher Deutscher im Anlegen der Gurte und erklärte die grundsätzlichen Regeln beim Klettern. Buchinger hörte heimlich und unauffällig mit. So unauffällig, dass der Guide ihn schließlich ansprach: »Ihr könnt eh vorgehen, ich brauch noch ein bisschen!«

»Nein, nein«, entgegnete Buchinger, »ihr wart vor uns da, also könnt ihr auch zuerst starten!«

Der Bursche blickte Buchinger tief, fast verschwörerisch in die Augen: »Sind lauter Anfänger. Aus Deutschland. Also geht ihr nur vor! Macht's gut!«

Als Buchinger endlich einen ersten Schritt auf das Seil setzte, hüpfte Bellucci bereits ausgelassen in der Mitte der Brücke. Sie rief ihm etwas zu. Unmöglich, sie zu verstehen. Der tosende Bach ließ kein Geräusch neben sich zu, er zwängte sich als akustische Lawine mit ungeheurer Kraft durch die schmale Schlucht. Im nächsten Augenblick ließ sie sich in die Gurte fallen und baumelte zwischen Seilbrücke und Wasser, laut lachend. Zumindest deutete Buchinger den weit geöffneten Mund als lautes Lachen.

»Material testen!«, schrie sie in sein Ohr, als er sie endlich eingeholt hatte. Die ersten drei Meter hatten ihn etwa fünf Minuten gekostet und einen Arbeitsaufwand, als würde er einen riesigen Stein bergauf rollen. Er spürte seine weichen Knie und sah seine Frau vergnügt und geschickt die ersten Felsen hochklettern: Da wusste er, dass dieser Ausflug nicht nur eine Lehrstunde zum Thema »Wie man seine Todesangst besiegt« war, sondern auch und vor allem Rache für seine vormittägliche Lethargie. Er musste diese Frau einfach lieben!

# Kapitel 10
# Argumente

Buchinger hatte die Klettertour überlebt. Jeder einzelne seiner Muskeln sprach eine deutliche Sprache, nicht nur in Bezug auf das Überleben, sondern vor allem auch in Bezug auf die Klettertour. Die Schmerzen hätten nicht größer sein können. Und sie würden so bald nicht vergehen, denn Bellucci hatte Gefallen gefunden an ihrem gemeinsamen Ausflug in die Berge und tüftelte bereits an der nächsten sportlichen Challenge für Buchinger. Sie wollte ihre Arbeit von hier aus erledigen, das war in ihrem Job ohne weiters möglich, sie musste lediglich einige Aktivitäten zurückschrauben.

Ab Montagnachmittag trudelten mit präziser Regelmäßigkeit Mayers Berichte in Buchingers Alpinquartier ein: Wenn alle jungen Menschen so wären wie dieser junge Mayer, dann musste man sich um die Zukunft keine Sorgen machen. Der Bursche war derart gewissenhaft und hatte eine unvergleichliche Ordnung in seinem Kopf, dass ein zur Schlamperei neigender Mensch wie Buchinger nur staunen konnte.

Er war noch einmal bei Emilia Pointner gewesen. Wenn Buchinger das richtig einschätzte, dann würde Mayer in den nächsten Tagen auch dann bei der jungen Frau vorbeischauen, wenn er die aktuelle Uhrzeit erfragen wollte. Er habe sich »ein differenziertes Bild vom sozialen Umfeld«, wie es in seinem Bericht hieß, machen wollen. Sei aber dann von Stottan wieder an den Schreibtisch in der Tintenburg zurückgepfiffen worden. Die Datenanalyse der Spurensicherung hat ein wenig überraschendes Ergebnis gebracht: »Es konnte keine Übereinstimmung mit Elementen aus der Datenbank festgestellt werden.«

Damit war endgültig klar, dass kein in Österreich bekannter Schwerverbrecher sich im Krankenzimmer Pointners aufgehalten hatte.

Die Befragung von zwei medizinischen Gutachtern stand noch aus, man erhoffte sich davon lediglich eine argumentative Unterstützung für bereits als sicher angenommene Aussagen. Pointner war zweifelsfrei an einem Gift verstorben, das mittels eines Zuckerls, wie Baumgartner sie zu lutschen pflegte, in seinen Körper gelangt war. Man erhoffte sich nun eine Antwort auf die Frage, ob man einem bewegungsunfähigen Katatoniker ein Zuckerl verabreichen könne. Mayers Aufgabe für den nächsten Tag bestand darin herauszufinden, wie man in Oberösterreich an das verwendete Gift kommen kann und ob es möglich war, Baumgartner den Erwerb dieses Gifts nachzuweisen. In Klammer schrieb Mayer (und würde sich dafür bestimmt eine Rüge durch Stottan einhandeln): »Dass dieser Handlung ein Erfolg beschieden sein könnte, wird allgemein bezweifelt. Der Fall scheint klar zu sein, auch wenn der Weg des Toxikums nicht zweifelsfrei rekonstruiert werden kann.«

Buchinger tippte eine Nachricht an Mayer in sein Handy: »Schau noch einmal zu Baumgartner ins Gefängnis und stell ihm die Gretchenfrage!«

Er würde den Fall von hier aus lösen und Stottan würde ihn winselnd bitten, den Dienst wieder aufzunehmen. Er würde dankend ablehnen und sich von nun an seinem Rucola widmen.

Mayers Antwort kam sofort und stellte dem österreichischen Schulwesen ein ernüchterndes Zeugnis aus: »Seine Frau heißt doch Anna. Was soll ich tun?«

Lesen! Und lernen! Das hätte er am liebsten geantwortet. Aber er wusste inzwischen, dass man sich mit Hinweisen auf einen Kanon der Allgemeinbildung nur unbeliebt machte.

»Frag ihn, was er von Religion hält!«

Buchinger legte sein Handy weg und griff wieder zum schwarzen Heft. »Darf ich dir ein paar Zeilen vorlesen?«, fragte er Bellucci. »Und du sagst mir, was du dir denkst?«

»Natürlich! Lies vor!«

Und Buchinger las: »Maria zieht sich gleich aus, ihr ist nicht kalt. Ich lasse jetzt ein paar Wörter aus. In blickdichten Strumpfhosen sitzt sie beim Kachelofen, ich könnte sie fressen, so wie sie dasitzt. Neben ihr Angelina, sie heißt eigentlich Anna, aber wir alle nennen sie Angelina. Ich könnte sie fressen, so wie sie dasitzt. Unterschiedlicher können Frauen nicht sein: Maria, quirlig wie eh und je, und die ruhige und besonnene Angelina. Meine Reaktion ist trotzdem dieselbe.«

»Das war's schon?«

»Ja, das war's schon.«

»Und du willst wissen, was ich davon halte?«

»Ja, was hältst du davon?«

»Ich denke, das ist eindeutig: Diese Angelina erregt den Schreiber genauso wie diese Maria. Und er beschreibt diesen Umstand wie eine Selbstverständlichkeit. Als wäre das die natürlichste Sache auf der Welt. Dass er ein geiler Bock ist.«

»Danke! Seh ich auch so. Ich würde das nicht so negativ formulieren, aber unter der Pflicht zur Monogamie dürfte er nicht allzu sehr leiden. Gelitten haben.«

»War das eine Textzeile aus Pointners Tagebuch?«

»Ja.«

»Schon irgendwie komisch, wenn man hört, wie ein Toter zu einem spricht. Mit höchst lebendiger Begierde.«

Bellucci schien nachdenklich. Eigentlich nicht ihre Art, über Unveränderliches nachzusinnen. Das war eher Buchingers Metier. Den Tod dauernd im Fokus behalten, das Scheitern, das endgültige, immer rüberwinken sehen aus der Zukunft.

Sie drehte sich mit einem Schwung um, der Buchinger beinahe den Verstand gekostet hätte. Vergessen waren die wenigen Sekunden der Irritation, des Innehaltens. Wie sehr sich Buchinger danach sehnte! Nach diesem Schwung, mit dem man in die Realität zurückkehrt, in die Welt des Handelns, in eine Welt ohne Schreckgespenster und ohne tödliche Zweifel an dem Sinn von allem. Dieser Schwung hatte ihm immer gefehlt: Du schüttelst die finsteren Gestalten deiner Träume von dir und tust so, als wären die Probleme des Alltags tatsächlich Probleme. Du weißt ganz genau, dass diese Probleme eigentlich keine sind. Das sind ja nicht einmal richtige Fragen: Was soll ich kochen? Wohin fahren wir auf Urlaub? Natürlich wusste auch Bellucci, dass diese Fragen bedeutungslos waren, solange die wesentlichen Fragen nicht einmal gestellt wurden. Und dennoch: Es gibt nichts jenseits des Alltags, die wesentlichen Fragen klären sich auch dadurch nicht, dass man auf dem Sofa liegt und grübelt und schwermütig wird. Die Frage nach dem Sinn von allem stellt sich gar nicht, solange man sich entschließt, das Richtige zu tun. Das Gute. Dieser Gedankengang hätte Buchinger sicher in die düstere Grübelei geführt. Nicht so Bellucci! Den Alltag meistern, die Dinge angehen, sich nicht blind stellen gegenüber den Ansprüchen einer zugegeben verrückten Welt.

»Soll ich diese Angelina mal anrufen und fragen?«, meinte sie, den Schwung auch im Wortsinn zu ihrem kleinen Schreibtisch mitnehmend: Wenn der Rock um ihre Beine baumelte, blieben die Uhren stehen und die Erde drehte sich verkehrt rum. War es wirklich so einfach?, dachte Buchinger, und ihm blieb der Mund offen, nicht nur wegen des Rocks und der Beine. Man kennt sich nicht aus und fragt einfach?

»Ich meine, ich könnte sie einfach fragen, ob sie ein Verhältnis mit Pointner hatte. Wenn ja, dann weißt du auch, warum sie bei deiner Befragung in Wallern eher traurig als wütend gewirkt hat.«

»Du meinst, du rufst an und fragst sie, was für ein Verhältnis sie zu Pointner hatte? Und sie wird dir antworten?«

»Warum nicht? Ich frage ja höflich.«

Da war sie wieder, die zweite, weniger ästhetische oder erotische Bedeutung des Schwungs. Dieses bedingungslose und unerschütterliche Vertrauen in das Handeln!

»Na ja, bitte, wenn's dir nichts ausmacht.«

»Das ist mir doch völlig egal. Sogar lustig. Ich hab diese Angst vor dem Telefonieren nicht so wie du!«

Bellucci schnappte sich ihr Handy und ging raus in die frische Ramsauer Bergluft.

Wenigstens ein kleines Anzeichen von Neurotizismus auch bei Bellucci! Wie so viele andere Menschen auch wollte sie beim Telefonieren allein sein. Ob sie wohl dabei auf und ab ging, wie komischerweise die meisten Menschen? Muss ich mir mal genauer anschauen, dachte Buchinger.

In der kleinen Kochnische bereitete er sich einen Espresso zu. Eigentlich schmeckte ihm das Zeug ja gar nicht, aber Jahrzehnte der Erfahrung mit dieser stets verfügbaren kleinen Belohnung hatten ihre Spuren hinterlassen: eine Gewohnheit.

Bellucci kam zurück, nach mehr als einer halben Stunde. »Und, wie war's?«

»Möchtest du die Kurzversion oder die lange?«

»Die kurze bitte! Das Leben ist auch kurz!«

»Das sagst du immer! Und dann willst du doch alles ganz genau hören!«

»Akzeptiert! Was kommt raus?«

»Pointner war der Liebhaber von Frau Baumgartner. Bis zu dessen schwerer Krankheit halt. Anton und Anna, Angelina und Anton – schöne Namen für ein Paar.«

Buchinger konnte das nicht nachempfinden, sagte aber nichts.

»Das geht schon ewig so. Lose und dennoch leidenschaftlich.

Ihre Beziehung war so etwas wie ein Assimilationsraum für eine bessere Welt.«

»Wer sagt denn so was – Assimilationsraum?«

»Angelina, also Frau Baumgartner.«

»Seid ihr leicht per du?«

»Natürlich, war ja ein nettes Gespräch! Sie sagt, in einem Assimilationsraum proben Astronauten auf der Erde das Leben im Weltraum. Literatur ist auch so ein Assimilationsraum. Eine Spielwiese als Trainingseinheit für das wirkliche Leben außerhalb der Buchdeckel. Klar, sie unterrichtet ja Deutsch. Und für sie und Anton war ihre Beziehung auch so ein Assimilationsraum, eine Einübung in eine bessere Welt, während sie aus der alten Welt mit deren Bindungen nicht rauskönnen.«

»Baumgartner könnte ihnen auf die Schliche gekommen sein und sich an seinem Freund und Nebenbuhler gerächt haben. Was für eine banale Lösung!«

»Ich glaube nicht daran. Aber ich bin natürlich auch kein Inspektor wie du! Sie sagt, dass auch Baumgartner, also ihr Mann, kein Kind von Traurigkeit war. Und sie hat das gewusst! Stell dir das vor! Ich würde dir alles abschneiden, was ich auf die Schnelle erwische, wenn ich draufkomme, dass du mich betrügst.«

»Ehrlich?«

»Ehrlich. Ich schwöre!«

Es wurde ganz kurz ganz still zwischen den beiden. Buchinger tastete unwillkürlich seinen Körper ab, als wollte er prüfen, ob noch alles dran war.

Bellucci war's, die das Schweigen brach: »Jedenfalls hat sie wirklich einen Tag vor dem Tod Pointners mit ihrem Mann gesprochen und das Geheimnis ihrer Affäre gelüftet.«

»Und darüber habt ihr eine halbe Stunde lang gesprochen? Wie machst du das, dass sie dir solche intimen Dinge verrät wie das Verhältnis mit Pointner? Hast du ihr auch von uns erzählt?«

»Also doch die Langversion! Ich hab's gewusst!«

»Na ja, Zeit haben wir ja!«

»Zeit, was ist denn das?«, fragte Bellucci mit tiefer Stimme und strich sich mit der rechten Hand über das Kinn, einem imaginierten Bart folgend. Buchinger war sofort klar, dass diese Geste des Grübelns und die tiefe Stimme seine schwermütige Nachdenklichkeit imitieren sollten – mit leicht spöttischem Unterton. Er liebte diese Frau!

»Ich will jetzt nicht das ganze Gespräch wiederholen. So sympathisch ist mir die oberlehrerhafte Art der Frau Professor auch nicht. Sie spricht so langsam, als wäre ich grenzdebil. So von oben herab, als wäre sie die Kaiserin von China. Der belehrende und arrogante Ton wurde mit der Zeit aber eh immer leiser. Und ich kann dir so viel verraten: Über den Mordfall und die Beziehung zwischen Anton und ihr haben wir erst ganz am Schluss geredet. Am Anfang haben wir uns ein wenig über dich lustig gemacht.«

Bei ihr wusste man nie, ob sie es ernst meinte! Buchinger ging mal davon aus, dass sie so tat, als wäre es ein Scherz gewesen, um die Wahrheit quasi verkleidet aussprechen zu können.

»Wir haben über unsere Vorstellungen von einem richtigen Leben gesprochen, über unsere Vorstellungen von einem tollen Urlaub, über die aktuelle Literatur und über die Tatsache, dass es die Männer sind, die ein gutes Leben auf diesem Planeten verhindern.«

Aber die Häuser bauen, die Reifen wechseln und die Koffer tragen, das dürfen wir, die Schuldigen an allem, schon!, dachte Buchinger, sagte aber wieder nichts.

Wenn ich mich in einem Roman bewegen würde, dann hätte dieser somit den Bechdel-Test bestanden, dachte Buchinger.

Wenn die folgenden Fragen mit ja beantwortet werden, dann hat der untersuchte Film oder der untersuchte Roman den Test bestanden: Gibt es mindestens zwei Frauenrollen? Haben diese Frauen Namen? Sprechen sie miteinander? Sprechen sie über etwas anderes als einen Mann? Der Test ist zwar nicht besonders aussagekräftig, was die Qualität des Kunstwerks betrifft, aber er prüft halbwegs zuverlässig, ob Frauen nur in den typischen Klischees vor allem der Hollywood-Filme dargestellt werden.

»War irgendwie lustig! Aber mein Traumjob ist das nicht, dieses Gespräche-Führen mit verdächtigen und verängstigten Menschen.«

Buchinger notierte in seinem mentalen Notizblock, dass man, wenn man etwas wissen wollte, einfach anrufen und fragen könnte. Den mentalen Notizblock hatte er von Mayer übernommen, die Möglichkeit direkter Kommunikation von Bellucci. Da sage noch einmal jemand, der Mensch wäre nicht lernfähig!

Am Dienstag beschlossen sie, den Aufenthalt auf der Hochebene von Ramsau zu verlängern. Sie wussten zwar immer noch nicht, ob man »in Ramsau« oder »in der Ramsau« sagte, aber sie wussten, dass sie hierbleiben wollten. Der Sommer war zurückgekehrt, und zwar mit einer Klarheit, die man von der trüben milchig-weißen Suppe, in der das Alpenvorland normalerweise schwamm, nicht kannte. Der Himmel strahlte in einem Blau, dass man schwindlig werden konnte. Ab und zu kutschierte ein einsames Wölkchen flott über den Himmel, von West nach Ost, wie es sich gehörte für diese Breiten.

Buchinger riskierte an diesem Dienstag ein Nein, immerhin hatte er sich auch schon mal eines von Bellucci anhören müssen. Nach einjähriger Beziehung! Jedenfalls wollte er sich nicht alle Knochen brechen beim Sommerskaten mit Ski-Rollern, Bellucci aber war nicht zu halten. Buchinger bewunderte sie noch in ihrer martialischen Ausrüstung: Helm, Schutzpanzer und Handschuhe. Dann zog er sich wieder zur Lektüre zurück, auf die Bank in der Sonne an der Hausmauer.

Früher hätte er Pausen wie diese für das legendäre Zeit-Rätsel verwendet, die ideale Flucht aus der Realität. Eine Flucht, die nicht allzu weit wegführte aus dem Alltag, wie ein Tagtraum. Er löste Rätsel in einem fiktiven Raum. Wie hätte Angelina gesagt? In einem Assimilationsraum. Als sie Studenten waren, war dies Teil eines Rituals: Sie waren mit der Scheibtruhe einkaufen gegangen, eine Kiste Bier, etwas Brot und die »Zeit«. Der Samstagnachmittag ging für das Lösen des Rätsels aus dem Magazin drauf, eine intellektuelle Herausforderung. Alle in der WG konnten beweisen, wie clever sie um die Ecke denken konnten.

Und nun, nun ackerte er sich stattdessen gerade durch ein Lehrwerk für Logik durch: *Zweiwertige Logik für alle Fälle* von D. Tfuller. Mayer hatte ihm davon erzählt – allem Anschein nach ein Standardwerk für Polizeischüler. An einer Stelle küfelte er schon den zweiten Tag, das war das Argument gegen Abtreibung. In seiner klassischen Ausprägung hatte es folgende Form:

1. Es ist falsch, ein unschuldiges menschliches Wesen zu töten.

2. Ein menschlicher Fötus ist ein unschuldiges menschliches Wesen.

Schluss: Daher ist es falsch, einen Fötus zu töten.

Wie musste man vorgehen, wenn man gegen diesen Schluss argumentieren wollte? Diese Aufgabe stellte das Buch. Buchinger war einer derjenigen, die dagegen argumentieren wollten. Seiner Meinung nach gab es genug Fälle, in denen Abtreibung gerechtfertigt war, Vergewaltigungen beispielsweise, aber auch weniger dramatische Situationen. Entscheidungen wie diese sollten den Frauen vorbehalten bleiben, mit allen Unterstützungen, die eine Gesellschaft aufbieten konnte. Immerhin ging es um nichts Geringeres als das Leben eines Menschen.

Es gab genau zwei Möglichkeiten, das hatte die vorherige Lektion gezeigt: Entweder konnte man zeigen, dass der Schluss logisch ungültig war. Dafür gibt's seit spätestens Aristoteles genügend Werkzeuge. Buchinger war weit entfernt davon, darin wirklich firm zu sein. Aber schwere Verstöße gegen die Logik erkannte er nach jahrelanger Übung inzwischen binnen Sekunden.

Oder man konnte mit Hilfe einzelwissenschaftlicher Erkenntnisse oder auch einfachen Hausverstandes zeigen, dass eine der Prämissen, also einer der Sätze 1. oder 2. falsch war. Satz 2 »Ein menschlicher Fötus ist ein unschuldiges menschliches Wesen« ist in der Geschichte der Philosophie ein heißumkämpftes Terrain: Wann ist ein Mensch ein Mensch? Ab dem Tag der Geburt? Sobald die Mutter die Bewegungen der Leibesfrucht spüren kann? Ist das der Moment, in dem sich die Seele in einem Ungeborenen einnistet, mit dem Navi des Schöpfers? Darüber ließ sich trefflich diskutieren, blöd war es trotzdem. Satz 1 hingegen schien offensichtlich wahr zu sein: »Es ist falsch, ein unschuldiges menschliches Wesen zu töten.« Auch Buchinger hätte diesem Satz vorbehaltlos zugestimmt. Was wäre, wenn es nicht falsch wäre, unschuldige menschliche Wesen zu töten? Ein grenzenloses Gemetzel und massenhaftes Abschlachten, ein Untergang des Menschlichen, ein Ende des Humanen, ein globales Auschwitz, bis zur Selbstvernichtung?

Gegen Ende des 20. Jahrhunderts tauchte ein australischer Philosoph auf, Peter Singer, der tatsächlich nicht die zweite, sondern die erste Prämisse attackierte. Er attackierte damit das bisher Offensichtliche, das Selbstverständliche, das allgemein Anerkannte, den common sense. Die Folge dieser Attacke ist heute legendär, wie das Lehrbuch in seinem abschließenden historischen Glossar erklärte: Wenn Singer an deutschsprachigen Unis auftrat, ketteten sich Antifaschisten aus Protest an Kirchentüren und die Kirche sah die Apokalypse heraufdämmern.

Für Buchinger waren diese Diskussionen eigentlich nur Belege dafür, dass man mit der Vernunft bald an die Grenzen des Entscheidbaren stieß, trotzdem: Von dieser Debatte konnte man Fundamentales lernen. Nämlich: Auch anscheinend offensichtlich wahre Prämissen können falsch sein. Man musste den Mut haben, auch die als unumstößlich geltenden Grundsätze einer Argumentation anzugreifen. Wie das nun mit seinen Problemfällen »Der Schreckliche« und »Der Katatoniker« zusammenhing? Wie könnte ein analog gebautes Argument zum Fall Baumgartner/Pointner aussehen?

Er probierte es, ohne Zettel und Bleistift, Geisteswissenschaft also im wahrsten Sinn des Wortes:

1. Zwei Menschen befinden sich in einem Raum.
2. Einer stirbt einen Tod, der verursacht worden sein musste.
3. Eine der beiden Personen kann sich nicht rühren.

Schluss: Also muss die zweite Person der Verursacher dieses Todes sein.

Welche war nun die Prämisse, die niemand anzweifeln würde, weil sie so offensichtlich wahr erschien? Buchinger probierte es mit der ersten: Zog man sie in Zweifel, war demnach eine weitere Person in Zimmer 123 gewesen. Baumgartner hätte sie sehen müssen. Warum schwieg er? Wie konnte diese Person den Raum verlassen? Sicher nicht durch die Tür. Alle Augenzeugen bestätigten, dass kein Mensch rausgekommen war. Ein Komplott? Logen sie alle? Doch warum? Um gemeinsam den armen Pointner um die Ecke zu bringen? Was wäre das Motiv? Der Mann war beliebt, sehr beliebt sogar.

So kam er nicht weiter, aber: Eine Antwort dämmerte langsam hinter den Kulissen seines Bewusstseins herauf und drängte ans Tageslicht, das spürte er. Doch bevor es so weit war, glitt Buchinger, an die warme Hausmauer gelehnt, langsam in die Dämmerung seines Bewusstseins. Und dann kam auch Bellucci schon wieder von ihrem abenteuerlichen Sommerskaten zurück, positiv und schön wie eh und je.

Schon als Kind hatte Buchinger gehofft, lästige Prozeduren dadurch auf Distanz halten zu können, dass er sich quasi vorarbeitete: dreißig Mal Kakaopulver in die Milch schütten und umrühren – dann brauchte man sich einen ganzen Monat lang nicht mehr mit dieser Arbeit aufhalten. Oder vierzehn Mal hintereinander den Hintern wischen – das bedeutete zwei Wochen Zeitersparnis am Klo. Und wenn einem ohnehin gerade fad war, konnte man sich durch monotone Wiederholung x-beliebiger Handlungen einen Ruhepolster für die Zukunft schaffen. Die Möglichkeiten dafür waren schier unbegrenzt: Zähne putzen, staubsaugen, Reifen wechseln, Krawatten binden, Wäsche aufhängen.

Schade nur, dass es bei diesen Prozessen keine Abkürzung gab und kein Ansparen von Zeit. Sie folgten ganz einfach einer anderen Logik.

Daran musste er denken, als er sich am nächsten Tag in der Früh rasierte. Einmal in der Woche musste es sein. Dann telefonierte er mit Mayer. Die Untersuchungen zum Fall Baumgartner würden in den nächsten Tagen eingestellt werden, die Zeit dränge also, wenn man Baumgartners Rolle in der Causa anders definieren wolle. Mayer sagte tatsächlich »Causa«; Buchinger staunte nur so. Die verdächtigen Leserbriefe liegen mittlerweile vor, Mayer werde sie in den nächsten Stunden übermitteln.

»Ich danke dir, mein Lieber!«, meinte Buchinger zum Abschluss.

»Chef, du bist jetzt schon den dritten Tag nicht da, und ich kann dir eines sagen: Es ist ganz furchtbar. Stottan ist lästig und kommandiert uns rum. Wir arbeiten äußerst brav, nur nach Vorschrift, keine coolen Aktionen wie mit dir. Keine zündenden Ideen.«

»Sehr nett, dass du das sagst! Mach dir keine Sorgen, ich bin bald wieder zurück. Und ich habe dann mindestens einen Fall gelöst.«

»Hast du leicht eine Idee? Erzähl!«

»Ich hab eine Idee«, meinte Buchinger, »aber sie steckt noch im Geburtskanal. Es dauert noch ein bisschen, drum kann ich dir auch noch nichts sagen. Aber ich denke, es wird ein Knüller. Und Baumgartner könnte unschuldig sein.«

»Unschuldig? Wie ist das möglich?«

»Wie gesagt, die Idee ist erst im Anflug, ich kann sie noch nicht wirklich sehen. Sobald ich Genaueres weiß, melde ich mich bei dir.«

Das schwarze Heft 3

Wir hätten ein wenig Abwechslung ganz gut gebrauchen können. Ich meine jetzt nicht die Frauen, bin ja kein Sexist! Aber beim Trinken!

Die Frauen melden Unzufriedenheit an, sie hätten gern einen Hugo oder irgendwas anderes Süßes. Patience äußert sich nicht dazu, erstens weil sie zu Gast ist natürlich, zweitens trinkt sie sowieso nur Tee. Angelina sagt dann: »Eigentlich hätte ich ja etwas mitnehmen können, weil ich hab was zu feiern. Ja, wirklich, ich glaube, man kann das so sagen: Ich habe was zu feiern.

Das tut mir jetzt so richtig leid!« Sie sagt nicht »leid«, sondern »load«, in breitestem Dialekt. Zum ersten Mal in meinem Leben merke ich, dass sie alt wird. Jedenfalls ist mir bisher noch nie aufgefallen, dass mich dieses Betuliche, dieses Langsame, dieses Belehrende an ihrer Art zu sprechen eigentlich nervt. »Ich habe die Ausbildung zur Lebensberaterin abgeschlossen. Ja, ich hätte wirklich was mitnehmen können.«

»Super, Anna!«, meint Clemens. »Mit dem Konjunktiv II der Vergangenheit können wir aber nicht anstoßen!«

Angelina ist sofort beleidigt, aber das sind wir schon gewöhnt. Ingrid legt einen Stein in die Mitte des Tisches, einen Bergkristall. Er soll für Harmonie sorgen.

Die Frauen sind ganz angetan von Angies Zusatzausbildung, Ingrid, Maria und Patience belagern sie mit Fragen. Die Kunst des richtigen Lebens interessiert sie noch mehr als ihre Investments an der Börse.

Irgendwann sitzen wir alle wieder vereint an dem massiven Holztisch in der Mitte der Stube. Das Gespräch ist äußerst lebendig, wir unterhalten uns angeregt über dies und das, natürlich über Politik, den Rechtsruck in Europa, das Recht des Menschen auf Selbstschädigung usw. Das Schöne ist: Wir sind uns nie einig, die Gespräche enden immer im Streit. Die Männer plustern sich auf, weil wir mit besonderen Formulierungen und trickreichen Argumenten die Frauen beeindrucken wollen. Eigentlich dreht sich aber alles um Patience, ihr wollen wir gefallen. Da täusche ich mich sicher nicht. Und unsere Frauen kokettieren um die Gunst Ekis, des Pumpers. Der Höhepunkt des Abends ist, als jeder von uns die peinlichste Geschichte seines Lebens erzählen muss. Ein tolles Gesellschaftsspiel, Maria hat es erfunden, eh klar. Hätte gut zum Silvesterabend gepasst, aber der ist erst morgen.

Ich sitze wie immer in der Dunkelheit, kritzle im fahlen Licht des geöffneten Laptops. Irgendwas liegt in der Luft. Noch ist die Nachtruhe nicht eingekehrt in unser Haus. Ab und zu höre ich Türen schlagen. Ich muss daran denken, wie die Elemente in chemischen Reaktionen den Gesetzen der Anziehung folgen. Ich höre Gewisper am Gang. Was mag da vor sich gehen? Wer paart sich gerade mit wem? Welche Wahlverwandtschaften erweisen sich gerade stärker als gesellschaftliche Konventionen? Die Geschichte wird nicht in einem Fadeout enden, es wird furchtbar knallen am Ende, das spüre ich.

Was Patience wohl über Clemens denkt? Er gebärdete sich wie ein mit Testosteron geimpfter Gockel, sprang auf den Tisch, schwang die Hüften wie Michael Jackson in seinen besten Tagen und warf sich vor ihr auf die Knie. Angelina schaute streng.

Morgen ist Silvester. Wetterbesserung ist in Sicht, die starken Schneefälle sollen aufhören. Ein neues Jahr wird anbrechen, mit all den üblichen Hoffnungen. Ich glaub nicht daran. Es wird alles bleiben wie es war, nämlich prekär. Wir gehen über dünnes Eis.

3.1.2019

Wie sehr ich mir auch wünsche, alles wäre nur ein böser Traum und ich müsste nur mit den Fingern schnippen, um aufzuwachen: Es wird nichts nützen, das Leben ist nun mal so scheußlich, so unfassbar scheußlich! Und wäre es nur ein Traum, wäre nichts gewonnen: Man müsste den Traum genauso ernst nehmen wie normalerweise die Wirklichkeit. Denn der Schmerz im Traum ist um nichts weniger intensiv als der in der Wirklichkeit, in der sogenannten. Dafür sorgt schon Hypnos, der Gott des Traumes.

Mit aller Klarheit sehe ich, was das Leben eigentlich ist: ein stetiger Mahlstrom des Bösen, der sich unaufhaltsam in Richtung des Todes bewegt, ein Kampf aller gegen alle, eine einzige Orgie an Boshaftigkeit und Falschheit. Es wird gelogen und betrogen und gemordet, ganze Heerscharen an Menschen, Vätern und Müttern und Töchtern und Söhnen purzeln von einer Bühne, die plötzlich kippt, alle gemeinsam in einen riesigen schwarzen Schlund, der gierig verschlingt, was er kriegen kann. Dieser Rausch des Gebärens und Verreckens ist durch keine Fantasie zu toppen: Wir leben in der entsetzlichsten aller Welten. Und alles, was wir tun, ist nur ein Ablenkungsmanöver von dieser furchtbaren Wahrheit, nämlich dass all diese Vorgänge, das Verlieben und Vertrauen, die Freude und das Nachdenken nichts anderes sind als Ausdruck eines Willens, der sich mit ungeheurer Kraft über diesen Planeten wälzt. Und dieser Wille will eigentlich gar nichts, er sorgt nur dafür, dass er nicht ins Leere läuft, dass er sich selbst erhält. Für die unendliche Leere, für das erschütternde Fehlen von Sinn in all dem, was wir tun, ist der Begriff »Vakuum« eigentlich schon ein Euphemismus. Sinn ist eine Lüge, die sich nicht einmal selber vertraut. Wir alle ahnen, dass da gar nichts ist, keine Psyche und keine Ewigkeit und nichts Geistiges, nur pure Materie, die sich wandelt und – völlig lächerlich! – einbildet, da wäre mehr. Da ist nicht mehr: Da sind nur Zellen, die sich teilen und letztlich wieder in der Erde aufgehen.

Dennoch: Ich schreibe hier, inzwischen sogar auf dem Computer, denn in meinem momentanen Zustand würde ich handschriftlich nur Unlesbares produzieren. Und dieses Schreiben wird man wohl kaum als rein materielle Vorgänge deuten. Oder ist mein Bewusstsein nichts anderes als ein Trick der Natur, um einen Irrläufer der Evolution mit irgendwas zu beschäftigen, bevor die Menschheit als Ganzes abtritt? Mit welchen grandiosen Irrtümern sich die Menschheit schon rumschlagen musste: der Existenz eines Gottes, der Unsterblichkeit der Seele, dem Bewusstsein, der Überlegenheit der Vernunft. Übrig geblieben ist immer nur eines, nämlich das blinde Walten einer absichtslosen Planlosigkeit, die sich der jeweils größeren Macht beugt.

Ich habe mir gerade eine zweite Flasche Wodka geholt. Mein Entschluss steht fest: Ich werde trinken, bis ich nicht mehr kann, bis mich die rauschhaften Träume ausspeien aus diesem Leben, dessen zufälliger Spielball ich geworden bin.

Am Silvestertag stehen wir spät auf. Patience und Eki haben sich durch das Chaos in unserer Küche gewühlt und Ordnung gemacht. Wir würden sie wieder einladen. Sie sieht bezaubernd aus, das Kopftuch halb nach hinten verrutscht. Clemens ist schon da, er unterhält die beiden, ist schon zur Hochform aufgelaufen, während das Haus noch in einem strahlend schönen Morgen schlummert. Ganz offensichtlich ist er beim Balzgesang angelangt; er kann einfach nicht anders, er ist die Person gewordene Balz. Und wenn sie in neun von zehn Fällen erfolglos blieb: Der zehnte Fall war die Anstrengung wert. Für ihn ist sie allerdings gar keine Anstrengung, für ihn ist die Verstellung die wahre Rolle, der eigentliche Kern seiner Persönlichkeit. Das ist auch der Grund, warum ich glaube, ich wäre der bessere Schauspieler. Ich spiele jede Rolle, nicht weil sie ohnehin schon meine zweite Haut ist, sondern weil ich sie studiere, bis ich mit den Augen der darzustellenden Person aus deren Schädel schaue.

Unterschätzt zu werden, das habe ich immer schon geliebt. Nichts hasse ich mehr als diese Angeber, die ihre Muskeln spielen oder ihre BMW röhren oder komplizierte Fremdwörter hören lassen. Wie primitiv! Sie schmeißen Geldpakete auf den Tisch und präsentieren ihre Frauen wie Nutten! Ich liebe es, wenn mich die anderen für einen Vollidioten halten, betone öfter französische Wörter falsch oder verwechsle anscheinend Gestalten der griechischen Mythologie. Und wenn niemand mehr erwartet, dass ich noch lebe in meiner Unwissenheit, schlage ich zu, unerbittlich und gnadenlos. Diese vorgespielte Unterlegenheit wird oft mit Bescheidenheit verwechselt: Größer könnte ein Irrtum nicht sein! Das Understatement ist eine adelige Attitüde, ein Zeichen aristokratischer Erhabenheit. Ich amüsiere mich, wenn die anderen in den Niederungen wühlen, während ich sie wie ein Adler aus großer Höhe beobachte, auf der Suche nach einem Beutetier. So wie der Romanschriftsteller, der sich diebisch freut, wenn die Kritiker über die Regionalität und den Witz des Werkes schreiben, dabei aber das Wesentliche übersehen, die Postmoderne etwa oder Musils Bonmot von der Geschichte, die darauf hinausläuft, dass sie nicht erzählt wird, oder Thomas Nagels Essay über die Frage, wie es ist, eine Fledermaus zu sein.

Jetzt ist der Zeitpunkt gekommen. Ich muss mich wehren.

Maria ist tot. Ich muss mich wehren.

Von einer Stunde auf die andere ist mein Leben nicht mehr mein Leben. Ich könnte und werde mich zu Tode saufen. Wir sind auf einer Hütte in Ramsau am Dachstein, das Schneegestöber der letzten Tage hat aufgehört, die Sonne kommt zögerlich hervor. Ein weiterer Tag in vollkommener Unbeschwertheit ist angebrochen. Clemens bezirzt die geheimnisvolle Fremde, von der wir eigentlich nur sehr wenig wissen. Wir sind Bürger des gehobenen Mittelstands, wir fragen nicht lang, unsere Toleranz ist grenzenlos. Oder unsere Langeweile.

Maria und Angelina gesellen sich zu uns, wir nehmen ein improvisiertes Frühstück, nichts Großes, man will ja nicht unbedingt zunehmen über die Feiertage. Clemens ist das wurscht, er trinkt schon zum Frühstück ein Bier. »Hab ja auch schon einiges geleistet um diese Uhrzeit!«, sagt er mit einem Augenzwinkern. Es soll wohl andeuten, dass wir eh wissen sollten, was er höchstwahrscheinlich nicht getrieben hat, der Angeber. Dann kommen auch Ingrid und Peter, verkniffene Gesichter:

Wahrscheinlich hat irgendeine Bachblüte oder ein Aszendent versagt!

Patience und Eki brechen auf. Wir umarmen uns zum Abschied innig. Ich kenne das aus zahllosen gruppendynamischen Seminaren: Wir schwören, dass wir Kontakt halten werden. Nächstes Jahr zur selben Zeit wiederholen wir das Ganze!

Wir wollen wenigstens einen Eindruck von der Gegend erhalten, in der wir gelandet sind. Man sieht ja erstmals mehr als eine Handbreit. Maria hat Kopfweh, sie kann nicht mitgehen. Clemens muss unbedingt seine Rolle in einem Shakespeare üben. Lächerlich: Er müsste eh schon wissen, dass am Schluss alle sterben. Also bleiben die beiden zuhause. Wir anderen wagen erstmals ein paar Schritte aus dem Haus, krabbeln über gigantische Schneeberge. Die Schönheit der Landschaft hier erschlägt uns. Ich werde nie wieder hierher fahren können. Dieses Licht, diese Ruhe, die von der Eintönigkeit des Schnees erzeugt wird, sind von nun an eng mit dem Grauen des Todes verbunden. Ich kann nie wieder hierher fahren, das hält kein Mensch aus! Die Schönheit täuscht, sie tut nur so, als wäre alles harmlos. In Wirklichkeit ist nichts schön, das Schöne kaschiert nur das Eigentliche, das erbarmungslose Wechselspiel von Verletzungen, Grausamkeiten und Tod. Die Natur eben.

Nach einer guten Stunde kommen wir zu einem Wirtshaus. Wenig überraschend, dass die anderen einkehren wollen. Ich hab aber genug von den Geselligkeiten – am Abend soll es ja sowieso wieder weitergehen. Die Einsamkeit der Winterlandschaft hab ich schon als Kind geliebt: Ich kämpfe gegen die menschenfeindlichen Sturmwinde Alaskas, die Hunde heulen und der erste Finger ist bereits abgefroren. Also verabschiede ich mich und gehe allein zurück zu unserem Quartier. So kann ich wenigstens ein wenig nachdenken, das war vor ein paar Tagen noch positiv in meinen Augen. Heute macht es mich nur todunglücklich oder aggressiv. Momentan eindeutig abgrundtief unglücklich. Damals, vor drei Tagen, hat mir die Einsamkeit noch nichts ausgemacht. Vor drei Tagen – also vor einer Ewigkeit! Nichts ist heute noch so wie vor drei Tagen! Ich war in Gedanken, ich habe gehofft, dass ich mich zu Maria legen könnte, meine Begierde nach ihrem wohlriechenden und warmen Körper trieb meinen Schritt an. Heute ist sie tot und kalt, tot und kalt bin auch ich.

Ich nähere mich unserem Häuschen, da sehe ich Clemens und Maria auf den Schneehaufen vor den Fenstern der Stube herumtollen. Wie Kinder. Beide ausgelassen johlend. Ich kann nicht sehen, was sie spielen, ist wohl so etwas Geistreiches wie sich gegenseitig in den Schnee schmeißen. Oder gemeinsam ein Loch buddeln und sich dabei behindern. Von meinem Standpunkt aus kann ich es nicht genau erkennen. Gott sei Dank, füge ich heute hinzu. Ich sehe ihre Körper sich einander nähern, dann stoßen sie sich wieder gegenseitig ab, wie gleichgepolte Magnete. Hätte Clemens nicht seinen Shakespeare üben sollen? Hätte Maria nicht in unserem abgedunkelten Zimmer auf mich warten sollen, auf ein bisschen Sex im alten Jahr? Stattdessen sehe ich, wie sich die beiden in postorgastischer Entspanntheit gegenseitig necken. Da stürzt Maria auf Clemens zu: Da ist sie wieder, die Anziehungskraft der Wahlverwandtschaften. Im nächsten Augenblick taumelt sie von ihm weg. Gleichgepolte Magnete. Und steht nicht mehr auf. Nie wieder.

Ich tu so, als würde ich unbeteiligt auf die Hütte zugehen. Ich pfeife ein Lied, ich pfeife sonst nie. Ich werde nie wieder pfeifen, das ist ab sofort die Begleitmusik des Todes. Dann höre ich Clemens schreien und schluchzen, laut und eindringlich in der klaren Kälte dieses Tages. Er schreit wie von Sinnen. Apokalyptisch, das blanke Entsetzen. Ich beginne zu laufen. Als ich beim Haus ankomme, ist da alles auf einmal: das Geschrei von

Clemens, seine Hände, die zitternd in den Taschen seiner Jacke nach dem Telefon suchen, meine Atemluft, die weiß in die winterliche Kälte strömt. Und eine Stille, eine nie gehörte Lautlosigkeit, ein Innehalten der Welt, als würde sie sich für einen Moment darüber wundern, dass wieder mal etwas aus den Fugen geraten war. Das Blut, das aus Marias Kopf in den Schnee sickert, der das schreiende Rot geduldig neben dem unendlichen Weiß erträgt. Ich weiß noch, dass ich auf Maria zugestürzt bin. In solchen Momenten ist ein Mensch nichts anderes als eine simple Reiz-Reaktions-Maschine: Wir machen Dinge, weil ein Programm den Auftrag dazu gibt. Sinn macht das keinen. Ich packe Maria an den Schultern. Wie leblos ihr Körper meinen Bewegungen nachgibt, werde ich nie vergessen. Ich höre Clemens ins Handy schreien, Rettung, Arzt, sofort, ja ein Notfall, gestürzt. Ich knall ihm eine mit der Faust, dass ich es knacken höre, er taumelt. Ich sehe noch, dass er an der Lippe blutet. Dann kotze ich auf einen kleinen Schneemann, der hier steht. Den hab ich hier noch nie gesehen.

Ich werde nie wieder schreiben. Nie wieder.

Na, das ist ja ein Ende! Die letzten Seiten sind nicht handschriftlich geschrieben; ein Computerausdruck wurde fein säuberlich in das Heft geklebt. Tatsächlich enden die Aufzeichnungen hier. Hat Pointner seine Ankündigung, nie wieder zu schreiben, wahr gemacht? Hat er die Verwechslung von Hypnos mit Morpheus absichtlich in seinen Text gesetzt? Denn nicht Hypnos ist der Gott der Träume, sondern Morpheus. Da musste man gar nicht so gut sein in griechischer Mythologie, da genügte es, *Matrix* gesehen zu haben. Damit eventuelle Leser in der Zukunft ihn unterschätzen und er dann zuschlagen kann wie ein Adler? Eher wie eine grinsende Hyäne, wie Buchinger passender erschien.

Jedenfalls war das Ende dieses Hefts nichts anderes als ein Imperativ für Buchinger: Er würde sofort den Ermittlungsbericht der Ramsauer Polizei anfordern müssen. Pointner schweigt sich ja aus darüber, was wirklich passiert war. Klar ist, dass die beiden Vorfälle miteinander zu tun haben müssen. So viele Zufälle gibt's nicht auf diesem Planeten. Es gibt Verbindungslinien zwischen den Ereignissen, Muster, man muss sie nur aufdecken.

Bellucci hatte eine To-Do-List zusammengestellt, eine Liste der notwendigen Erledigungen – wenn man schon mal da war! Diese Liste war nicht wirklich kurz, sie enthielt die Erforschung des Geheimprotestantismus vor Ort, paragleiten, mountainbiken, einen Besuch des Hochseilgartens, sommerrodeln, Schwammerl suchen, zwei Zeltfeste und reiten. »Reiten aber nur bei offenem Fenster!«, antwortete Buchinger wenig originell. »Bellucci, meine Liebe, ich möchte irgendwann auch wieder heim!«

Das ist der Nachteil, wenn man bei schönen und jungen Frauen so begehrt ist wie ich, dachte Buchinger. Du musst dich sportlich betätigen, obwohl du lieber einen Nachmittag lang am Sofa dösen würdest.

# Kapitel 11
# Schönheit

Bellucci war höchst erfreut zu hören, dass ihr ansonsten so lethargischer Buchinger einen Vorschlag für das Programm des Tages machte: »Lass uns doch wieder gemeinsam was unternehmen!«

»Ja, gerne! Woran hast du gedacht? Mountainbiken?«

Sie war ein wenig enttäuscht, aber nicht wirklich überrascht, dass seine Antwort nicht positiv ausfiel.

»Ich dachte eher an einen Spaziergang in den Ort. Vielleicht schauen wir bei der Kirche und im Museum vorbei, dann können wir deinen Punkt Geheimprotestantismus abhaken. Du ziehst dich so aufreizend wie möglich an, erstens damit Ramsau endlich weiß, was mit dem Begriff »göttlich« gemeint ist. Zweitens ist dann der Kontrast zur verlogen asketisch gehaltenen evangelischen Kirche so groß wie nur möglich.«

»Bitte vergiss nicht, dass ich evangelisch bin und dein Gerede gar nicht mag. Diese Herablassung! Ich kann mit dem verlogenen Prunk *deiner* Kirche auch nichts anfangen: fette Putten, Weihrauch und Gold. Wie ekelhaft, diesen Reichtum zur Schau zu stellen und gleichzeitig die Armen auszubeuten und ihren Hunger mit salbungsvollen Worten zu stillen! Aber ich möchte gar nicht darüber reden. Lassen wir doch die Religion dort, wo sie hingehört: im Privaten!«

»Ich bin gar nicht katholisch, wie du mir unterstellst. Ich gehöre der österreichischen Mehrheitskirche an, der Gemeinde der Konfessionslosen!«

»Natürlich bist du katholisch! Dich fasziniert das Leiden, dich fasziniert das Spektakel, dich fasziniert die Tradition, du leidest darunter, dass sich die heilige Mutterkirche spalten musste. Denk doch nur an deinen Respekt vor der Schönheit des Petersdoms! Du vergisst, dass er zu einem guten Teil durch den Verkauf von Ablässen finanziert wurde.«

»Das ist kein Kniefall vor der Kirche, das ist eine Huldigung der unbeschreiblichen Schönheit des Stils der Renaissance. Ebenmaß, Relationen, Klassik, ornamentale Elemente, Harmonie, Klarheit, Dreiecke – das ist Renaissance, das ist Schönheit. Ihr zu huldigen ist keine Schande. Und hat mit Religion gar nichts zu tun. Ich mache da keinen Unterschied zwischen dir, Architektur, Barockmusik und Schillers *Nänie* und Rilkes *Herbsttag*: Schönheit ist ein Wert!«

»Also gut: kein Streit! Nicht wegen Religion! Was soll ich anziehen?«

Nicht einmal eine Stunde später bereute sie schon, Buchingers Wunsch nachgegeben zu haben: Er wollte unbedingt kurz bei der Polizeistation reinschauen. Wie zufällig. Und schob sie als Erste bei der Tür rein. Augenblicklich hörte das Klappern der Schreibmaschine auf, ein Leberkässemmerl plumpste zurück in sein Papier, ein Bleistift fiel zu Boden und drei Beamte erhoben sich gleichzeitig mit geöffneten Mündern. Was bei dem einen mit dem Leberkässemmerl ziemlich ungustiös aussah.

Bellucci kniff die Augen zusammen und bedachte ihn mit einem Blick, bei dem unklar bleiben musste, ob er ihn überleben würde. Sie hatte begriffen, was Buchinger wollte: nicht den Geheimprotestantismus studieren, keinen Spaziergang durch den Ort machen, er wollte lediglich als suspendierter Kriminalbeamter Zugang zum Akt Maria Pointner erhalten. Und die Schreibmaschine ließ zu Recht befürchten, dass der Akt materiell abgelegt worden war und nicht in digitaler Form.

Und den Zugang hätte ihm Bellucci ermöglichen sollen! Sie warf ihm noch einen Blick zu, diesmal einen tödlichen. In den sich im selben Moment grenzenlose Schadenfreude mischte: Buchingers Finte, die Beamten durch den Anblick Belluccis in Bewusstlosigkeit zu versetzen, war so unnötig gewesen wie die letzten Strukturreformen im Polizeiwesen, in den Bildungsregionen, in der Regierung und im Angelsportverein von Hintertupfing zusammen. Denn der erste Polizist, der registrierte, dass neben Bellucci noch ein Mensch die Wachstube betreten hatte, rief aus:

»Buchinger, was treibt dich hierher? Hast du dich verirrt?«

»Charly? Das gibt's doch gar nicht!«

Das gab es doch: Charly Schrempf oder Tritscher oder Walcher, an den Nachnamen konnte er sich nicht mehr erinnern, ein Studienkollege aus fernen Tagen! Das Gesicht so vertraut, als wäre keine Zeit vergangen inzwischen, als wäre es gestern gewesen!

»Das gibt's doch gar nicht!«, wiederholte Buchinger, inzwischen wider besseres Wissen. »Als wäre keine Zeit vergangen! Du hast dich überhaupt nicht verändert!«

»Ja, das stimmt, danke! Nur die Glatze, die Wampe, die Falten, der gebückte Gang und die Schmerzen überall! Sonst ist alles wie damals!«

Zehn Minuten später hielt Buchinger eine Kopie des Berichts in seinen Händen. Gott sei Dank – Gott? – hatten sie schon einen Kopierer hier. Eine Abschrift hätte zu lang gedauert, aber niemanden gewundert, der sich auch darüber nicht wunderte, dass hier noch auf einer Schreibmaschine geschrieben wurde. So sieht es also aus mit der Ausstattung der österreichischen Exekutive!

Beim Verlassen des Postens war Bellucci wieder gut gelaunt: Die Freude über Buchingers sinnlosen Schachzug war größer als der Zorn darüber, dass er sie einsetzen wollte wie ein Instrument. Aber gesagt werden musste es doch, sonst hätte es sie zerrissen. »Nächstes Mal, wenn du willst, dass ich dir helfe, sag es mir. Und versuch nie wieder, mich als Mittel zum Zweck zu sehen. Ich komm dir nämlich drauf! Und ich bin auch draufgekommen, dass du ohne Arbeit nicht sein kannst. Also geh ich jetzt Schwammerl suchen und du kannst deinen Bericht studieren und Mayer anrufen und Mörder jagen. So hab ich meine Ruhe und du auch. Und am Abend gehen wir gemeinsam zum Zeltfest.«

Der Fall Maria Pointner war vorbildlich dokumentiert worden. Der Bericht enthielt auch die Ergebnisse einer Autopsie, die durchgeführt werden musste, weil sich der Ehemann mit seinen Vorwürfen gegenüber einem gewissen Clemens Baumgartner nicht mehr beruhigen wollte. Tatsächlich war Sperma gefunden worden, tatsächlich konnte dieses eindeutig als Baumgartners Sperma identifiziert werden. Doch »verirrte« Körperflüssigkeiten sind nichts, was Ermittler in einer Tourismusregion überrascht hätte. Das war ja kein Verbrechen und kam so oft vor, wie die Sonne auf- und wieder untergeht. Und auch sonst deutete nichts auf ein Verbrechen hin. Maria Pointner war an einem Schädel-Hirn-Trauma verstorben, verursacht durch den Sturz auf einen metallenen Sonnenschirmständer, der aufgrund der damals vorherrschenden (extremen – selbst für Ramsau am Dachstein!) Schneelage unentdeckt geblieben war. Der darauf liegende Schnee war aufgrund der Temperatur – der Bericht führte exakt minus 6,7° Celsius an – sehr leicht und gäbe schon bei weniger heftigen Perturbationen – sicher eine Formulierung Charlys! – das tödliche Gestänge darunter frei. Frau Pointner muss augenblicklich tot gewesen sein, nichts deutet auf Gewalteinwirkung hin. Wäre auch nicht allzu logisch, seine Geliebte unmittelbar nach dem Geschlechtsverkehr zu töten. Das wäre selbst in einer Tourismusregion, in der Après-Ski und Monogamie Widersprüche darstellen, übertrieben. Der augenscheinliche Gemütszustand von Clemens Baumgartner, fünfunddreißig, und seine Befragung ergaben ebenfalls keinen Beleg für die Annahme, es könne ein Gewaltverbrechen vorliegen. Baumgartner blutete übrigens immer wieder an der Unterlippe. Er behauptete, gestürzt zu sein. Anton Pointner bestand hingegen darauf, ihn geschlagen zu haben.

Ergänzt wurde der Bericht durch Fotos vom Tatort, des Opfers und der unmittelbaren Umgebung, ein Protokoll der Zeugenaussagen, einen Briefwechsel zwischen Pointners Anwalt und der Staatsanwaltschaft sowie handgeschriebenen Gedächtnisprotokollen von zwei »in dem Ferienhaus untergebrachten Damen«, wie es in dem Bericht hieß. Alle Informationen liefen in einem gemeinsamen Fluchtpunkt zusammen: Es war ein Unfall, ein tragisches Unglück. Pointners Vorwurf, es müsse sich um Mord gehandelt haben, entbehrte jeder Grundlage. Eine von dessen Anwalt eingebrachte Beschwerde wurde dementsprechend zurückgewiesen. Man war Pointner nur insofern entgegengekommen, als dass eine Obduktion angeordnet worden war.

Baumgartner war also innerhalb eines halben Jahres zweimal an einem Tatort. Er war zweimal verdächtigt worden, einen Menschen umgebracht zu haben. Hatte er es auf die Vernichtung der Familie Pointner abgesehen? Wohl kaum: Maria war seine Geliebte, Anton war sein Freund. Wenn er die Familie Pointner ausgerottet hatte, war er wohl das größtmögliche Scheusal. Sei vorsichtig mit Superlativen, Buchinger! Denn wenn er die beiden nicht umgebracht hatte, war er einer der bedauernswertesten Menschen dieses Planeten: unschuldig schuldig geworden am Tod von zwei Menschen, die er geliebt hatte! Unterschiedliche Formen von Liebe zwar, aber immerhin. Vielleicht waren diese beiden Menschen sogar die wichtigsten Menschen in seinem Leben. Man muss sich das vorstellen: Er verliert zwei geliebte Menschen und leidet deswegen und wird zu Unrecht verdächtigt, sie getötet zu haben, und leidet daher doppelt und dreifach und muss nun auch um sein eigenes Leben fürchten. Das hinter Gittern enden könnte.

Man muss sich das vorstellen: Der arme Pointner verliert seine Frau, die er vergöttert und die er trotzdem mit der Frau seines besten Freundes betrügt. Er muss seinen Freund Clemens beschuldigen: eine furchtbare Wendung des Schicksals! Dann wird er schwer krank und schließlich von seinem besten Freund ermordet. Was für ein Leben, was für ein Ende! Gab es eigentlich noch was anderes auf Erden als grenzenloses Leid? Gab es irgendeinen Sinn hinter dieser Orgie an Verstrickungen, Bösem und Leid? Das fragte sich selbst Buchinger, weit davon entfernt, wieder religiös zu werden.

Er telefonierte mit Mayer, Bellucci war ja immer noch in irgendeinem Wald auf der Jagd nach ein paar Eierschwammerln. Wenn sie nur nicht zu viele nach Hause brachte! Er hasste es, die Schnecken runterklauben und die Schwammerl putzen zu müssen.

»Es war Zyanid«, meinte Mayer. »Höchst effektiv. Wurde auch von den Nazis schon verwendet, von Hitler beispielsweise in seinem Berliner Führerbunker 1945. Nicht wirklich leicht herzustellen, man braucht dringend ein Labor dafür.«

»Kann man das Zeug kaufen?«

»Alles kann man kaufen, Chef! Die Lektion habe ich von dir! Es gibt einen Markt für alles, für das Unsinnigste wie BHs aus Leopardenfell und für das Tödlichste wie angereichertes Uran. Vermutlich im dark net. Allerdings findet die IT-Abteilung nichts, was auf einen derartigen Kauf schließen lässt.«

»Verstehe. Nicht gerade erfreulich, schon wieder ein Hinweis auf die Nazis.«

»Was willst du machen, Chef, gibt ja inzwischen schon genug hier. Wenn man eine Schranktür öffnet, fliegt garantiert ein Nazi raus. Hab ich auch von dir.«

»Ich weiß. Hör mal, Mayer, ich hab noch einen Auftrag für dich.«

»Ja?«

»Ich meine, nur wenn du weiterhin bereit bist, mir trotz Suspendierung zu helfen.«

»Na klar, schieß los!«

»Pointner schreibt, dass er nie wieder schreiben wird. Das war … Moment, ich muss nachschauen … am 3. Jänner dieses Jahres. Ich glaube ihm nicht. Ich denke, dieser Mann muss schreiben, er hält es nicht aus ohne. Er muss schreiben, sich selbst erklären. Er muss zeigen, wie klug er ist und vor allem: wie verletzt!«

Die Selbstverständlichkeit, mit der die Menschen ihre Erlebnisse für grandiose singuläre Ereignisse halten, hatte Buchinger immer schon höchst erstaunlich, ja beinahe erschütternd gefunden. Wie konnte man sich nur derart selbst täuschen? Eine einsame Bahnfahrt in der Abenddämmerung, eine schlaflose Nacht mit der Geliebten, eine traurige Stunde in einem heruntergekommenen Restaurant: Jeder Mensch hatte Vergleichbares erlebt, jeder hielt diese Momente für einzigartig und vor allem für unüberbietbar individuell. Wahrscheinlich ein Trick der Natur, damit uns die Austauschbarkeit und Bedeutungslosigkeit unserer Existenzen nicht bewusst werden. Pointner jedenfalls war für diese Momente der Erschütterung der Fraglosigkeit menschlicher Existenz besonders empfänglich. Sein Fall lag auch gänzlich anders. Er bauschte keine kleinen Alltagswehwehchen zu fundamentalen Erlebnissen auf, sondern hatte wirklich Erschütterndes erlebt. Wie ein Seismograf registrierte er noch leiseste Unregelmäßigkeiten und Verwerfungen seines Alltags. Erst recht das am stärksten belastende Ereignis, das es im Leben eines Menschen gab, den Verlust eines geliebten Menschen.

»Vielleicht findest du noch ein schwarzes Heft. Wenn du Pech hast, dann findest du eines mit falschem Datum. Wenn du noch mehr Pech hast, dann hat er beschriebene Blätter irgendwo in seinem eigenartigen Universum, der Bibliothek, versteckt. Wenn wir beide größtes Pech haben, dann findest du gar nichts.«

»Ok, mach ich.«

»Vielleicht siehst du dann ja die junge Pointner wieder«, ergänzte Buchinger. Und konnte spüren, wie der junge Mayer errötete.

Buchinger legte auf. Und wählte Mayers Nummer sofort noch einmal. »Hast du noch kurz Zeit?«

»Klar, bin in der Arbeit.«

»Dann hör mal: Ich hab ein Argument entwickelt, das wasserdicht zeigt, dass Baumgartner der Mörder sein muss. Ich will jetzt versuchen, die Prämisse anzugreifen, die für den Alltagsverstand die sicherste ist. Das hab ich von Peter Singer bzw. von deinem Logik-Buch. Kannst du mir folgen?«

»Natürlich!«

»Dann les ich dir das Argument vor:

1. Zwei Menschen befinden sich in einem Raum.
2. Einer stirbt einen Tod, der verursacht worden sein musste.
3. Eine der beiden Personen kann sich nicht rühren.

Schluss: Also muss die zweite Person der Verursacher dieses Todes sein.«

»Ich habe verstanden. Ein glasklares Argument, da gibt's nichts zu rütteln.«

»Welche der Prämissen hältst du für die sicherste?«

»Ich würde sagen, es ist Prämisse 2: Wenn sich der Kerl nicht rühren konnte und man nicht von allein diesen Tod stirbt, dann muss er einen durch jemand anderen verursachten Tod gestorben sein.«

»Könnte nicht Baumgartner, sondern eine dritte Person den Tod verursacht haben?«

»Das schon, aber das widerspricht nicht der Prämisse. Eher schon folgender Satz: Die Zyanid-Vergiftung wurde durch körpereigene Prozesse ausgelöst.«

»Und: Gibt's das?«

»Natürlich nicht! Hab ich schon recherchiert. Ist auch nicht als Wechselwirkung verabreichter Medikamente denkbar.«

»Schlauer Bursche! Was schließen wir daraus?«

»Prämisse 2 ist nicht zu knacken.«

»Gut, also schlecht! So kommen wir nicht weiter. Mach's gut, auf bald!«

»Auf bald, ciao!«

Wenn man sich mit seinen falschen Hypothesen eine blutige Nase holt, dann weiß man wenigstens, dass man in der Realität angelangt ist. Wer etwa davon überzeugt ist, dass die Welt ein Produkt seiner Einbildung ist, und dann von einem Auto überfahren wird, muss wohl zugeben, dass das Auto wirklich existiert. Wenn er noch lebt.

Belluccis und Buchingers Auftritt beim Zeltfest des örtlichen Musikvereins war beeindruckend und merkenswert, aber nicht ganz so, wie die beiden sich das erwünscht hätten, wenn sie zuvor darüber nachgedacht hätten.

Bellucci hatte wieder die verführerische Kleidung vom Vormittag angezogen, Rock, weiße Bluse mit Rüschen, großer Ausschnitt. Letzterer sorgte für gewöhnlich für Aufruhr, Unruhe, Herzstillstand, Schreie wie auf Edvard Munchs Bild und Atemnot. Nicht so in Ramsau.

Als die beiden das Zelt betraten, spielte die Band zwar weiter, verlangsamte jedoch den Rhythmus. Durch das Publikum ging so etwas wie die Welle. Eher so etwas wie das Gegenteil einer Welle. Inverse Euphorie. Atem stockte, Augen glotzten, Blicke erstarrten. Biergläser bremsten sich ein in ihrer Bewegung von Bierdeckeln zu Mündern, Grillhendln bekamen noch wenige Sekunden Schonfrist, wiewohl bereits aufgegabelt. Fettige Finger hielten inne, Kellner registrierten eine Generalpause wie in Dornröschen, der Schaum in den Bierkrügen fiel in sich zusammen, die synchronen Bewegungen der Hälse im Zelt hatten gerade mal ein Ziel: Bellucci und Buchinger. Die Augen aller waren auf sie gerichtet. Buchinger blickte reflexartig auf sein Hosentürl, Bellucci drehte ihren Kopf leicht zur Seite, was sicher mancher als Koketterie missverstand. Ketchup tropfte zurück auf Pappteller, Pommes verloren alles Salz, die Band wechselte von der simplen Polka zu extrem verlangsamtem Walzer. Hatten doch tatsächlich zwei Personen gewagt, das Zelt zu betreten, ohne in Tracht gekleidet zu sein! Es gab wohl keine bessere Methode, sich als Fremder zu outen, da mochte man genau so viel Bier trinken und Hendl essen können. Ohne Lederhose blieb hier jeder Mann ein blasser Holländer. Ohne Dirndl wurde eine Frau hier nicht als solche erkannt. Das Starren hatte erst ein Ende, als lautes Donnergrollen vom Ennstal herauf scholl: Ganz offenbar hatte sich ein Kampfbomber aus dem Zweiten Weltkrieg hierher verirrt. Die Gäste nahmen's gelassen: »Der Didi macht seine Runde!«, meinten einige und damit war alles klar. Offenbar ein Einheimischer mit einem Hang zur Motorisierung.

Sitzplätze waren rar. Die beiden drückten sich an das Ende eines Biertisches.

An Unterhaltung war nicht zu denken, dafür war es einfach zu laut. Interessierte aber eh niemanden, die Hauptbeschäftigungen waren essen und trinken. Jugendliche verschwanden fröhlich im Nebenzelt, wo es stärkeren Alkohol zu kaufen gab, und kehrten einigermaßen sediert wieder zurück. Bellucci und Buchinger waren froh, an diesem Tisch gestrandet zu sein: Wer saß, fiel mit seiner unpassenden Kleidung nicht so auf. Biere kamen, Teller mit abgeküfelten Knochen gingen. Je öfter sich dieser naturgegebene Wechsel des Kommens und Gehens wiederholte, desto geringer wurde die anfangs schmerzlich empfundene Distanz zur Zeltgesellschaft. Um Mitternacht fanden sich Bellucci und Buchinger auf dem Biertisch stehend, einen Refrain grölend, den sie nicht wirklich verstanden hatten, es ging um Madln und Buam und natürlich die Liebe. Um diese Zeit gab es keine Standesunterschiede mehr, es gab auch keine Unterschiede mehr zu irgendeinem anderen Zeltfest in Österreich, etwa zum Schifferfest in Stadl-Paura. Um eins war Buchinger so richtig schlecht, um zwei war auch Bellucci so richtig schlecht, um drei, als sie endlich in ihrem Quartier ankamen, waren sie wieder guter Dinge und schworen sich: Das nächste Mal gehen wir wieder!

Vorher aber kleiden wir uns ordentlich ein: in Tracht!

Erwartungsgemäß begann der nächste Tag etwas später. Bellucci rauschte davon, Buchinger wunderte sich inzwischen kaum mehr über ihre schier unerschöpfliche Energie. Sie wollte mit dem Mountainbike rauf zur Brandalm und weiter zur Mautstraße, über die Moaralm die ganze Südwand des Dachsteins entlang bis zur Bachlalm, schließlich über die Flanke des Rittis wieder retour. Angeblich die schönste Strecke der Welt. Die konnte sie sich nicht entgehen lassen. Buchinger simulierte Aktivität und Fitness, während sie sich auf die Tour vorbereitete. Kaum hatte sie ein futuristisch hochgerüstetes Bike bestiegen, legte er sich wieder nieder. Der Kopf schmerzte.

Als er eine Stunde später erwachte, hatte sich das Schwanken der ganzen Welt zwar etwas beruhigt, die Übelkeit war jedoch geblieben. Buchinger stapfte raus zum Postkasten; ihn zu entleeren, war eine Bitte des Vermieters gewesen. War er immer noch betrunken? Oder in einem verrückten Paralleluniversum aufgewacht? Oder war die Welt wirklich so absurd? Die örtliche Gemeindezeitung berichtete:

Hundebesitzer verurteilt

Xaver L. (35) wurde vom Bezirksgericht in Schladming nicht rechtskräftig zu zwei Jahren unbedingter Haft verurteilt. Der Ramsauer hatte im März dieses Jahres seinen Kampfhund Nala auf Touristen gehetzt, die trotz deutlich sichtbarer Verbotsschilder auf der Sonnenloipe spazieren gingen (wir berichteten). Infolge der Attacke durch den Pitbull Terrier war ein tschechischer Pensionist verstorben. Der Prozess wurde von tumultähnlichen Sympathie- und Protestkundgebungen sowie ausländerfeindlichen Parolen seitens des Publikums begleitet, der Saal musste schließlich geräumt werden. Der Angeklagte zeigte keinerlei Reue, ganz im Gegenteil war er nicht nur von seiner Unschuld, sondern sogar von seiner »Mission« überzeugt. Dieser Umstand wirke sich strafverschärfend aus, wie die Richterin Johanna Burger abschließend ausführte.

Hatte Pointner also gar nicht fantasiert, als er von dem Gemeinderatsbeschluss berichtet hatte? Oder er, Buchinger, befand sich auf derselben schiefen Ebene wie Pointner. Vielleicht durch die Höhenluft verursacht? Oder durch geheimnisvolle Strahlungen an der Quelle der Kraft?

Als Bellucci zurückkam, erzählte er ihr nichts davon. Sie hätte ihn sicher für verrückt gehalten. Außerdem hätte sie ohnehin keine Zeit gehabt für seine abstrusen Spekulationen über Schlupflöcher raus aus der Realität, sie hatte Wichtigeres vor: erstens von der göttlich schönen Tour erzählen, zweitens auf einer der göttlichen Hütten einen Kaiserschmarrn essen, wenn möglich flambiert, drittens Tracht kaufen. Wenn das so weitergeht mit dem Gusto Belluccis, dachte er, dann werd ich wohl einen Blog über Kaiserschmarrn schreiben müssen. Bellucci liefert die Expertise, und ich gieße alles in eine sprachliche Form. Zeit genug hätte ich ja, wenn die Suspendierung aufrecht bleibt. Bis zum Ende unseres Ramsau-Trips kenne ich wohl jede gusseiserne Pfanne südlich des Dachsteins und nördlich des Ennstals! In der Tat notierte er eine neue Kategorie, während Bellucci Zwetschkenröster in ihre Pfanne löffelte: Zuspeisen. Apfelmus, Kompott, in Rum eingelegte Rosinen, Marmelade – und eben Zwetschkenröster. So einen Blog zu schreiben, war sicher eine lustvolle Angelegenheit, aber schlanker wurde man dadurch auch sicher nicht. Vor allem dann, wenn man wie Buchinger erst vor einem Jahr mit dem Rauchen aufgehört hatte und der Körper jede Ersatzdroge wie Essen und Trinken gierig aufsaugte, weil man ihm seine große Leidenschaft Nikotin vorenthielt.

Wer Tracht trug, war in Buchingers Augen ein Nazi. Er staunte nicht schlecht darüber, wie gut ihm seine Bellucci im Dirndl gefiel: der gepushte Busen ein Angriff auf die Autonomie des Mannes, das Kleid eine Orgie an Unschuld. An sich selbst bemerkte er einen derartigen Turbo an Sexappeal leider nicht, ganz im Gegenteil fühlte er sich in der Ramsauer Tracht wie ein Holzknecht im Sambakostüm. Eine Veränderung zum Nazi bemerkte er nicht. Konform zu werden hatte zwar auch einen gewissen Charme, man ersparte sich damit kräfteraubende Diskussionen zur Erklärung des eigenen, abweichenden Verhaltens. Trotzdem musste man ja nicht sofort mit der Jagdgemeinschaft ins selbe Horn blasen, wenn's gegen Türken oder allgemein Moslems ging. War es eigentlich möglich, Kleidung zu tragen, ohne sich die damit verknüpften Konnotationen überzustreifen? Konnte man Breeches tragen, ohne mit der Wehrmacht assoziiert zu werden? Oder Doc Martens, ohne ein Punk oder Skinhead zu sein? War es nicht geradezu die Pflicht eines freien Menschen, den Oberlippenbart und den Namen »Adolf« und den Begriff »Heimat« aus der Umklammerung von denjenigen zu befreien, die sich auch die Tracht unter den Nagel gerissen hatten? Oder machte man sich da die Sache zu leicht, indem man Begriffe und Kleidung und Namen von ihrer ideologischen Last reinwusch?

Ganz wohl fühlte sich Buchinger jedenfalls nicht in seinem Trachtenanzug. Dass er sich weiterhin nur sporadisch rasieren und nie mehr zum Friseur gehen würde, schwor er sich in dem Moment, als er sich im rustikalen Outfit im Spiegel sah. So erlebte er im zarten Alter von vierundsechzig Jahren, was ihn sein Leben lang begleitet hatte, erneut: die Freude am Widerstand durch vernachlässigtes Äußeres. Und wenn die Kleidung diesbezüglich nichts hergab, dann musste eben der Körper ran, erste und effektivste Waffe aller Zyniker seit Diogenes von Sinope!

## Kapitel 12
## Geheim

Der nächste Tag, ein Donnerstag, überraschte nicht nur Bellucci, sondern auch Buchinger selbst: Er hatte einen diesmal ernstgemeinten Vorschlag für die Gestaltung des Tages. Er wollte am Nachmittag das Museum *Zeitroas* besuchen, das Museum im Zentrum des Orts. Wenig überraschend, dass es sich um keine extrem sportliche Betätigung handelte, aber durchaus passend zu Buchinger. Seine Begeisterung für Geschichte war inzwischen legendär. Und Bellucci? Nein, sie wollte nicht Schwammerl suchen gehen in der Zwischenzeit, sie wollte ihn lieber begleiten, wenn auch nur für eine Weile. Museen spielten seit ihrer ersten Begegnung im *Schiffleutmuseum* in Stadl-Paura die Rolle eines unwiderstehlichen Aphrodisiakums. Bellucci wurde regelrecht geil bei dem Gedanken, dass Buchinger sich hinter Türmen verstaubter Bücher, Fotoalben und Schautafeln vergrub. Buchinger ging's beim Gedanken an die schöne Bellucci nicht anders. Schon interessant, wie man das eine einfach tat oder war und das andere begehrte!

Buchinger jedenfalls spazierte in neu erstandener Tracht ins Museum, bekam aber trotz dieses Versuchs, Integrationswillen zu zeigen, keinen Rabatt. Dafür aber war der Museumsleiter äußerst großzügig, als es darum ging, Buchinger mehr Zeit für seine Studien einzuräumen. Er durfte auch nach Ende der Öffnungszeiten noch seine Bücher wälzen. Die Sonderausstellung zur Jagd interessierte ihn nicht und die Entwicklung des örtlichen Tourismus' vermochte ihn nicht zu fesseln. Die verhängnisvolle Liaison von Reichtum und Zerstörung war ihm aus anderem Zusammenhang hinlänglich bekannt. Mit der Eröffnung der Austriahütte 1880 begann hier die Tourismus-Maschine zu arbeiten, die erst nach dem Zweiten Weltkrieg so richtig ins Laufen kam. Heute kommen Hunderttausende hierher und verpesten gemeinsam auf der Mautstraße eine einzigartige Naturlandschaft, die dieser Dauerbelastung wohl kaum standhalten können wird.

Aber die Geschichte des Glaubens, die hatte es ihm angetan. Die Gegenreformation rollte bis zum Toleranzpatent Josephs II. 1781 mit gewaltiger Propaganda und gewaltigem Erfolg durch die österreichischen Lande. Flankiert vom Jesuitentheater und dem bombastischen optischen Spektakel des Barocks wurde die Rückgewinnung protestantischer Territorien vorangetrieben. Doch an etlichen hochgelegenen Regionen, wie dem Weißensee in Kärnten und der Ramsau in der Steiermark, zog die Gegenreformation quasi vorbei, hier konnte die katholische Kirche kaum Boden gewinnen.

Im oberösterreichischen Zentralraum war der Kampf gegen die unkatholischen Ketzer ungleich erfolgreicher: Im Jahr 1650 bekannten sich noch über tausend Oberösterreicher zum Protestantismus, Zwangsmaßnahmen wie Emigration und Konversion senkten diese Zahl auf null. In abgelegeneren Gebieten wie in der nach dem Bärlauch benannten Ramsau biss sich die Gegenreformation fest: Der Widerstand der Menschen hier war zu groß. Sie konvertierten nur scheinbar zum Katholizismus; das zeigte sich vor allem darin, dass sich 1781 fast alle Ramsauer als Lutheraner outeten.

Wie konnte der sogenannte Geheimprotestantismus überleben? Ketzerische Bücher zu besitzen war verboten. Aus Deutschland wurde die gefährliche Ware zu Fuß geliefert, und zwar über den sogenannten Bibelschmugglerweg. Dieser führte im Süden Oberösterreichs von Bad Ischl über Bad Goisern, eine Hochburg des Geheimprotestantismus, zur Goisererhütte, weiter über Gosau und den Steiglpass am Gosaukamm nach Ramsau. Noch heute, mehr als zwanzig Generationen später, ist Österreichs älteste Lutherbibel des Bibeldruckers Hans Lufft im Besitz der in Ramsau ansässigen Familie Wieser am Wieserhof. Die gefährlichen Schriftstücke wurden an einfallsreichen Orten, unter anderem in doppelten Böden, in Hohlräumen und unter der Futterkrippe der störrischsten Kuh im Stall, versteckt.

Die Kryptoprotestanten, so nannte man die im Geheimen agierenden Lutheraner, hatten mit schweren Strafen zu rechnen, wenn ihr Glaube entdeckt wurde. Noch 1731 wurden zahlreiche Familien aus der Region Bad Goisern-Gosau zur Emigration nach Siebenbürgen gezwungen. Ähnliches wird aus anderen Teilen Oberösterreichs berichtet; kurioserweise traf es hier nicht die Hochburgen Scharten und Wallern, sondern das Gebiet zwischen Schwanenstadt und Gmunden.

Um diesen und ähnlichen Sanktionen zu entgehen, waren neben dem Verstecken noch andere Maßnahmen notwendig geworden. So wurde zumeist das Titelblatt der Geheimbibeln entfernt. Die gegenreformatorischen Inquisitoren waren zwar nur in Ausnahmefällen des Lesens mächtig, den Namenszug Martin Luthers hätten sie jedoch erkannt.

Täuschung war also die erfolgreiche Strategie der Geheimprotestanten, dachte Buchinger, lehnte sich zurück und streckte seine nicht mehr ganz so frischen Glieder. Kaum war das Toleranzpatent erlassen worden, bekannten sich hundertsiebenundzwanzig von hundertdreißig Familien zum lutherischen Glauben. Das ist so ähnlich wie einen Trachtenanzug zu tragen, aber mit einer Haltung, die keinen Hehl aus der Leidenschaft für Jeans machte.

Zuvor hatten sich die Gläubigen bei natürlichen Kanzeln getroffen, um geheime Gottesdienste abzuhalten, etwa auf dem zirka 300 Höhenmeter über dem Ort befindlichen Predigtstuhl. Sie hatten heimlich die verbotenen Bücher gelesen. Welche Wertschätzung des geschriebenen Wortes! Buchinger konnte seine Sympathie dafür nicht leugnen, auch wenn er von dem Konzept des heiligen Wortes gar nichts hielt.

Die ganze Geschichte hatte mit dem Unmut begonnen, den die Korruption und die Praxis der Ablassbriefe auch bei den Katholiken selbst hervorriefen. Mit Ablasszahlungen konnten sich die Gläubigen von Sündenstrafen freikaufen. Der Petersdom in Rom war zu einem beträchtlichen Teil durch Gelder aus dem Ablasshandel finanziert worden.

Ramsau, Wallern, Täuschung, Petersdom – all das war ihm doch gerade erst begegnet! Ist es möglich, in einem winzigen Heimatmuseum zu sitzen, alte Schmöker zu wälzen und sich inmitten eines Kriminalfalls der Gegenwart zu finden? In der Ramsau hatte alles begonnen: nicht nur der Widerstand gegen die Schikanen der katholischen Herrscher, sondern auch das Unglück von Maria und Anton Pointner. Schein, nicht Sein ist der zentrale Begriff dieses Widerstands. Die Ramsauer waren sehr vorsichtig mit ihrem gefährdeten und gefährlichen Glauben, hatten sie doch aus der erhabenen Position der Hochebene mitverfolgt, wie lutherische Bestrebungen im nahen Schladming zur Zerstörung der Stadt im Jahr 1525 geführt hatten. Wallern war eine oberösterreichische Hochburg des Protestantismus, eine der ersten lutherischen Gemeinden. Hier lebte Baumgartner.

Buchinger schrieb sofort eine Nachricht an Mayer: Er müsse noch einmal in Pointners Bibliothek recherchieren, ob sich auf einer der Landkarten eine Verbindungslinie zwischen Ramsau und Wallern finden ließ.

Schließlich der Petersdom: Hatte nicht die Freundesrunde im Schneegestöber zu Silvester über die Prunksucht des Klerus' gestritten? Waren nicht zwei der drei monotheistischen Weltreligionen am Kachelofen versammelt gewesen, hatten sie nicht über den wahren Glauben gestritten? Er musste unbedingt die vollständigen Namen der beiden geheimnisvollen Gäste ausfindig machen, die im wahrsten Sinne des Wortes hereingeschneit waren und am nächsten Tag wieder verschwanden. Buchinger notierte sich diesen Punkt: noch ein Auftrag für Mayer!

Wallern, Ramsau, Täuschung, Petersdom – wie hingen diese Begriffe zusammen? Ist die Ansammlung dieser Nomen mit den anscheinend sinnlosen Wortkombinationen in Pointners Bibliothek vergleichbar? Noch ein Auftrag für Mayer: nachschauen, welche Kombinationen sich dort finden ließen. Eventuell sogar eines der Wörter? Was eine etwaige Kombination zu bedeuten hatte, musste ohnehin Buchinger selbst herausfinden. Idee hatte er noch gar keine dazu.

Kurz vor Mitternacht hörte er eine Tür ins Schloss fallen. Er wusste, was ihn erwartete, kannte diesen Auftritt Belluccis ja schon aus dem *Schiffleutmuseum* in Stadl-Paura. Buchinger manövrierte sich in eine heroische Position, versunken in die Gestik von Rodins Denker. Doch wie schrieb schon Heraklit, der Dunkle: Man kann nicht zweimal in denselben Fluss steigen, denn immer und immer wieder fließen neue Wassermassen nach. Vermutlich hat auch Bellucci Heraklits Fragmente gelesen. Denn davon, dass sie sich kokett vor Buchinger auf den Schreibtisch gesetzt hätte und ihn mit einer flotten Bewegung dazu eingeladen hätte zu tun, was alle Welt tut, konnte gar keine Rede sein.

»Was ist los mit dir? Wann kommst du nach Hause?«

»Warum kommst du hierher? Du hättest doch anrufen können!«

»Das stimmt vielleicht überall sonst in Österreich, aber hier nicht! Entweder du hast keinen Empfang oder ich hab keinen!

Ich mach mir Sorgen, jetzt bin ich in der Finsternis hierher gegangen. Und kalt ist es auch!«

Kein Sex also.

Es dämmerte. Nicht nur in der Welt draußen. Zu früher Stunde, der Himmel färbte sich bereits zart blau ein, Bellucci atmete regelmäßig und ahnte nichts von der Ruhelosigkeit in ihrer Nähe, zu früher Stunde also kreisten die Gedanken Buchingers immer wieder um dieselben Begriffe, Tatbestände, Zusammenhänge. Draußen herrschte eine Klarheit, die einem Tränen in die Augen trieb vor Ehrfurcht angesichts einer wohlgeratenen Schöpfung. Buchingers Brüten über dem Fall Baumgartner fehlte genau diese Klarheit. So wie einem ein Wort auf der Zunge liegen kann, so wartete der entscheidende Gedanke, die alles schließende Synapse auf das Startzeichen, auf die Geburtshilfe. Es war noch kalt draußen, ein seltenes Glück in den immer heißer werdenden Sommern der letzten Jahre.

Fröstelnd kehrte er in die Stube zurück, ging alles noch einmal durch, Geheimprotestantismus, Religionskriege, Täuschung. Baumgartner ist evangelisch, Pointner katholisch, wenn auch nicht offiziell. Bellucci ist protestantisch, ich bin aus der Kirche ausgetreten. Schladming ist katholisch, in der Ramsau sind immer noch achtzig Prozent Lutheraner, bei einem Österreich-Durchschnitt von vier Prozent. Sogenannte Kraxenträger bringen geheime Bücher von Deutschland nach Österreich. Das Wort ist zentral. Die Bauern nehmen nur zum Schein den alten Glauben an. Zwei Männer in einem Raum. Einer stirbt, aber nicht einfach so. Er wurde vergiftet. Was hatte der Geheimprotestantismus mit dem Tod Pointners zu tun? Bildete er sich schon wieder einen Zusammenhang ein, der erstens nicht existierte und den zu behaupten er zweitens bitter bereuen würde? Wie beim Pool des Schrecklichen? Zwei Paare, die die Partner tauschen, ohne dass die Ehepartner etwas davon wissen. Betrogene Betrüger. Wahlverwandtschaften. Menschen, die einem Naturgesetz folgten und dieses Gesetz der Anziehungskraft als Rechtfertigung für ihr Tun verwendeten. Aber wehe, wenn andere dasselbe für sich in Anspruch nahmen, Spielbälle zu sein von höheren Mächten, von Kräften, die sie nicht beeinflussen konnten: Dann waren Zorn und Gehässigkeit und Mord ebenso unausweichlich. Wagner-Jauregg und Alfred Adler. Die Fassade der Überheblichkeit. Die störrische Kuh – hatte nicht Pointner darüber geschrieben?

So ging das nicht, so kam er nicht weiter. Er widerstand der Versuchung, sich einen Kaffee zu machen. Er war jetzt endlich alt genug, sich aus der Umklammerung der Gewohnheiten zu befreien. Mit dem Rauchen hatte diese Befreiung begonnen, mit dem Kaffee wollte er weitermachen.

Noch einmal trat er vor das Haus. Die klare und kühle Luft würde in Zukunft eine Goldquelle für Ramsau werden, dachte er. Wenn es so weitergeht mit unserem Planeten. Da machte man sich Sorgen wegen der langsameren Schlange bei der Supermarkt-Kassa und wegen der Feiertage, die auf Sonntage fielen, und der nervtötenden Parkplatzsuche – und währenddessen geht die Welt vor die Hunde, verfault uns der Planet unterm Hintern. Der Mensch ist so furchtbar blöd. Und ich auch, dachte Buchinger, ich kann das Rätsel nicht lösen! Von nun an war ein hartnäckiger Kopfschmerz sein Begleiter.

Wie ging das entscheidende Argument in seinem Fall?

1. Zwei Menschen befinden sich in einem Raum.
2. Einer stirbt einen Tod, der verursacht worden sein musste.
3. Eine der beiden Personen kann sich nicht rühren.

Schluss: Also muss die zweite Person der Verursacher dieses Todes sein.

Die Schlussweise war korrekt.

Prämisse 1 und 2 waren wasserdicht.

Wie stand es um Prämisse 3?

»Eine der beiden Personen kann sich nicht rühren.« Sie zu attackieren hieße, dass entweder beide sich nicht rühren konnten oder keiner von beiden. Die erste Möglichkeit ist offensichtlicher Unsinn, dann wäre Baumgartner nämlich gar nicht ins Krankenzimmer hineingekommen. Und dass beide im Vollbesitz ihrer Motorik waren? Was für einen Sinn sollte das ergeben? Dann hätte Pointner seine Bewegungsunfähigkeit nur gespielt? Das könnte eventuell möglich sein, wäre aber nichts anderes als die Manifestation puren Wahnsinns. Und wozu? Wozu? Die Frage stellte sich nicht nur in diesem Zusammenhang!

Wozu mache ich weiter? Obwohl ich suspendiert bin. Ich könnte einfach hier bleiben in der Ramsau, in diesem Widerstandsnest, das nie vor den katholischen Habsburgern in die Knie gegangen war. Erst der Massentourismus zwang die Ramsauer dazu. Dass sie zur Folkloretruppe degradiert wurden, die alles verkauften, was sie hatten: die Traditionen, die Natur, die Luft zum Atmen. Jetzt trugen ja sogar Welser schon ihre Tracht! Ich könnte einfach hier bleiben und nie mehr zurückkehren in die Niederungen, in die Niederungen der Ebene und des Alltags. Auch Bellucci hatte noch nie darüber gesprochen, dass sich ihre Zeit hier in der Ramsau dem Ende zuneige. Es war offensichtlich kein Problem für sie, die Welt im oberösterreichischen Zentralraum vollständig auszublenden. Diese Betriebsamkeit, diesen Dreck, diese metastasierenden Stadtrandregionen mit den ekelhaften Gewerbeparks, den Tempeln für Pfuscher und Fanatiker des Fast Foods. Und diese fundamentale Immunität gegenüber dem Schönen! Und diese Schneelosigkeit!

Trotz all der verschwommenen Konturen in diesem rätselhaften Fall kündigte sich eine klare Gestalt an. Von einer Sekunde auf die andere dämmerte eine Ahnung herauf, sie erschien so, wie die U-Bahn erscheint: angekündigt durch ein Vibrieren, durch einen stärker werdenden Luftzug, schließlich durch das Heulen der Räder und das Aufblitzen des Lichtbandes am ersten Wagen. Erst dann war die Zuggarnitur wirklich da, erst dann rauschten die Waggons an einem vorbei. Buchinger war der Lösung auf der Spur. Sie hatte mit der dritten Prämisse zu tun, mit der Täuschung, dem Schein. Das war der zentrale Begriff.

Später am Vormittag meldete sich Mayer.

»Chef, ich kann beim besten Willen nichts finden. Emilia steht neben mir, wir suchen gemeinsam, aber unser Scheitern ist grenzenlos.«

Immerhin: Aus Frau Pointner war Emilia geworden. Es gab sie also doch noch, die schönen Seiten dieser Welt. Vielleicht erschien sie ja nur den alten Pessimisten so düster! Vielleicht war es aber auch kein Pessimismus, der die Welt verdunkelte, sondern simpler Realismus. Der sich mit dem Alter einstellte.

»Mayer, mein Lieber!«, brummte Buchinger ins Handy, als wäre er Tom Waits persönlich, der gegen vier Uhr morgens vom Barhocker fällt. Er hatte noch kein Wort gesprochen heute, seine Stimme rebellierte noch.

»Mayer, ich habe mir da etwas überlegt: Dieser Pointner war ein tieftrauriger Mensch mit einem Faible für die Vergangenheit und für Bedeutungen. Und wenn etwas Bedeutung erlangt hatte für ihn, dann ließ ihn das nicht mehr los. Und er verehrte seine Frau abgöttisch. Das kannst du deiner Emilia sagen. Trotz alledem, was sie wahrscheinlich noch über ihren Vater hören wird, darf sie das Eine nicht vergessen: Er hatte ihre Mutter wirklich geliebt. Auch wenn es vielleicht anders aussehen mag. Auch wenn er Dinge getan hat, die man nie entschuldigen kann.« Schon wieder sahen die Dinge anders aus, als sie waren. In diesem Dschungel, in dieser Wildnis der Spiegel schien es fast unmöglich, auf die Rückseite der Spiegel zu blicken. Und wenn man die Rückseite doch zu Gesicht bekam, war sie sicher gespiegelt.

»Ich habe die schwarzen Hefte studiert und einige wesentliche Stationen in seiner Biografie ausfindig gemacht: Syrakus, Jack London und Goethes *Wahlverwandtschaften*. Würde mich nicht wundern, wenn aus einem Sizilien-Reiseführer oder aus einem Büchl von Jack London ein Skriptum rausfiele. Aber nicht aus *König Alkohol* von Jack London, das passt nicht. Müsste ein anderer Roman sein. Wenn du in der Bibliothek nicht fündig wirst, dann schau im Kleiderschrank von Maria Pointner nach. Halte ich aber nicht für sehr wahrscheinlich, dass wir dort was finden.«

Zehn Minuten später, der Schmerz hatte sich wieder wie ein aggressiver Eroberer in seinem Kopf eingenistet, wies Buchingers Handy der Realität den Weg zu seinem Schmerzzentrum. Es läutete. »Chef, wir haben den Text! Du bist ein Genie!«

»Ich weiß. Wo habt ihr die Notizen gefunden?« Das war ja so unglaublich sympathisch an Buchinger, diese grenzenlose Bescheidenheit.

»In einem ansonsten leeren Schreibblock. Aber es war mit einem falschen Cover eingebunden – Jack London: Martin Eden.«

»Sagt mir nichts.«

»Mir auch nicht. Aber das Internet weiß alles: Martin Eden ist ein Seemann, der um die Liebe einer gewissen Ruth Morse kämpft. Diese Ruth stammt aus dem Bürgertum, Martin versucht als Autodidakt in die Welt der Bildung und vor allem des Wortes aufzusteigen. Seinen Bemühungen schlägt Ablehnung entgegen, mit großer Wucht. Er wirkt ungehobelt, obwohl er mit den bürgerlichen Schnöseln locker mithalten kann. Als sich plötzlich der schriftstellerische Erfolg einstellt, ist die Zahl an Verehrern und Bewunderern nicht mehr überschaubar. Er muss erkennen, dass die Heuchler um ihn herum nicht seine Werke, sondern nur seinen Ruhm schätzen. Angeblich autobiografisch. Spielt so um 1900.«

»Interessant. Passt genau!«

»Versteh ich nicht.«

»Ich erklär dir später alles. Kannst du mir das Skriptum schicken? Oder ist es zu lang? Einfach fotografieren und schicken? Und ins Protokoll aufnehmen natürlich! Sonst wird Stottan böse.«

»No problem. Sind nur wenige Seiten. Sehr kryptisch. Du wirst es lieben!«

»Danke, bis später! Und: Schönen Gruß an die junge Frau Pointner!«

»Ok! Ein Wort noch zu den anderen Aufträgen: Es ist wirklich eine Linie gespannt zwischen Ramsau und Wallern. Über die Identität von Patience und Eki kann ich noch nichts sagen, aber wir arbeiten dran.«

»Und Baumgartner und die Religion? Hast du noch einmal mit ihm reden können?«

»Ich hab mit ihm gesprochen, hab ihm die Gretchenfrage gestellt. Mit Googles Hilfe. Also, was er sagt, ist ungefähr Folgendes.« Buchinger hörte Papier rascheln. Der gründliche Mayer blätterte wahrscheinlich in seinen Notizen. »Es gibt kaum etwas, was ihn weniger interessiert, sagt er. Trotzdem bedauert er die zunehmende Säkralisierung.«

»Säkularisierung.«

»Ja, genau, Säkularisierung. So absurd der Glaube auch ist, bietet er doch eine Orientierung in moralischen Fragen. Sagt zumindest Baumgartner. Wenn sich die Kirche elegant und zielstrebig selbst abschafft – Missbrauchsfälle, Pomp, Standpunkte ohne Rückhalt in der Bevölkerung, etwa im Bereich der

Sexualität oder bei der Anerkennung neuer Beziehungsformen -, dann fehlt vielen Menschen die Kompassnadel. Gleichzeitig gibt es so etwas wie Wehmut oder Sentimentalität, wenn man eine einst unglaublich mächtige und mit Prunk versehene Institution absterben sieht, all die monumentalen Kirchen und Klöster und die weitläufigen Parkanlagen. Die Bevormundung durch die Kirche ist zwar endlich Geschichte, aber jetzt müssen wir ständig über die Verletzung religiöser Gefühle sprechen, auf Religion Rücksicht nehmen. Das Wort *Gott* kommt neuerdings wieder vor im öffentlichen Diskurs, und zwar ernsthaft, nicht als Scherz. Sehr ernsthaft, mit tödlichen Konsequenzen. Das hält er für bedauerlich.«

»Er meint Charlie Hebdo.«

Der Text ließ nicht lange auf sich warten: Ein Piepsen, dann sind sechs Fotos da. Wenn man keine zwanzig mehr ist, dann liebt man das Lesen auf einem Handy-Display nicht wirklich. Und wenn man am Vorabend eine Nachtschicht in einem Museum eingelegt hat, dann verunmöglicht sich das Lektüre-Vorhaben. Was Buchinger zweifelsfrei erkennen konnte: Statt einer Überschrift waren Formeln zu lesen: F20.2, ICD-10-GM-2019.

Dies zu entziffern wäre früher sicher ein passables Rätsel gewesen, aber in Zeiten ständig verfügbarer Informationen sind diese Herausforderungen einfach nicht mehr lustig. Man stöbert kurz im Internet und weiß alles: Die Kapitel F20 bis F29 enthalten die Schizophrenie und wahnhafte Störungen, ICD-10 ist die momentan gültige Klassifikation von Krankheiten.

Die »Formeln« waren also der Titel des letzten Teils der schwarzen Hefte. Die ersten Sätze waren nicht weniger kryptisch.

Das schwarze Heft 4

Ich bin Sire. Der inverse Kaiser.

Mit der Freundschaft verhält es sich so: Sie ist purer Egoismus, getarnt als Altruismus. Amicus und amor haben zwar dieselbe Wortwurzel, aber die Liebe hat nichts mit der Freundschaft zu tun, fundamentaler könnte ein Irrtum nicht sein. Eine Liebe, die aufgehört hat, eine zu sein, muss aufgekündigt werden, eine Freundschaft nicht. Sie endet in einem Fadeout. Erst aus der Perspektive verstrichener Monate und Jahre wird ersichtlich, dass die Freundschaft beendet ist. Man sieht sich nicht mehr, man ruft einander nicht mehr an, man denkt an andere Menschen, wenn man eine Einladung plant.

Noch ein Unterschied: Liebe kann einseitig sein, Freundschaft nicht. Zu lieben und nicht geliebt zu werden ist eine ungemein schmerzliche Erfahrung. Gar nicht so selten übrigens. Von dieser Erfahrung leben mindestens drei Branchen: die Poesie, der Popsong und die Psychotherapie. Alle beginnen mit einem P, wirklich erfreulich ist aber nur eine Erscheinungsform der enttäuschten und nicht erwiderten Liebe, nämlich der Popsong. Das minutenlange Siechtum, das öffentliche Sterben vor lauter Schmerz und laufenden Kameras, das innige Schmachten auf den Knien, der um Gnade flehende Blick des Sängers, der auf der Bühne den langsamen Tod des übriggebliebenen einsamen Menschen stirbt, mit dem sich jedermann und jede Frau identifizieren kann, weil man es aus eigener Erfahrung kennt – das ist der Popsong, das ist die Attitüde von Muse bei der Performance von *Unintended*. Die ganze Welt stöhnt in inniger Umarmung, nur du allein bleibst über, acht Milliarden Menschen und einer bevölkern die Erde, immer zwei und zwei finden zusammen, du bist der bedauernswerte Rest einer Division durch zwei und heulst deine Trauer in den Äther – das ist der Popsong!

Ganz im Gegensatz dazu ist es unmöglich, dass einer sich in Freundschaft mit einem anderen Menschen wähnt, ohne dass dieser es mitkriegt. Man spricht dann nicht von Freundschaft, sondern von Geisteskrankheit, obwohl ich nicht weiß, wie die ICD-10 sie klassifizieren würde, als Wahn vielleicht. Oder Schleimerei. Ist aber keine anerkannte Kategorie. Freundschaft braucht jedenfalls die Gegenseitigkeit, sonst transformiert sie sich in etwas anderes.

Für die meisten Menschen ist Liebe eine exklusive Angelegenheit. Diese Exklusivität verraten zu sehen, ist der Grund für grausamste Gewaltverbrechen vor allem an Frauen: Die Männer halten den Gedanken nicht aus, dass sich die durchschnittlich vierzehn Zentimeter eines anderen Mannes vorübergehend im Genital ihrer Frau befinden. Oft genügt schon die Absichtserklärung des Besitzers der vierzehn Zentimeter, dass Messer gewetzt, Revolver geladen, Hämmer geworfen und Stricke geknüpft werden. Übrigens: Ich verstehe das, ich bin genauso.

Dieser Anspruch auf ausschließliche Nutzung, und sei's nur einer winzigen Körperregion, ist der Freundschaft fremd. Sie gebärdet sich weniger eifersüchtig. Wohl kaum jemand denkt daran, sich oder anderen das Leben zu nehmen, wenn klar wird, dass der Freund noch andere Freunde hat. Insbesondere die Ehe als wechselseitiger Gebrauch, den ein Mensch von eines anderen Geschlechtsorganen macht, sieht die Angelegenheit weit weniger entspannt.

Die entscheidenden Fragen bezüglich Freundschaft sind jedoch ganz andere: Sind identische Einstellungen, Werthaltungen eine Bedingung für gelingende Freundschaft? Muss man zu einem Freund auch dann stehen, wenn er Dinge getan hat, die man nicht gutheißen kann?

Wenn die Einstellungen eine Rolle spielen, dann sind die

»Freunde« auf Facebook keine. Wenig überraschend: Bei vielen hat man nicht den blassesten Schimmer, was sie denken. Die Begeisterung für Katzen, Sonnenuntergänge und Slapstick-Videos ausgenommen. Ich mach es kurz, ohne Umweg über Aristoteles und Kierkegaard, ohne Anspruch auf Allgemeingültigkeit: Ein Freund, der meine Grund-sätze verhöhnt und der meine Prinzipien mit Füßen tritt, der meine Liebe torpediert, ist kein Freund. Geld muss zwischen Freunden tabu sein, die Frau auch. Es geht nicht an, jemanden als Freund zu bezeichnen, der über Religion anders denkt, der sich rechtsradikal äußert und der mit meiner Frau schläft. Das ist kein Freund, das ist ein Todfeind.

Buchinger blätterte zum Anfang und zum Ende des Textes, fand aber kein Datum. Wäre interessant gewesen zu erfahren, wann diese Abhandlungen, denn anders konnte man die Passagen nicht bezeichnen, verfasst worden waren. Er fragte sich auch, ob Pointner wohl damit spekuliert hat, dass seine Ergüsse gefunden werden. Es klang irgendwie danach. In schöner chronologischer Reihenfolge erklärte er Schritt für Schritt, was Buchinger bereits wusste. Wenn man das Ganze kannte, dann passten die Teile perfekt ins Bild. Kannte man nur die Teile, war es beinahe unmöglich, sie so zusammenzulegen, dass sie ein sinnvolles Ganzes ergaben. So lief das nun mal in der Welt der Kriminalpolizei. Als Beweis für die Richtigkeit einer Hypothese konnte die Widerspruchsfreiheit nicht gelten, solange alternative Erklärungsmöglichkeiten existierten. Plausibilität war jedenfalls kein geeignetes Kriterium, um zwischen konkurrierenden Sichtweisen von Sachverhalten zu entscheiden. Buchinger hatte sich inzwischen einen Zusammenhang konstruiert, der alle Phänomene zu integrieren vermochte. Dennoch war es leicht möglich, dass die Standard-Erklärung nach wie vor gültig war: Baumgartner hatte seinen chancenlosen Freund getötet.

Wo aber ist die Grenze? Wie weit kann oder soll man mit einem Freund mitgehen? Wie weit darf man mitgehen, ich meine im ethischen Sinn? Muss man aus Treue jedes oder nur manches Verbrechen decken? Ist man dem Freund oder der Wahrheit verpflichtet? Ich habe diese Frage immer als überflüssig, ja fast als unanständig empfunden. Sie stellt sich nicht für einen Menschen, der nicht als Vierbeiner wahrgenommen werden will: Freundschaft hat nichts mit Komplizenschaft zu tun.

Ähnlich verhält es sich mit der Frage, ob Freundschaft über Generationen hinweg möglich ist. Eine lächerliche Frage für Leute, die schlecht oder nicht denken. Warum denn nicht? Alter ist keine relevante Kategorie für Freunde. Gemeinsame Interessen und Einstellungen – ja, aber nicht als notwendige Bedingungen. Alter – nein!

Und Freundschaft innerhalb der Familie? Kann ich der Freund meiner Kinder sein? Eine Frage wie diese kann nur in einer Zeit wie dieser entstehen. So degeneriert waren die Menschen in pränarzisstischen Zeiten noch nicht. Es ist dies außerdem lediglich eine Frage der begrifflichen Schärfe: Die Familie kann man sich nicht aussuchen, die Freunde muss man sich selber suchen. Also können die beiden nicht dasselbe sein. So viel Logik kann man den Leuten zumuten.

Letzter Absatz zu diesem Thema: Freundschaft und Sinnlichkeit. Oft wird Freundschaft mit dem gemeinsamen Erlebnis sinnlicher Genüsse verwechselt. Das mag für Clemens und mich zutreffen. Auch dass wir einander nützlich gewesen waren, mag zutreffen. Aber das trifft nicht den Kern der Freundschaft. Freunde wollen einander um des Freundes willen Gutes, nicht wegen des eigenen Vorteils, nicht wegen des Nutzens, den sie daraus ziehen. Das ist selten, zugegeben. Heute wahrscheinlich seltener als früher. Freunde und Sex schließen sich meiner Meinung nach aus, aber das war eh nie ein Thema zwischen Clemens und mir. Eher das wohlwollende Betrachten der Lebenslinie des anderen, wie sie sich durch die Jahre und Jahrzehnte zieht. Wie sie sich verbiegt und wieder ihr Ziel fokussiert. Wir betrachten uns, wir wissen uns im selben Boot oder zumindest im selben Fluss, wir wissen um die Hinfälligkeit der Dinge und Erfolge, die wir anhäufen. Wir begleiten uns und geben einander das Gefühl der Stärke, das Gefühl, nicht alleine zu sein. Wir sind aber nicht blöd, wir wissen, dass wir am Ende allein sein werden, und stehen einander in den Zeiten davor bei. Das ist Freundschaft. Der Rest ist Gerede, leeres Geschwätz, Schaumschlägerei, Täuschung. BFF, best friend forever: Ich muss lachen! Es ist dem Menschen nicht gegeben, das Wort *forever* überhaupt in den Mund zu nehmen. Das ist anmaßend.

F20.2

Mit der Katatonie ist es folgendermaßen bestellt: Sie gehört zweifelsohne zu den beeindruckendsten Erscheinungsformen der Psychopathologie. Die Ursachen sind ungewiss, aber das ist im Bereich psychischer Krankheiten nichts Überraschendes oder Ungewöhnliches. Hinsichtlich der Symptomatik sind sich die ICD-10 und die APA, die amerikanische Version, ziemlich einig, das macht also keinen Unterschied. Katatoniker sind, und das ist das Auffälligste, vor Schreck erstarrt. Sie können sich phasenweise überhaupt nicht rühren. Überhaupt kommt der Bewegung eine zentrale Rolle zu, sie fällt entweder total aus oder sie zeigt sich stark verlangsamt oder beschleunigt. Der Patient ist der Protagonist eines surrealen Films, der mal zu schnell, mal zu langsam abgespielt wird.

Ich gehe in Gedanken durch ein Irrenhaus, etwa durch den

Wiener Narrenturm, das erste Irrenhaus der Welt, 1784. Was kann ich wahrnehmen? Ich höre Schreie. Ich sehe Menschen, die nicht weggesperrt wurden, auf den Gängen ihre monotonen Bewegungen ausführen, sie schwanken etwa stereotyp mit dem Oberkörper vor und zurück. Sie verkrampfen sich, nehmen unnatürliche, schmerzhaft anzusehende Posen ein. Pfleger können ihre Gliedmaßen wie die von Puppen bewegen, sie sind von wächserner Biegsamkeit. Die Patienten starren ins Leere, sie schneiden Grimassen, sie ahmen Bewegungen anderer nach, den Gang beispielsweise, und reden unaufhörlich vor sich hin, unter anderem auch in absurder Lautstärke oder fremdem Klang. Mit einem Wort: Ich sehe Katatoniker! Da spielt es keine Rolle, ob die Katatonie zu den schizophrenen Formen gehört oder eine eigenständige Krankheit ist. Sie ist der Klassiker unter den psychischen Krankheiten, das Urbild, die Summe aller klischeehaften Vorstellungen von seelischen und geistigen Leiden, mit einem Wort: eine Herausforderung.

Mein Entschluss steht fest.

Ich sehe immer und immer wieder: Rod Stewarts Auftritt in der Royal Albert Hall 2004. YouTube macht's möglich. Man kann sich gar nicht mehr vorstellen, dass es das irgendwann einmal nicht gegeben hat. Dass man sich kurze Videos von seiner Lieblingsband ansehen kann. Wie auch immer. Das Ambiente, in dem er auftritt, ist imposant: ein überdachtes Amphitheater, ein riesiges Orchester im Hintergrund, schunkelnde Back Vocals, eine hünenhafte blonde Saxophonistin, die noch ihren letzten Atemzug in ihr Instrument pressen würde, so hingebungsvoll und leidenschaftlich spielt sie. Und da ist noch Amy Belle, damals komplett unbekannt. Groß gewachsen, sehr helle Haut, dunkel gefärbte Lippen, eine ziemlich schöne Frau, ein Lachen, das ist nicht von dieser Welt. Sie sieht aus wie Maria, das lasse ich mir nicht nehmen. Vielleicht eine Spur größer, das

Tattoo mit dem Temperaturdiagramm von Syrakus fehlt natürlich.

Diese Frau hat eine Stimme wie ein Engel: unfassbar hell und klar. Man kann hören, wie das Publikum den Atem anhält, als sie zu singen beginnt. Was mich am meisten fasziniert: ihr Lachen! Als wäre sie überrascht von dem Erfolg, als wüsste sie nicht, wie sie auf das Publikum wirkt. Scheu, fast kindlich wirkt dieses Lachen, von einer Echtheit und Ungekünsteltheit, wie man es in diesem Geschäft nicht erwarten würde. Popsongs leben ja geradezu von der Inszenierung einer alles andere als realen Welt. Da wirkt Amy Belles Natürlichkeit wie ein Fremdkörper, wie eine Entblößung. Sie spielt nicht, sondern zeigt sich so, wie sie ist.

Und vor allem: Rod Stewart und Amy Belle singen *I Don't Want To Talk About It*. Mit Pathos und atemlosem Schmachten. Besser könnte eine Zeile nicht zu meinem Leben passen. *How you broke my heart*. Maria hat mir das Herz gebrochen – sie ist nicht mehr da. Clemens hat mir das Herz gebrochen – er hat mir Maria genommen. Ich habe mir selbst das Herz gebrochen: Seit Jahren treiben wir es wild, so oft es geht, Angie und ich. Aber das hat eine andere Bedeutung als meine Beziehung zu Maria. Das verletzt nicht den Anspruch auf Ausschließlichkeit, auf Exklusivität meiner Liebe zu Maria. Das ist die Konsequenz eines simplen Willens, der uns zu Werkzeugen macht. Und, ja: Ich möchte nicht mehr darüber sprechen. Ich möchte, dass sich dieser schöne Schmerz, den Amy Belles Gesang bereitet, in meinem Unbewussten festkrallt, auf dass er nie mehr verschwinde, auf dass ich nie mehr vergesse. Es wurde genug geredet. Mit gebrochenem Herzen lässt es sich nicht mehr leben. Wenn man nicht mehr leben kann, dann bleibt nur der Tod. Und der Tod kann auch einen Sinn haben, das wird mir klar, wenn ich Amy Belle wieder und immer wieder höre. Der Tod kann etwas Schönes sein. Der Tod kann einen Schlussstrich ziehen, er kann das Gleichgewicht wiederherstellen. Er kann ein Aufwachen aus einem Albtraum sein. Und auch wenn der Tod nichts ist, so kann er dennoch etwas bewirken, auch in der Welt der Lebenden. Es sieht so aus, als würde ein Mensch den Tod er-leiden; in Wahrheit ist er etwas Aktives, er zeitigt Neues, Unerhörtes.

Hier endete der Text.

Auf den zwei allerletzten Seiten fanden sich zwar noch eine Unzahl an chemischen Formeln, Reaktionsgleichungen und Literaturhinweisen zum Programmieren, aber Buchinger überflog diese Zeilen nur. Er wusste bereits Bescheid. Alles lag so klar vor ihm, dass er keine weiteren Informationen mehr brauchte. Der arme Pointner! Der arme Baumgartner! Was für eine absurde Geschichte! Sie hinterließ nichts außer Leid, Leid auf allen Seiten. Keine Gewinner, keine Verlierer, nur Leid, niedrige Bedürfnisse.

Das fulminante Ende der schwarzen Hefte, diese geballte Ladung an Tod hinterließ Spuren, auch in Buchinger.

Was würde er tun, wenn er wüsste, dass er nur noch einen Tag zu leben hätte? Das Handy nehmen und alle anrufen, die er liebte? Sicher nicht. Er wollte nicht mit dem Handy am Ohr sterben. So weitermachen wie sonst, alltägliche Dinge erledigen, den Müll raustragen und einen Zahnarzttermin im nächsten Halbjahr vereinbaren? Er glaubte nicht, dass er sich diesen Anschein von Normalität abkaufen würde. Sich mit Bellucci verkriechen und weinend auf die Uhr blicken, wie sie sich unaufhaltsam auf die Stunde aller Stunden zubewegte? Irgendeinen Feind über den Haufen schießen? Den Schrecklichen in sein wieder ausgeschaufeltes Becken stoßen? Gut, dass er das nicht entscheiden musste. Dass so gut wie niemand diese Entscheidung treffen durfte oder musste. Die Moral würde dem Bösen Einhalt gebieten wie ein Damm aus Jausenpapier den Fluten.

»Ich bin Sire. Der inverse Kaiser.« Mit »Sire« wurde der französische König angesprochen. Pointner war Altphilologe. Wie passte das zusammen? Was ist ein inverser Kaiser? Ein Untertan? Der Geringste? »Was ihr für einen meiner geringsten Brüder getan habt, das habt ihr mir getan«, heißt es irgendwo in der Bibel. War Pointner der Geringste? Wer war es, der ihm Gutes getan hatte?

Buchinger hatte eine Angewohnheit, der es zu verdanken war, dass andere ihn nicht für voll nahmen. Er starrte oft vor sich hin, unbeweglich und ohne erkennbar zu atmen. Er hatte offenbar immer schon eine Leidenschaft dafür, andere zu dem Glauben zu verführen, er sei ein Trottel. Unterschätzt zu werden ist eines der schönsten Gefühle. Da war gar kein großer Unterschied zu Pointner. Beglückend ohne Ende. Er hatte sich angewöhnt, lange mit der Antwort zu warten. Irgendwie verloren ins weite Land zu schauen, wenn er nach einfachsten Dingen gefragt wurde.

Er starrte also Löcher ins Nichts, dann senkte er seinen Blick auf die drei Worte »Ich bin Sire«. Dann löste sich seine Starre, er nahm Zettel und Bleistift und schrieb den Satz in Blockbuchstaben nieder. Dann starrte er wieder auf die drei Wörter, sah nur die Buchstaben, das Material, das in der Kombination Bedeutung produzierte. Sire ist der Kaiser, also ist der inverse Kaiser …?

Auch dieses Rätsel hatte Buchinger nun also gelöst! Er konnte die Ereignisse widerspruchsfrei und plausibel rekonstruieren. Baumgartner war unschuldig, so viel stand fest. Das Opfer ist der Täter – auch das war sonnenklar! Er wollte sofort zum Telefon greifen und zuerst Mayer und dann Stottan verständigen. Doch da kam Bellucci und an etwas anderes als an sie zu denken war unmöglich.

»Buchinger, zieh dich um! Zeltfest!«

Wenn auch grammatikalisch durchaus verbesserungsfähig, war ihre Äußerung von unüberbietbarer kommunikativer Funktionalität. Das sagte er ihr auch, allerdings in anderen Worten: »Ich verstehe!«

Wie sich die Dinge wiederholen! Obwohl man angeblich nicht zweimal in denselben Fluss steigen konnte! Jedenfalls provozierten Bellucci und Buchinger dieses Mal beim Betreten des Zeltfests dieselben Reaktionen wie beim ersten Mal. Sie trugen Tracht, um nicht wieder aufzufallen wie vorgestern, und wurden sofort als Menschen entlarvt, die Tracht trugen, um nicht aufzufallen. Du wirst ewig ein Fremder bleiben hier, sollte Buchinger wenige Wochen später seinem jungen Kollegen Mayer erzählen. Wenn du dich nicht kleidest wie sie, dann bist du sofort als Fremder zu erkennen. Wenn du dich kleidest wie sie, dann musst du ein Fremder sein, denn ein echter Ramsauer litt nicht an solch einer Rückgratlosigkeit. Der würde sich nie anpassen, vor allem nicht in der Fremde. Um diese bittere Lektion zu verdauen, benötigte Buchinger zwei Bier zu viel. Und er zahlte mit Kopfweh.

## Kapitel 13
## Frohbotschaften

Zwei Tage wollte sich Buchinger gönnen, erstens um alles noch einmal zu überdenken, zweitens um endlich Urlaub zu machen. So richtig Urlaub, mit Unbeschwertheit und Langeweile und einer Unmenge an Zeit zum Vergeuden. Hätte er an diesem Samstag bereits Alarm geschlagen, es hätte sich nichts verändert, denn an einem Samstag wird man nicht aus der Untersuchungshaft entlassen, da waren alle zuständigen Beamten im Wochenende.

Also wurde es Montag, der inzwischen bereits zehnte Tag in Ramsau, und dieser Montag wurde so etwas wie der Tag der Frohbotschaften. Immer wieder war es der junge Mayer, der sie überbringen durfte.

Bereits um acht Uhr morgens rief er Buchinger an, bei Weitem nicht zu früh angesichts der präsenilen Bettflucht Buchingers.

»Der alte Nazi ist wieder aufgetaucht!«

»Er ist wieder da?«

»Ja, dein Nachbar hat sich gemeldet. Er war immerhin zwei Wochen oder mehr verschollen.«

»Wo war er? Probeliegen am Friedhof? Das tausendjährige Reich gründen?«

»Du kannst noch so lange raten – du wirst es nicht herausfinden.«

»Spann mich nicht auf die Folter! Wo war er?«

»Hat sich heute in der Früh wieder bei seiner Frau gemeldet.«

»Wo war er?«

»Die Kollegen vom fünften Stock haben uns davon verständigt.«

»Mayer, wenn du mir jetzt nicht sagst, was du weißt, dann mach ich einen Schülerlotsen aus dir!«

»Chef, du bist suspendiert.«

»Aber nicht mehr lange, das schwör ich dir. Ich hab den Fall gelöst.«

»Ok, er war in einem Puff.«

»Mit fünfundneunzig?«

»Wie hast du das Rätsel gelöst?«

»Ich hab zuerst gefragt.«

»Ja, mit fünfundneunzig. Ist einfach bei der Tür reinmarschiert, hat einen Packen Fünfhunderter hergezeigt und gesagt, dass er Name und Adresse vergessen hat, aber zahlen kann. Die Frauen dort haben ihm ab und zu den Busen gezeigt, das war sein Sexualleben. Ansonsten hat er die meiste Zeit am Fenster verbracht, das dürfte dir ja eh bekannt vorkommen. Rate mal, warum er nicht nach Hause gegangen ist!«

»Weil er vergessen hat, wo er wohnt?«

»Nein, er hat alles ganz genau gewusst. Aber eine der Frauen hat so exzellente Palatschinken gemacht, dass er nicht mehr nach Hause wollte. Dachte wohl, das wäre die letzte Gelegenheit, das Leben zu genießen. Busen anschauen, aus dem Fenster schauen, Palatschinken essen. Heute in der Früh hat er sich dann angeblich wieder an seine Identität erinnert und ist mit dem Taxi nach Hause gefahren. Und jetzt pass auf, jetzt kommt die Frohbotschaft für dich!«

»Aus dem tausendjährigen Reich wird nichts.«

»Möglich, sehr wahrscheinlich sogar. Aber die Frohbotschaft ist eine andere. Er war nur ganz kurz zuhause. Seine Frau hat nur mehr zehn Euro in seiner Tasche gefunden. Und sofort die Polizei verständigt und ihn in ein Heim einliefern lassen. Sie hält ihn für nicht mehr zurechnungsfähig.«

»Nicht wegen des Geldes wahrscheinlich, sondern wegen der Palatschinken. Sie macht sicher auch ganz tolle.«

»Nein, sie ist einfach sauer, weil er in diesem Etablissement abgetaucht ist und ihr so einen Schrecken eingejagt hat.«

»Verständlich. Wenn die Geschichte so stimmt, dann stehen die Chancen für eine Zwangseinweisung wirklich sehr gut.«

»Ja, und du hast einen Nazi weniger in deiner Umgebung. Falls du jemals wieder zurückkommst ins Flachland. Der Beobachterposten wird leer bleiben. Sehr wahrscheinlich wird er auf der geriatrischen Psychiatrie keine vollen Busen mehr zu sehen bekommen. Und keine hauchdünnen und knusprigen Palatschinken mehr zu essen.«

»Möcht ich jetzt auch.«

»Busen oder Palatschinken?«

»Palatschinken natürlich! Hier gibt's nur Kaiserschmarrn. Ich kann nicht mehr!«

»Das freut mich, Chef! Du bist der Alte geblieben. Und kommst sicher bald wieder: Der Appetit wird dich hierher treiben. Zum Obermair!«

»Ein Zauberwort! Ich komme! In zwei Tagen, am Mittwoch!«

Doch noch war es nicht so weit. Bellucci und Buchinger waren immer noch da, in Ramsau oder in der Ramsau. Wie das richtig hieß, darüber konnte ihnen niemand verlässliche Auskunft geben. Spielte auch keine Rolle: Hauptsache, man war da.

Bellucci schien ihre Arbeit mittlerweile vollständig aus den Augen verloren zu haben. Sie telefonierte zwar ab und zu mit Wels, aber Buchinger befürchtete schon, dass sie für immer hierbleiben wollte.

Sie waren gerade auf der Suche nach dem Predigtstuhl, keine

allzu weite Wanderung, eher ein Spaziergang, als sich Mayer noch einmal meldete. Er war sichtlich aufgeregt.

»Ich hab zwei neue Befunde von der IT-Abteilung.«

»Schieß los!«

»Erstens haben die Jungs doch den Computer von Pointner zerlegt und Textstellen gefunden, die von den Leserbriefen Baumgartners stammen. Es ist aber nicht klar, wer der Verfasser der Zeilen ist. Er könnte die Passagen auch aus den Leserbriefen kopiert haben.«

»Lies mir mal was vor!«

»Er schreibt etwa: *Ich mag nicht, wenn irgendwelche Sektierer meine Religion besudeln. Die Religion muss uns wichtig werden und wir müssen zusammenhalten, weil uns sonst die Moslems überrennen. Die machen sich nämlich nicht über ihren eigenen Glauben lustig. Wenn wir nicht aufpassen, entwickelt sich unsere Gesellschaft zurück: Kleidervorschriften für Frauen, Sexualität wie in einem Mädchenpensionat in Hollywood-Filmen, Staatsreligion!*«

»Das sind keine Formulierungen Baumgartners. So redet oder schreibt Pointner. Ich kann das beweisen!«, schrie Buchinger, nun auch nicht mehr ganz der coole Inspektor. »Exakt dieselbe Formulierung findet sich in den schwarzen Heften. Ich hab sie mir gemerkt, hätte nämlich derartig Kleingeistiges nicht erwartet von diesem Mann! Religion, Religionskämpfe, Schwachsinn – im 21. Jahrhundert!«

»Wenn das wirklich Formulierungen von Pointner sind, dann muss er Zugang gehabt haben zu Baumgartners Mail-Account.«

»Und Baumgartner hat nicht gelogen.«

»Vielleicht nie!«

»Und sitzt unschuldig im Gefängnis.«

»Mein Gott!«

»Glaub ich nicht!«

»Und jetzt?«

»Wenn wir so weitermachen …«

»… werden wir ein erfolgreiches Rapper-Duo!«

»Auch nicht schlecht, mein Lieber!«, beendete Buchinger das Stakkato. »Du hast doch noch eine Neuigkeit für mich, oder?«

»Ja, hab ich. Und jetzt halt dich fest! Wir haben die Dreierkombinationen von Wörtern in Pointners Bibliothek eingegeben und geschaut, ob die Suchmaschinen irgendwas ausspucken.«

»Und? Haben sie was ausgespuckt?«

»Ja. Zum Beispiel … wart mal … zum Beispiel die Kombination *gemeinsamkeit.damals.träume* – die haben wir doch mal abfotografiert. Kannst du dich noch erinnern, was deine Hypothese war?«

»Klar: Das sind Stichworte für die Beziehung von Pointner zu seiner Frau. Oder zu seiner Freundin Angelina. Eher zu seiner Frau.«

»Und *orten.erde.tagung* und *verspielt.beweisen.ausreichende?*«

»Zur ersten Kombination fällt mir nichts ein, gar nichts, was passen würde. Die zweite verschlüsselt sein Vorhaben: Verspielte Menschen finden ausreichend Beweise, die ihr Handeln begründen.«

»Nicht schlecht, Chef, Fantasie hast du. Aber in Wirklichkeit bezeichnet jede Dreierkombination etwas ganz anderes, nämlich eindeutig einen Punkt auf diesem Planeten. Genauer: eine Fläche von drei mal drei Meter. Das erste Trio ist der Dom von Syrakus, die anderen sind in Ramsau und Wallern.«

»Also doch: einmal katholisch, zweimal evangelisch! Was will der Mann? Komme mir eigentlich ziemlich verarscht vor!«

»Ich auch!« Das war nicht Mayers Antwort, sondern Belluccis Einwand gegen die Dienstgespräche ihres Begleiters.

»Mayer, ich muss Schluss machen. Höhere Mächte rufen mich! Wir sind auf dem Weg zu einem Andachtsplatz.«

»Was meinst du?«, fragte Mayer, doch da war das Gespräch schon fast zu Ende.

»Auf bald, servus!« Buchinger hatte aufgelegt.

Er fühlte sich etwa so, als hätte er gerade Deep Thought gehört, wie er die Antwort auf die Große Frage gab: »42!« Er wusste jetzt, was die Worttripel bedeuteten, aber klüger war er dadurch nicht geworden. Fortschritt – ja! Aber: in welche Richtung? Hatte Pointner mit seinen fiktiven Lesern eine Art Schnitzeljagd durchführen wollen? War er, Buchinger, in den Plot einer Romanhandlung für präpubertäre fünf Freunde geraten?

Es war nicht mehr weit zum Predigtstuhl. Von dort hatte man eine wunderbare Aussicht auf den Ort. Gegenüber ragte die Sprungschanze wie eine Zunge fast in die Mitte der Besiedlung. Faszinierend, dass es so etwas wirklich gab. In der Welt eines Welsers existiert eine Sprungschanze bestenfalls im Fernsehen. Für jemanden wie Buchinger, der nicht fernsah – »Dafür ist das Leben zu kurz!« -, existierte folgerichtig eine Sprungschanze überhaupt nicht.

Buchinger hatte sich gerade in die Pose eines Predigers geworfen, um der sündigen Bellucci die Höllenqualen in den brennendsten Farben zu schildern, auf dass sie umkehren möge und zum rechten Glauben zurückkehren, eine Rede, die diesem friedlichen Ort so gar nicht gerecht wurde, als das Handy schon wieder läutete. Bellucci verzog das Gesicht, während sich Buchingers aufhellte: Ein Kollege von der FinPol wollte ihn nur darüber informieren, dass man seinem Tipp nachgegangen sei. Der Schreckliche hatte in den letzten Jahren eine Unzahl von Geschäften an der Steuer vorbei abgewickelt. Er war entweder zu blöd, um dieses Gemisch von Schwarzarbeit und Vertragslosigkeit und Bestechung zu verbergen, oder er hielt die Polizei für zu blöd, um ihm auf die Schliche zu kommen.

Wie auch immer: Eine Anzeige war erstattet worden, der Bursche werde seit heute Früh verhört. Das Verhör werde aber nur deshalb durchgeführt, um dem Mann eine Chance für Geständnisse zu geben, der Sachverhalt sei ziemlich klar.

Da war sie wieder, die Philosophie des Umwegs! Nur Idioten gehen den direkten Weg! Der direkte Weg zwischen Geburt und Tod etwa wäre sehr kurz. Aber um die Schnelligkeit, die Abkürzungen geht's nicht, es geht um die Umwege. Sie machen das Leben aus. Und zeitigen Erfolge, ganz von alleine! Da zeigst du deinen Nachbarn an und es stellt sich heraus, dass er eigentlich nichts verbrochen hat, eher zerbrochen, eine alte Kloschüssel nämlich. Und während du noch deine Wunden leckst, die dir das Scheitern zugefügt hat, kommt auf Umwegen doch die Gerechtigkeit zurück, und der Bursche wandert wegen Steuerhinterziehung und Betrugs in den Knast. Vielleicht war die Welt doch geordnet, vielleicht war doch eine sinnstiftende Kraft am Werk, die dafür sorgte, dass am Ende alles wieder gut würde! Allerdings: Wenn das kein Gott war, und davon ging Buchinger aus, wer oder was sollte es dann sein? Ordnete der Zufall die Dinge? Oder lag es an uns, dass wir plötzlich eine Ordnung sahen, die eigentlich nichts anderes war als Chaos, Tod und Verderben?

Inzwischen war klar, dass Bellucci die Predigt Buchingers nie zu Ende hören würde, denn sein Telefon meldete sich erneut. Diesmal verkündete Mayer, dass die Identität des Pärchens ausfindig gemacht werden konnte, das die Nacht vor Silvester in der Ramsauer Hütte verbracht hatte. Die Recherchen hätten sich in die Länge gezogen, weil die Kollegen den Namen Patience nicht richtig schreiben konnten. Jetzt aber war die Wahrheit heraußen: Patience Gruber, einunddreißig, Studentin aus Herzogenburg. Die Kombination aus Alter und Beruf macht ihrem Namen wirklich Ehre, dachte Buchinger. Da musste man schon eine Menge an Geduld haben, wenn man mit einunddreißig noch studierte. Katholisch getauft, inzwischen aus der Kirche ausgetreten. Kein Migrationshintergrund. Die Mutter hatte ihre Tochter Patience getauft, weil sie so große Geduld aufbringen musste, bis sie endlich schwanger wurde.

Eki heißt eigentlich Egbert, Egbert Polcer aus Krems, dreiunddreißig, Sohn eines Winzers, katholisch, im Controlling tätig. »Das Religionsbekenntnis sag ich nur deshalb dazu, weil du gemeint hast, es könnte wichtig sein«, ergänzte Mayer.

»Ja, ist es auch. Nur: Pointner hat sich ganz fundamental geirrt: Er hat von dem Kopftuch auf die Religion geschlossen. Blöd gelaufen! Man muss beim logischen Schließen schon vorsichtiger sein!«

Mayer antwortete: »Wenn du das sagst!«

»Du musst unbedingt dorthin fahren und mit den beiden reden! Wir sollten ihre Sicht der Dinge kennen«, meinte Buchinger.

»Ich darf sicher nicht allein fahren. Körner hat sich heute Morgen krankgemeldet. Wenn ich Pech habe, fährt Stottan mit mir und ich muss mir die ganze Zeit anhören, was für ein Lauser du bist.«

»Hast du mich jetzt Loser genannt?«

»Nein, natürlich nicht, Chef! Ich hab Lauser gesagt.«

»Auch nicht wirklich nett! Da wär eine kleine Strafe schon angebracht, also zum Beispiel eine Autofahrt mit Stottan.«

Dass Bellucci als Strafe für die vielen Telefonate einen Ausflug in einer Kutsche machen wollte, kam Buchinger gar nicht so ungelegen: Erstens ist das Herumlungern in einer mit Decken ausgelegten Kutsche nicht wirklich schweißtreibend und insofern mit dem ausgeprägt unsportlichen Lebensstil Buchingers kompatibel, zweitens konnte er, während ihn die Pferde durch die Landschaft schaukelten, versuchen, eine der letzten offenen Fragen im Fall Baumgartner zu klären.

Alle Wege führen bekanntlich nach Rom. In der Ramsau führen alle Wege zu irgendeiner Almhütte, im Klartext: zu irgendeinem Kaiserschmarrn.

Belluccis Naturell kam Buchingers Charakter sowieso entgegen, in jeder Hinsicht, und so war es auch auf dieser Kutschenfahrt. Ihre Neugier, ihr Interesse an anderen Menschen war in etwa so groß wie Buchingers Desinteresse, ja Abscheu. Der Kutscher zückte eine Flasche Zirbenschnaps und präsentierte sich als der verwegenste Ramsauer seit Erfindung der Alpen. Kein touristisches Genital war vor ihm sicher, keine einflussreiche oder hochgestellte Persönlichkeit konnte seinem losen Mundwerk und grenzenlosen Mut Einhalt gebieten. Bellucci war schlichtweg begeistert von der Redelust und dem Imponiergehabe des Burschen, ihr Augenaufschlag peitschte ihn durch seine Erzählungen von frechen Entgegnungen und kühnen Taten, die immer abenteuerlicher wurden. Im akustischen Windschatten dieser Geschichten konnte Buchinger seelenruhig seiner Recherche nachgehen, die er aus den Augen verloren hatte und die erst wegen der Telefonate mit Mayer wieder an die Oberfläche seines Bewusstseins gespült wurde. Es handelte sich um die Dreierkombination berühmter Namen, Philosophen, wenn er sich nicht irrte. Da musste noch Licht ins Dunkel gebracht werden, zeitgeistkonform mittels des Internets. Buchinger stöberte in der Fotogalerie seines Handys.

Zuerst dachte er ja, die Gemeinsamkeit zwischen Sokrates, Hume und Améry bestünde darin, dass sie nicht gerade als Models durchgingen. Das hätte aber überhaupt keinen Sinn ergeben. Dann dachte er, dass vielleicht alle drei nie auch nur eine Zeile geschrieben hätten. Denn an eine derartige Fangfrage konnte er sich aus seiner Gymnasialzeit noch erinnern: »Wie viele Bücher hat Sokrates geschrieben?« Dass die Antwort »Keines« lautete, hätte auch für David Hume zutreffen können, aber es stimmte ganz einfach nicht. Wer Jean Améry war, lernte Buchinger erst im Zuge seiner Recherchen. Améry war das Anagramm zu Mayer, und dieser Améry/Mayer, ein gebürtiger Wiener, hatte ebenfalls, wenn auch nicht immer glücklich, publiziert. Aber gerade als der Kutscher erzählte, dass er der belgischen Königin während einer Kutschenfahrt die ersten zwei Takte der Landeshymne vorfurzte, erschloss sich ihm die Gemeinsamkeit in den Biografien der drei Männer. Über den Furz als Katalysator großer Gedanken müsste man auch mal nachdenken! Sowohl Sokrates als auch David Hume als auch Jean Améry hatten sich mit dem Selbstmord beschäftigt. Ersterer wurde dazu gezwungen, Jean Améry hatte sich einen Großteil seines Lebens damit befasst und schließlich den Freitod gewählt. Seine Argumente hätten zwingend zu diesem Ende geführt, wie es in einer Biografie hieß.

Mit dieser Lösung vor Augen ließ sich das nächste Namenstripel leicht entschlüsseln: »Seneca – Nietzsche – Cioran« hatte Pointner auf einem anderen Blatt notiert. Alle drei streiften in ihrem Denken den Selbstmord. Bei dem Stoiker Seneca ist die Formulierung »streifte« allerdings eine glatte Übertreibung: Der Philosoph musste drei Anläufe nehmen, um die von Kaiser Nero angeordnete Selbsttötung endlich erfolgreich durchzuführen. Doch der Tod traf den alten Mann nicht unvorbereitet: »Es gibt nur eine Kette, die uns gefesselt hält, nämlich die Liebe zum Leben.« Einem Altphilologen wie Pointner musste diese Geschichte mehr als vertraut gewesen sein, sie gehörte auch in seiner Generation sogar noch zum fixen Bestandteil der Allgemeinbildung.

Alles deutete darauf hin, dass Pointners Aufenthalt in der

Klinik ein intensives Studium der philosophischen Schriften zum Selbstmord, des Krankheitsbildes Katatonie, des tödlichen Gifts Zyanid, des Programmierens und schließlich auch der Ortung evangelischer Pfarrgemeinden vor allem in Oberösterreich und der Steiermark vorangegangen war. All diese Studien, flankiert von kleineren Projekten wie der Philosophie der Freundschaft und der Auseinandersetzung mit dem Tod allgemein, mussten einige Zeit in Anspruch genommen haben, Buchinger schätzte: genau die vier bis fünf Monate bis zur Einlieferung ins Wagner-Jauregg-Krankenhaus.

Als Buchinger von seinem Handy aufsah, war die Lage beinahe unverändert: Bellucci hing immer noch an den Lippen des rustikalen, erdigen Märchenerzählers, dieser ließ sich immer noch von ihrem Augenaufschlag zu immer waghalsigeren Geschichten hinreißen. Weniger der Zirbenschnaps als vielmehr der Augenaufschlag schliffen seine Worte ab wie ein Gebirgsbach die Steine: Immer unklarer und verschwommener wurde die Aussprache bei gleichzeitiger Steigerung der berichteten Heldentaten. Mittlerweile hatte er sogar dem Bundespräsidenten eine Ohrfeige angedroht, da kenne er nichts. Schlagartig wurde es Buchinger klar: Diese kraftvolle Landschaft hier am Fuße des Dachsteins mit eiskalten Gebirgsbächen und gleißenden Schneefeldern bis in den Sommer hinein, diese Landschaft, alleine schon wegen ihrer Höhenlage quasi entrückt, eingebettet zwischen überall lauernden Todesgefahren und einer Schönheit, die einem den Atem raubte und langsam aber sicher das Gehirn aus dem Schädel schraubte, so unfassbar war sie, diese Landschaft, verleitete die Menschen hier zum Flunkern. Es katapultierte sie einfach raus aus der Ödnis des Offenbaren, es ließ die Menschen ins fantastische Paralleluniversum driften. Sie erzählten sich unfassbare Geschichten so, als könnten sie sich gar nicht anders ereignet haben. So waren sicher auch

Pointners eigenartige Exkursionen in die Geografie seiner Vorstellungswelt zu verstehen. Buchinger nahm sich vor, sofort nach der Rückkehr in ihr Ramsauer Häuschen noch einmal nachzusehen, ob sich die unglaubliche Geschichte von dem Kampfhund mit dem völlig unpassenden Namen Nala, der einen tschechischen Touristen zu Tode gebissen hatte, tatsächlich so in der Gemeindezeitung fand. Oder ob die Kraft dieses Orts auch bei ihm die Mythenbildung forciert hatte.

Endstation Alm: Bellucci war froh, ihren Buchinger wieder bei sich zu haben. Buchinger war froh, das letzte Puzzleteilchen zu diesem höchst eigenartigen Fall gefunden zu haben. Der Kutscher war froh, es der Schönheit aus Stadl-Paura mal so richtig gezeigt zu haben. Es war bereits jetzt absehbar, dass er es ihr so richtig besorgt haben würde, wenn er von dieser Fahrt heute erzählen würde. In den Heidelbeeren, sodass die zerplatzten blauschwarzen Früchte auf ihrem weißen Rücken ein Muster wie explodierende Feuerwerkskörper zeichneten. Jetzt jedenfalls stand – wenig überraschend – wieder ein Kaiserschmarrn auf dem Programm. Buchingers Schmarrn-Blog nahm Gestalt an.

War Mayer bisher der Meinung gewesen, dass Frauen reden und Männer schweigen und dass alle Opel-Fahrer Langweiler sind und dass alle Ärzte gesund leben, so wurde er in Herzogenburg eines Besseren belehrt. Was er aus dem Traisental mitnahm, war eine gründliche Abrechnung mit Vorurteilen aller Art. Man musste vorsichtig sein, wenn man sich von anderen Menschen ein Bild machte.

Mayer läutete um Punkt zehn Uhr Vormittag bei Patience und Eki an, Letzterer öffnete ihm mit zwei Kleinkindern im Arm, offenbar Zwillinge. Damit hatte der junge Polizist nicht gerechnet, es war auch nie die Rede davon gewesen. Schon der Umstand, dass sich die beiden ohne Probleme an einem Vormittag zu einer Zeugenbefragung verabredet hatten, war Mayer ungewöhnlich erschienen. Hatten dreißigjährige Bummelstudenten tatsächlich so viel Zeit? Patience Gruber jedenfalls sprang euphorisiert vom Computer auf, als Mayer eintrat. Offenbar hatte sie gerade ein lukratives Geschäft abgeschlossen, eine Georeferenzierung mit verknüpften Audiosamples an ein Technologieinstitut in Kalifornien verkauft. Damit konnte man etwa seine Joggingrunde nicht nur als Gedicht, nach Möglichkeit gereimt, sondern auch als Song speichern. Oder man konnte auch die Autofahrt von Wels nach Gmunden als Geschichte speichern, während gleichzeitig auf einem Bildschirm blinkende Punkte den jeweiligen Standort anzeigten. Wie auf den Traumpfaden der Aborigines! Verknüpft mit den technischen Möglichkeiten des 21. Jahrhunderts. Wer mit Programmieren derart viel Geld verdienen konnte, verspürte offenbar wenig Anreiz, das Studium abzuschließen.

Nun ist es ja so, dass Männer in Mayers Alter fast alle Frauen schön fanden und dass Mayer insbesondere jede Frau schön fand, dafür sorgte ein gewisses Überangebot an Testosteron. Aber Patience war wirklich richtig schön, das hätte er beschwören können. Sie umarmte Mayer und legte eine Tafel Schokolade vor ihn auf den Tisch: »Wir haben Grund zu feiern!« Eki zog sich mit den zwei Kindern zurück, er musste in der Küche noch Ordnung machen. Was Patience über die Ramsauer Silvesterrunde zu sagen hatte, war schnell gesagt: Sie hatten sie ohne zu zögern aufgenommen, das ist heute sicher schon ungewöhnlich. Sie und Eki hätten dort eine Gruppe von Menschen vorgefunden, die sich schon ziemlich lange und gut kannten. Dementsprechend ausgetrampelt waren die Wege, denen ihre Gespräche folgten. »Die waren richtig glücklich, dass wir da waren!«, erzählte sie. »Wir konnten ein paar neue

Geschichten beisteuern. Die anderen hatten sich ja längst in ihren Positionen eingegraben, da gab es keine Überraschungen mehr: Das Alpha-Männchen, Clemens, konnte gar nicht genug kriegen von der Selbstdarstellung. Eine Esoterikerin, die sich auch noch den absurdesten Blödsinn einreden ließ. Dann war da noch ein depressiver Typ, der argwöhnisch beäugte, was vor sich ging. Und eine typische Lehrerin, die sicher vor zwanzig Jahren zum letzten Mal jemandem zugehört hat: Sie ist inzwischen gewöhnt, dass nur sie auf dieser Welt zählt. Jedenfalls redete sie so, als wären alle anderen vollkommene Idioten. Außerdem glaube ich, dass die alle miteinander was hatten. Das hat mir gefallen. Auf der anderen Seite waren sie eigentlich ziemlich konservativ, sie führten dauernd irgendwelche lächerlichen Diskussionen, Kleinbürger-Gespräche über die Religion oder über Heimat und so Zeug.«

Dass Maria Pointner dort tödlich verunglückt war, wusste sie schon. Im Zuge der Ermittlungen damals waren sie und Eki sogar einmal kontaktiert worden, aber das war nur ein kurzes Telefonat. Dass nun auch Anton Pointner, der argwöhnische Beobachter des Geschehens, gestorben war, habe sie noch nicht gewusst. Sie lese nur überregionale Presse, Mord und Totschlag interessieren sie nicht. Sie sei sich auch gar nicht sicher, ob Vorfälle wie dieser überhaupt berichtet würden. Das sei doch eher was für Lokalblätter oder die Krone.

Pointner war ihr eigentlich am sympathischsten gewesen, aber das dürfe man nicht so ernst nehmen.

»Wir waren ja nur eine Nacht dort und kennen die Leute kaum!« Er habe etwas Düsteres ausgestrahlt, etwas Dunkles und Schwermütiges. Der Arme, wie sehr müsse ihn der Tod seiner Frau getroffen haben! Clemens ist ja sowas wie ein Gockel, er habe Patience offen angebaggert. Sie habe das aber nicht persönlich genommen, sondern sie habe vermutet, dass er das mit allen Frauen mache. Er sei ja Schauspieler und die narzisstische Selbsterhöhung gehöre zu seinem Beruf wie die Uniform zu einem Polizisten.

»Nicht wahr?« Sie zwinkerte Mayer zu.

Dieser war felsenfest davon überzeugt, dass Patience Gruber mit ihm flirtete, gerade jetzt, wo er doch in Emilia Pointner verliebt war. Die Aussagen von Patience und Eki trugen jedenfalls nichts wirklich Neues zum Fall Baumgartner/Pointner bei. Für Mayers Verständnis der menschlichen Psyche allerdings war diese Nachhilfestunde in dem kleinen Stadthaus unweit des Stiftes ein echter Quantensprung. So durfte er lernen, dass man nicht studieren musste, um richtig viel Geld zu machen. Man konnte das Studium sogar nur als Horizonterweiterung sehen, die sich auf dem Arbeitsmarkt nicht bezahlt mache, sondern eher ein Hindernis wäre, wie Patience meinte: »Niemand nimmt dich mit einem abgeschlossenen Studium, weil du zu teuer bist und, wenn du schon einige Jahre auf dem Buckel hast, den Mief eines weltfremden Bürohengstes nicht mehr loswirst.«

Die nächste Lektion in Sachen Postmoderne betraf die Religion: Eki und Patience hatten kirchlich geheiratet, aber nur wegen des Pomps und wegen der »emotionalen Qualität« der Feier in einem Jahrhunderte alten Gotteshaus. Der Sound, der Geruch von Weihrauch, die kühle Luft in einem Gebäude von überdimensionierter Höhe – das habe ihnen gefallen. Obwohl sie bereits vor fünf Jahren aus der Kirche ausgetreten war und kommunistisch wähle. Eki sei ein überzeugter Grüner und esse trotzdem gern bei McDonalds. Sie trage gern Kopftücher, vom Islam halte sie deswegen trotzdem nichts. Sie halte von Religionen allgemein nichts, das wären allesamt überholte Verhaltensregeln aus Zeiten, in denen die Menschen noch meinten, die Sonne drehe sich um die Erde und ein Kühlschrank wäre ein quaderförmiger Gott des Eises. Heute brauche es kein Verbot des Schweinefleischs, das sei lächerlich. Viel vernünftiger wäre eine Religion, die das Fleischessen insgesamt verbiete. Da hätten wenigstens die Viecher was davon. Was die Kopftücher betreffe: Ihre Oma habe sie auch getragen.

Mayer durfte lernen, dass man ziemlich reich sein konnte und nicht der Mann, sondern die Frau das Vermögen erwirtschaftete, und zwar durch Programmieren. Dass man reich sein konnte und trotzdem kein Auto besitzen musste wie etliche Generationen vor ihnen, die den Reichtum mit Chrom und PS zur Schau stellen mussten.

Wenn man die Erfahrung, die er in Herzogenburg gemacht hatte, verallgemeinerte, dann musste man mit allem rechnen: Dass alte Leute risikofreudiger und couragierter waren als junge, dass junge Menschen klüger und besonnener handelten als alte, dass Männer sich um Kinder kümmern konnten, ohne diese gleich missbrauchen zu wollen, dass Frauen nicht nur Heilige oder Huren waren und dass man die Probleme der Menschheit ernst nehmen konnte, ohne in Sack und Asche zu gehen und Trübsal zu blasen. In Gedanken an diese schweren Erschütterungen seines Weltbildes trat Mayer den Heimweg an, fest entschlossen, seine Einstellungen zu Menschen gründlich zu überdenken.

# Kapitel 14
# Zwischenspiel

Den letzten Tag in der Ramsau – oder in Ramsau, wer wusste das schon? – verbrachte Buchinger mit der Verschriftlichung seiner Erkenntnisse. Das hatte er als Beamter noch nie gemacht, zumindest nicht pünktlich. Ein interessantes Abfallprodukt seiner Suspendierung! Die letzten Details, die Begriffstripel, waren in einen größeren Erklärungszusammenhang eingebettet worden. Das war kein unwesentliches Detail in der Welt Buchingers: Eine Theorie durfte nicht nur sehr viele, sondern sie musste alle Einzelbeobachtungen umfassen und erklären können. Wenn dies der Fall war, konnte man sich immer noch nicht sicher sein, dass die Theorie stimmte. Sie konnte plausibel sein und logisch geschlossen, aber trotzdem beinhart an der Realität vorbei spekulieren. So konnte man sicher widerspruchsfrei annehmen, dass die Ramsauer Pferde Spione von anderen Planeten waren, die im Stall, wenn sie von Menschen unbeobachtet waren, ihre Erkenntnisse über die Erde in ihre Heimat funkten. Es sprach zwar wirklich nichts für diese These, aber sie erklärte einiges, etwa das geduldige Herumstehen in der Landschaft (Beobachtung!), das devote Verhalten in der Dressur (Tarnung!) und das freudige Hineinlaufen in den Stall (Meldepflicht gegenüber dem Geheimdienst!).

Am späten Nachmittag, jedenfalls nach Dienstschluss im Polizeikommando Wels, schickte er den Bericht an Stottan, allerdings ohne seine Gedanken zu den intergalaktischen Spionen. Sie würde sie erst am nächsten Morgen lesen, da war er sich ganz sicher, denn eine Synchronisierung des Handys mit dem Computer kam für sie bestimmt nicht in Frage.

Zugegeben, Ramsau ist um einiges schöner als Wels. Da konnten selbst die Barockfassaden am Stadtplatz und das Minoritenkloster und die Welser Messe samt Volksfest nichts dran ändern. Chancenlos gegen die Wucht der Natur. Aber: Einen Obermair wie in Wels gibt's da oben nicht. Und ein Gasthaus wie dieses ist für eine Stadt, die lediglich zwei herausragende Hochhäuser gegen das öde Flachland aufzubieten vermag, nicht nichts.

Und hier saßen sie nun, Chefinspektor Buchinger und der junge Mayer, Letzterer sogar mit hochoffiziellem Auftrag. Von Stottan persönlich erteilt. Er sollte Buchingers Angaben prüfen, immerhin sei er derjenige, mit dem Buchinger am ehesten reden würde nach seiner Suspendierung. Außerdem könne er am ehesten abschätzen, ob was dran sei an Buchingers Hypothese, immerhin arbeiteten die beiden schon einige Jahre zusammen. Hochoffizieller Auftrag, das hieß auch: Spesenrechnung. Das brauchte man Buchinger nicht zu buchstabieren, das war gleichbedeutend mit einem Wiedersehensfest mit dem besten Bier von Wels und der besten Hausmannskost im klassischen Gastgarten mit Kastanien und Kiesboden.

»Ich sag's gleich, nicht dass du dir falsche Hoffnungen machst: Stottan wird sich nicht entschuldigen. Entschuldigungen gibt's in ihrer Welt nicht.« So eröffnete Mayer das Gespräch. Sie saßen nicht im Freien, sondern in der Gaststube. Ein Wetterumschwung kündigte sich an, der Wind war heftig geworden, draußen wär's nur ungemütlich gewesen.

»Ich weiß: Gott vergibt. Aber der ist ja ein bekennender Loser.«

»Außerdem war der Durchsuchungsbefehl für den Garten deines Nachbarn tatsächlich ein Fehler. Und das hat mit deinem Ermittlungserfolg im Fall Baumgartner gar nichts zu tun. Soll ich dir von ihr ausrichten.«

»Gut. Und richte du ihr bitte aus, dass ich, sobald die Suspendierung endet, zwei Monate auf Urlaub geh. Ich nehme mein Recht auf Faulheit in Anspruch. Sozusagen, um mich schön langsam auf meine Aufgabe in der Pension vorzubereiten. Nämlich: keine Aufgaben zu haben. Außerdem muss ich ihr dann noch längere Zeit nicht über den Weg laufen. Mit dieser Feigheit kann ich wirklich nicht gut umgehen: Wir arbeiten seit Jahrzehnten zusammen – man muss sich das vorstellen! – und bei der kleinsten Unsicherheit lässt sie mich vom Dienst suspendieren!«

»Ok, ich werd's ausrichten. Auch wenn ich nicht der Meinung bin, dass es sich hier um eine kleine Unsicherheit handelt. Immerhin hast du den Mann des Mordes beschuldigt und seinen Pool ausbaggern lassen. Aber jetzt erzähl mal vom Fall Baumgartner! Bin schon total gespannt.«

»Die Sache ist nicht ganz einfach.« Buchinger schaute irgendwie zerknirscht, das erste Krügerl war nämlich leer. Außerdem genoss er den Augenblick, in dem er erklären durfte, wie er trotz der Irrwege und Umwege und Fehlschlüsse und Ahnungen schließlich allem auf die Spur gekommen war. Ein frisches Bier kam und mit ihm der Redefluss.

»Begonnen hat alles mit Wagner-Jauregg und Alfred Adler. Adler ist heute ja ein berühmter Mann, aber zu Lebzeiten stand er im Schatten seines Mentors Sigmund Freud. Dieser Adler hat gescheite Texte geschrieben, aber Wagner-Jauregg hat seine Habilitationsschrift abgelehnt. Die zwei Schnösel Freud und Wagner-Jauregg haben sich gegen den Proletenarzt Adler verbündet, gegen einen Forscher, dem es wichtig war, dass jeder Mensch seinen eigenen Lebensplan erkennt und verwirklicht. Dass man hinter der Fassade, die man der Außenwelt zeigen muss, den eigentlichen Kern seiner Persönlichkeit entdeckt. Adlers Zorn gegen seinen ehemaligen Freund und Ziehvater

Freud konnte ich mir richtig gut vorstellen. Und auch den Gedankengang, dass Menschen nicht auf ihren eigenen, sondern auf fremden Wegen unterwegs sind.«

Buchinger machte eine kurze Pause, selbst nicht wenig erstaunt darüber, dass er sich mit Psychotherapie beschäftigt hatte. Bis zum Fall Baumgartner war er immer der Meinung gewesen, Psychotherapeuten seien Hohlköpfe. Die sich einfach auf eine Metaebene katapultierten, um von dort auf die blöden Gesprächspartner runterblicken zu können. Das erinnerte ihn an Frau Baumgartner.

»Die nächste Erkenntnis war, dass Frau Baumgartner weniger zornig als vielmehr traurig auf Pointners Tod reagierte. Das brachte mich schließlich zu der Annahme, dass sie ein Verhältnis mit Pointner hatte.« Dass Bellucci diese Erkenntnis recherchiert hatte, verschwieg er. Mayer würde noch früh genug bemerken, dass Buchinger nicht der Superstar war, für den ihn ohnehin niemand hielt.

»Dann hab ich mich mit deinem Logikbuch von Tfuller beschäftigt – das ist ja einer der Vorteile einer Suspendierung: Man hat Zeit, Bücher zu lesen. Ich bin auf das Argument von Peter Singer gestoßen, wir haben eh einmal darüber diskutiert.«

»Meinst du die Suche nach der nur scheinbar stärksten Prämisse?«

»Ja, das meine ich. In mir ist nämlich schemenhaft, nebulös, erahnbar, unscharf ein Gedanke herangereift, den ich noch nicht benennen konnte, der kaum greifbar war, der sich erst mit der Zeit verdichtete: dass die Dinge anders sind als sie scheinen. Nur naive Realisten glauben, dass die Welt so ist wie sie erscheint.«

»Chef, jetzt kannst du es mir ja endlich verraten!«, meinte Mayer, während er mit Schwung sein Glas abstellte. Und dessen Ohren bereits nach dem ersten Seidel glühten. »Du hast Philosophie studiert, oder?«

»Bitte!«

Mayer interpretierte diese Antwort Buchingers als Nein, Buchinger aber schwieg sofort wieder zu dieser Frage und fuhr fort.

»Der nächste Schritt war die Erkenntnis, dass der Tod Pointners als Spätfolge eines ganz anderen Ereignisses zu verstehen ist. Und das war der tödliche Unfall von Maria Pointner im vergangenen Winter. Die drei Nächte in Ramsau nahmen Pointner nicht nur seine Frau, im doppelten Wortsinn, sondern sie machten aus einem Betrüger einen betrogenen Betrüger. Dass andere Menschen, noch dazu sein langjähriger Freund Baumgartner, genauso unehrlich sein konnten wie er selbst, überstieg seine Vorstellungskraft. Pointner schaltete auf Kampfmodus um, allerdings auf höchst verquere und spektakuläre Weise. Zu seinem Schmerz kommt nämlich noch das Gefühl der Minderwertigkeit hinzu, wieder ein Begriff von Alfred Adler. Mit seinen Plänen wollte Pointner nicht nur sich, sondern auch einer lesenden Nachwelt, an die sich die schwarzen Hefte richten, beweisen, dass er den Vergleich mit Baumgartner nicht zu scheuen brauchte. Er war der eigentliche Star. Er war das eigentliche Talent. Vor allem in der Schauspielkunst. Pointner muss fest davon überzeugt gewesen sein, dass Baumgartner seine geliebte Maria getötet hatte. Diese vermeintliche Schuld konnte ihm aber nie nachgewiesen werden, es spricht auch gar nichts dafür. Was für ein perfider Plan: Weil er Baumgartner nicht für eine Tat verantwortlich machen konnte, die er in seinen Augen begangen hatte, wollte Pointner ihn einer Tat überführen, die er nicht begangen hatte. Dafür war ihm keine Inszenierung zu aufwendig.«

»Du meinst die Bibliothek und die schwarzen Hefte?«

»Ja, und vor allem den Klinikaufenthalt selbst! Dass überhaupt nichts so ist wie es scheint, dieser Gedanke ist mir in der Ramsau gekommen. Dort konvertierten hunderte Familien nur zum Schein zum Katholizismus. Sie feierten heimlich Messen im Sinne des revolutionären Protestantismus. Sie tarnten die Heilige Schrift als nicht-reformierte Bibeln und versteckten sie bei der störrischsten Kuh im Stall. Eine Zeitlang dachte ich sogar, dass die Religion eine wesentliche Rolle spielt. Sie spielt aber gar keine Rolle. Die Auseinandersetzung zwischen Christen und Moslems, die Auseinandersetzung zwischen Katholiken und Evangelischen: alles Schauspiel, irrelevant – es ging immer um etwas anderes, um Kränkung, Sex, Eifersucht, Freundschaft, Neid. Auch die Religion ist nicht so bedeutend, wie man meinen könnte. Nichts ist wie es scheint. Auch Bellucci ist nicht Bellucci.«

»Wie bitte?«

»Ach, vergiss es! Wichtig ist, dass ich mir ständig an derselben unsichtbaren Wand den Kopf anhaute. Wie eine Fliege im Wasserglas. Schließlich wurden die Hinweise inflationär. Auch mit deiner Hilfe. Du hast die Rätsel um die Worttripel gelöst, du hast die Verbindungslinien zwischen den Orten gefunden. Ich hab die Anordnung genau dieser Orte wieder so gedeutet, als wären evangelische Gemeinden dahinter verborgen: Ramsau, Wallern. Die Wahrheit zu dieser Geschichte werden wir wohl nie enthüllen können, weil Pointner tot ist. Aber höchstwahrscheinlich sind es einfach Orte, die in seinem Leben eine Rolle spielten, so wie auch Syrakus. Oder Teil eines Plans der Irreführung. Dass nicht Baumgartner, sondern Pointner der Verfasser hetzerischer Leserbriefe war und die Urheberschaft seinem ehemaligen Freund und Nebenbuhler unterjubeln wollte, passt perfekt ins Bild. Apropos Freund: Baumgartner hatte Pointner ja öfter in der Klinik besucht. Er war seinem Freund treu geblieben, trotz der Wahlverwandtschaften, trotz der Rivalität, trotz der Schlägerei vor der Hütte in der Ramsau.«

Mayer übte die coole Geste Buchingers ein, deutete mit der rechten Hand auf sein Glas, die Finger zu einem Revolver geformt. Gleich darauf einen Zweier wie das Victory-Zeichen: Nonverbale Kommunikation im Wirtshaus. Die nächste Ladung Bier würde kommen.

»Der Knackpunkt war das Argument Peter Singers. Von da an ging alles wie am Schnürchen. Tatsächlich ist die eine Prämisse aus dem Standardargument zum Fall Baumgartner zu hinterfragen: *Eine der beiden Personen kann sich nicht rühren.* Das ist die unglaubliche Wende in diesem Fall. Wenn diese Prämisse falsch ist, ist das ganze Argument ungültig. Du musst wissen, dass sich in den Notizen Pointners noch flankierende Beweise finden. Einer ist allerdings ziemlich gut versteckt. Er schreibt: *Ich bin Sire. Der inverse Kaiser*. Auf den ersten Blick vollkommener Blödsinn. Eine harte Nuss. Dann schreib ich SIRE auf, in Blockbuchstaben, lese *invers* – und die Lösung fällt vom Tisch. Einfach, weil ich blöd vor mich hinstarre: Sire rückwärts, das ergibt *Eris*. Und Eris ist die Göttin der Zwietracht. Pointner muss damit gerechnet haben, dass seine Schriften gefunden und gelesen werden. Er vinkuliert seine Texte, aber nicht allzu sehr. Er ist der Rachegott. Oder der Kaiser der Rache. So etwas kann auch nur einem Altphilologen einfallen.«

»Einem was?«

»Einem Lehrer für Latein oder Griechisch.«

»Du hast von flankierenden Beweisen gesprochen, die du in den Tagebüchern gefunden hast. Bisher hast du aber nur einen erwähnt, den Namen der Rachegöttin. Gibt's auch noch andere?«

»Ja, die gibt es. Da ist zum Beispiel eine kleine Untersuchung über das Wesen der Freundschaft. Oder eine Recherche zur Katatonie. Oder zu dem Gift, an dem er schließlich gestorben ist. Penible Analysen, genaueste Vorbereitungen für sein großes, sein finales Projekt. Er tötet sich selbst, und zwar hauptsächlich deshalb, um seinem Freund zu schaden. Von dem er annimmt, dass er ihm die Freundschaft aufgekündigt hat mittels Untreue und Mord. Würde Clemens Baumgartner schuldig gesprochen werden, hätte er, Pointner, den Zustand der Gerechtigkeit wiederhergestellt. Baumgartner war einmal zu Unrecht freigesprochen worden, nun würde er zu Unrecht verurteilt werden: Die beiden Ungerechtigkeiten hoben sich im Wertesystem Pointners sicher auf.«

»Ich kann nicht nachvollziehen, was Pointner getan hat, aber ich muss zugeben, dass alles einer gewissen Logik folgt. Tfuller schreibt ja einmal, dass Systeme von Aussagen möglich sind, die in sich logisch geordnet sind, obwohl nur der Wahnsinn sie zusammenhält. Oder so ähnlich. Also: Die Sätze widersprechen einander nicht, aber es gibt keinen Bezug zur Wahrheit. Wenn es die überhaupt gibt, die Wahrheit! Man müsste eher sagen: Es gibt keinen Bezug zur Wirklichkeit.«

»Wenn es die überhaupt gibt, DIE Wirklichkeit!«, sinnierte Buchinger weiter.

»Es wäre aus Pointners Perspektive ja genauso gut möglich gewesen, sich an Baumgartner zu rächen, indem er ihn tötet, wenn er schon kriminell werden wollte.«

»Ja, Mayer, da hast du Recht. Aber diese Variante findet sich mit keinem Wort in den Aufzeichnungen Pointners. Er wollte keine simple Rache, so viel ist klar. Er muss zutiefst verletzt gewesen sein, weil sein *Freund* sich eine Freiheit herausgenommen hat, die er für sich selbst längst in Anspruch nahm, nämlich mit der Frau des anderen zu schlafen. Man rechnet halt nicht damit, dass die anderen genauso schlechte Menschen sind wie man selbst. Was für ein absurder Gedankengang! Er wollte keine simple Rache, sondern er wollte sich und einem noch unsichtbaren Publikum beweisen, dass er der bessere Schauspieler war, jedenfalls besser als Baumgartner. Und drittens: Es war keine simple Rache, sondern ein Selbstmord als Ausdruck existenzieller Erschütterung. Er musste in einem Augenblick von der Dauer eines Lidschlags hinnehmen, dass seine Frau gestorben war, dass sie (in seinen Augen zumindest) von seinem Freund getötet worden war und dass sein Freund kein Freund war, sondern ihn hintergangen und betrogen hatte. Dass er sich Letzteres auch selbst vorzuwerfen hatte, muss irgendwo im Dunkel seiner Gedankengänge abhandengekommen sein.«

»Chef, darf ich ehrlich sein?«

»Klar, wir sind beim Wirt! Nur hier und beim Sex gibt's für uns Männer keine Alternative zur Ehrlichkeit.«

Was für ein blöder Spruch, dachte Mayer, der sich sowohl beim einen wie beim anderen nicht wirklich zuhause fühlte. Noch nicht.

»Mir kommt die Geschichte reichlich konstruiert vor. Was für ein enormer Aufwand, um damit gleich einen ganzen Haufen an Bedürfnissen zu befriedigen! Wenn dieser Pointner so ein genialer Jongleur mit der Wirklichkeit war, dann ist es doch auch denkbar, dass alles fingiert ist, auch die schwarzen Hefte.«

»Aber wir haben doch auch Bestätigungen von außen für die Annahme, dass sich alles so verhalten hat wie beschrieben.«

»Nämlich?«

»Die Leserbriefe Baumgartners waren definitiv nicht von Baumgartner, sondern von Pointner. Dazu hab ich übrigens noch eine Frage«, meinte Buchinger. Er nahm einen tiefen Schluck.

»Ja?«

»Wie ist Pointner in den Mail-Account von Baumgartner gekommen? In seinen Aufzeichnungen und in seiner Literatur finden sich Hinweise darauf, dass er versucht hat, sich das Hacken beizubringen.«

»Gut möglich, dass es so gelaufen ist: Pointner hackt den Zugang, schreibt in Baumgartners Namen Leserbriefe und Postings und löscht diese sofort nach dem Versenden. Wenn er dann auch noch im Papierkorb aufräumt, ist die Aktion nicht so schnell nachzuweisen. Zumindest nicht für einen Schauspieler, zumindest nicht für Menschen aus dieser Generation. Für die ist ein Computer ja eine Fremdsprache. Aber ich glaube nicht, dass es so gelaufen ist.«

»Weil?«

»Weil das Passwort so vertrottelt einfach ist oder war. Genau so ein Passwort, von dem schon Volksschüler wissen, dass man es nicht nehmen soll.«

»1234?«

»Nein, komplizierter!«

»4321?«

»Nein, primitiver: vorhersehbar und lieb.«

»Du redest schon wie ich.« Angeblich ja ein Zeichen dafür, dass zwei sich verstehen: Wenn sie Gewohnheiten des jeweils anderen übernehmen. Fehlte nur noch, dass Buchinger »LOL« sagte! »LOL, alles klar: Dann ist es Schatzi oder was Ähnliches!«

»Ja: Angie! Da brauchst du keine Mitgliedschaft in einem Hacker-Club.« Nun nippte auch Mayer an seinem Bier. Würde noch dauern, bis aus ihm ein pragmatisierter und frustrierter Schluckspecht würde! Da brauchte es noch einige Lektionen in Depression oder – wie Buchinger gesagt hätte – Realismus. Denn was viele als Pessimismus bezeichnen, ist doch nichts anderes als Realismus.

»Du hast gesagt, es gibt noch mehr Bestätigungen von außen für deine These.«

»Ja. Wir haben auch die Aussagen von Patience Gruber und Eki Polcer. Sie bestätigen die von Pointner beschriebene Atmosphäre in Ramsau. Und wir haben die Aussage von Baumgartners Frau, die das Verhältnis mit Pointner zugegeben hat.«

Mayers Handy läutete. Augenblicklich veränderte sich seine Miene. Er beschränkte sich aufs Nicken, ab und zu sagte er »Ja!«, ab und zu war ein gespielt entrüstetes »Nein!« zu vernehmen, einmal lachte er, aber es war offensichtlich, dass er den Scherz nicht wirklich lustig fand. Das hätte Pointner besser gekonnt, dachte Buchinger. Gegen Ende des Telefonats meinte Mayer: »Ich glaube, dass es so ist, wie Buchinger sagt.« Das alles mit hochrotem Gesicht und in die hohle Hand gesprochen. Es war klar, dass er mit Stottan sprach.

Nachdem Mayer aufgelegt hatte, informierte er seinen Chef. »Stottan hat den Akt durchgearbeitet. Sie sagt, dass sie seit Jahrzehnten kein so gründliches Protokoll mehr von dir erhalten hat. Baumgartner wird noch heute als freier Mann die Justizanstalt verlassen können. Eine Kurzinformation über die Neuinterpretation des Sachverhalts ist bereits an den Staatsanwalt und den Haftrichter rausgegangen, Baumgartners Rechtsanwalt ist informiert. Der ist noch beim Golf, aber sobald er mit dem Einlochen fertig ist, wird die Verhandlung stattfinden. Der Staatsanwalt hat bereits grünes Licht gegeben.«

Buchinger reagierte kaum auf Mayers Kurzbericht. Von einer Sekunde auf die andere war von seiner sonst phänomenalen Energie nichts mehr übriggeblieben. Er wirkte nachdenklich. Oder einfach nur müde. Müdigkeit – paradoxerweise der Dauerzustand von Leuten, die nichts zu tun haben. In Buchingers Fall: Spätfolge der Gewöhnung an die Suspendierung sozusagen.

»Ich hab das Absurde plausibel gemacht!«, meinte er schließlich.

»Klingt gut, Chef!«

»Ist ja auch nicht von mir.«

»Ich wette, es ist von deiner Frau.«

»Wette verloren. Es ist von Goethe. Jedes zweite Zitat ist von Goethe. Aber dieses Zitat setzt mich nicht gerade in ein schmeichelhaftes Licht. Goethe meint nämlich, dass man, um die Menschen zu betrügen, vor allen Dingen das Absurde plausibel machen müsse. Wenn man dieser Logik folgt, dann bin ich ein Betrüger. Nachspeise, Mayer?«

»Unmöglich!«

»Ich nehm noch eine Kleinigkeit.«

»Ich auch.«

Mein Gott, gibt's eigentlich auch noch nonkonformistische Menschen? Das musste man Pointner lassen: Er war sicher nicht mit dem Strom geschwommen.

Eine Lektion wollte Buchinger seinem jungen Kollegen noch erteilen, sozusagen als Zeichen seiner Wiedersehensfreude. Er rief die Kellnerin zu sich. »Wir nehmen noch eine Kleinigkeit: Mayer, was darf's sein?«

»Ein Heidelbeer-Topfenauflauf und ein kleiner Schwarzer.«

»Und ich nehm ein Schmalzbrot und ein Seidel.« Es lebe die Autonomie! Auch wenn sie sich nur auf die Wahlfreiheit beim Dessert bezog!

# Kapitel 15
# Gewitter

Als die beiden das Gasthaus verließen, standen die Zeichen auf Sturm und auf Schlaf. Sturm draußen, in der Atmosphäre, Schlaf drinnen, in Buchingers Vorstellung von Utopia. Sie verabschiedeten sich noch im Gastgarten. Buchinger machte sich zu Fuß auf den Heimweg, damit zwei Fliegen mit einer Klappe schlagend. Erstens würde sich die Umnebelung durch das Bier etwas lichten, zweitens wollte er ohnehin sein Programm zur körperlichen Ertüchtigung, dieses letztlich sinnlose Aufbegehren gegen den unvermeidlichen Verfall, nicht aus den Augen verlieren. Und ein nicht intendierter Nebeneffekt würde auch eintreten, drittens sozusagen: Der entschleunigte Nachhauseweg würde ihm helfen, von seiner Heimatstadt wieder Besitz zu ergreifen, sie zu spüren, aufmerksam wahrzunehmen. Denn dass diese Stadt, in der er zwar seit einer Ewigkeit wohnte, die er aber nie als sein Zuhause definierte, tatsächlich seine Heimat geworden war, das bemerkte er erst jetzt, als er kräftig durch die Heide am Stadtrand stapfte. Erst wenn wir etwas vermissen, merken wir, was wir schon bisher daran gehabt haben. Und erst jetzt, aus der Ramsau ins unscheinbare Wels zurückgekehrt, merkte er, wie sehr er diese unspektakuläre Normalität hier liebgewonnen hatte. Vielleicht, weil diese Unauffälligkeit mit seiner eigenen so perfekt harmonierte.

Wenn nur das Wetter noch aushielt! Es war weder weise Voraussicht noch unvernünftiger Optimismus gewesen, der ihn keinen Schirm mitnehmen ließ. Sondern bloße Gedankenlosigkeit. Auf die Idee wäre er nie gekommen. Wahrscheinlich besaß er nicht einmal einen Schirm. Während er an einer der zahlreichen Schottergruben in dieser Gegend vorbeiging, überlegte er, wann er zuletzt so etwas besessen hatte. Musste wohl in seiner Kindheit gewesen sein. Der Anblick der Schottergrube erinnerte ihn unweigerlich an sein Missgeschick mit dem Pool des Schrecklichen. Der immer von seinem rechten Nachbarn beobachtet worden war. Der auf einer Schreibmaschine schrieb, die sicher schon antiquarischen Wert hatte.

So trieb das Gehen seine Gedanken voran, anfangs in chaotischer Abfolge, schließlich immer geordneter werdend, denn schließlich ist das Gehen nichts anderes als das Denken. Bei seinem Haus angekommen, hatte sich diese Symbiose bereits gelöst, nur mehr das Gehen war übriggeblieben. Man muss ziemliche Mühen auf sich genommen haben, war Buchingers letzter Gedanke vor dem Aufsperren der Haustür, damit man diese süße Langeweile, diese unüberbietbare Leere so richtig genießen konnte. Kein Imperativ war zu vernehmen, keine Zukunft streckte begehrlich ihre Finger nach ihm aus, keine Pflicht nahm gierig Besitz von seinem Körper und seinem Geist. Solche Momente kann man nicht suchen, man kann sie nicht ansteuern, sie wurden einem als Nebenprodukt geschenkt. Das nannte Buchinger seine Philosophie des Umwegs. Es war völlig vertrottelt, ein Seminar über das glückliche Leben zu besuchen. Das glückliche Leben als Ziel konnte man nicht direkt ansteuern, es fällt einfach vom Tisch wie die Späne beim Sägen oder Feilen.

Buchinger betrat das Wohnzimmer und erntete genau das: ein glückliches Leben. Zumindest für ein paar Minuten. Denn dass der Zustand der Euphorie nie von langer Dauer sein konnte, das hatten ihn die Jahre bereits gelehrt.

Vorsichtiges Bewegen also, den Augenblick genießen. In einem Einweckglas der Zeit ausharren und das Vorwärtsschreiten der tickenden Uhren aussperren. Genießen, dass alles gelungen war: Ein Mordfall war aufgeklärt worden, ein Steuerbetrüger erwischt, der alte Nazi würde nie wieder seinen Posten hinter dem Küchenvorhang beziehen, die Suspendierung war aufgehoben worden, er durfte also weiterarbeiten, es hatte nicht zu regnen begonnen und Bellucci war immer noch bei ihm. Ein Umstand, der ihn jeden Tag von Neuem wunderte, wenn er sich im Spiegel betrachtete.

Wie ein Dieb bewegte er sich in seinem eigenen Haus, inzwischen wieder vollständig nüchtern. Er schlich auf Zehenspitzen, als wollte er sich selbst nicht stören. Wie immer, wenn er sein Haus betrat, gingen die Rollläden automatisch hoch. Licht schaltete sich ein, diesmal lediglich die Stehlampe am Schreibtisch, und Il Giardino Armonico, die Punks der Barockmusik, legten los. Irgendeines dieser Vivaldi-Konzerte für vier Violinen. Er öffnete die Terrassentür, der Geruch von durchnässtem Gras und der satte Klang fetter Tropfen, die sich nach dem gewaltigen Aufprall sofort im Rasen auflösten, belegten, was er schon wusste: Er hatte Glück gehabt.

Der Musik kann etwas Zersetzendes innewohnen: Wenn du Albinoni hörst, möchtest du einfach nur sterben, dich in der brütenden Hitze der Toskana auf die Pflastersteine einer Dorfstraße legen, dich in deinem Schmerz suhlen, aussteigen aus allem, was normalerweise als wichtig erachtet wird. Oder du möchtest dich eben in einen Raum legen bei geöffneter Terrassentür. Jeder Takt zwingt dich aufs Neue zu entscheiden, ob du lieber dem Regen oder der Musik lauschst. Und alles wird verschwimmen und verschwinden, was dir jemals Sorgen bereitet hat, denn die Schönheit, der du bei ihrer Entfaltung zuhören darfst, ist größer als alles, was dich je wachgehalten hat im steten Voranschreiten der Tage.

Es war finster geworden, das Gewitter hatte die Regie übernommen, auch über die Lichtchoreografie am Horizont. Das

Rauschen des intensiven Regens untermalte perfekt die Aufgeregtheit des Barockensembles aus den Boxen, aus denen *The Last Good Day of the Year* tönte. Er lag einfach nur auf dem Sofa, wie hingeweht von dem auffrischenden Sommerwind, und hoffte, dass er nicht einschlafen würde. Wer schläft, versäumt alles. Und diesen Augenblick wollte er nicht versäumen, er wollte genießen.

So fand Bellucci ihn vor, als sie spät am Abend von ihrer Arbeit heimkehrte: in eine Wolldecke eingerollt, schlafend, obwohl Nick Cave gerade *Into My Arms* zum Besten gab, eines der Lieblingslieder Buchingers. Die Tür zur Terrasse schlug zu, der Wind hatte nicht nachgelassen, der Regen aber hatte aufgehört.

»Wach auf, mein Lieber!«

Buchinger öffnete die Augen und erblickte seine Frau. Er wusste, dass er immer noch im Paradies war. Dennoch: Das Hochgefühl des späten Nachmittags war weg und würde so bald nicht wiederkommen.

»Hat nicht funktioniert mit dem Einweckglas!«, sagte er.

»Du träumst, mein Lieber!«

»Nein, ich meine es ernst«, erwiderte er und rieb sich die Augen. Bellucci schaute ihn verwundert an, aber nicht wirklich überrascht. Und Buchinger wollte sich nicht erklären. Es hätte undankbar geklungen, wenn er sich darüber beklagt hätte, dass ihm zu wenig Zeit geblieben war, um seine großen Erfolge zu genießen. Noch dazu, wo er doch wusste, dass die großen Augenblicke immer banal vorübergingen und sich unwiederbringlich im Strom des Alltags verloren.

Das Gewitter war vorüber, der neue Tag glitt langsam und beinahe lautlos ins Fahrwasser der Normalität. Dem Morgen haftete etwas von einem fundamentalen Neubeginn an. Alles war klar und frisch und schrie danach, nicht berührt und verändert zu werden. Die großen Emotionen des Gewitters, die großen Emotionen von Buchingers Triumphen waren Vergangenheit, das Seufzen und Stöhnen der Nacht wieder einem alltäglichen Flüstern gewichen. Wie die Stille nach dem Verklingen eines Liebeslieds. Nur dass ein so ruhiger Morgen wie dieser nach Langeweile schmeckte, nach dem Bedürfnis nach Orientierung. Wenn die großen Augenblicke vorüber sind und die Banalität des Alltags wieder die Oberhand gewinnt, dann suchen wir nach neuen Herausforderungen. So funktioniert der Mensch, dachte Buchinger und betrachtete kurz das Hochbeet. Es sprach nicht zu ihm, überhaupt nicht, etwa »Kümmere dich um mich!« Dafür würde er noch in der Pension Zeit genug haben, für das Vertrotteln bei der Gartenarbeit.

Kaum wurde ein Tag so wie jeder andere, sah man sich schon um, ob man ihn nicht durch irgendetwas »Großes«, etwas »Besonderes« aufwerten könnte. Essen gehen zum Beispiel war das Einzige, was Buchinger einfiel. Als Gedanke reichlich deplatziert um neun Uhr morgens. Bellucci war schon wieder weg. Buchinger merkte, wie ihm die Langeweile in die Knochen kroch. Faszinierend, wie schnell das ging, dieser Wechsel vom Adrenalinschub zur Starre! Wie stark musste sich Pointners Leben eingebremst haben, als er beschloss, den Katatoniker zu mimen! Hatte er in der Nacht heimlich Gymnastik gemacht, um nicht verrückt zu werden in der Reglosigkeit? In der Gleichförmigkeit der Stunden und Tage erschien alle Zeit der Welt wie ein einziger Augenblick, jedenfalls in der Rückschau. Während man sich unter Mühen durch die breiige Masse nicht verstreichender Zeit durchkämpfte – Frühstück, warten, Mittagessen, irgendwie dreinschauen, Abendessen, Löcher in die Luft starren – und sie zu einem nicht enden wollenden Strom wurde, verknappte sich diese erlebte Langeweile im Rückblick zu einem Zeitpunkt, einer ausdehnungslosen Strecke. Im Nachhinein sah die Phase der Langeweile aus, als wäre sie nie gewesen. Diese Paradoxie, die der Langeweile innewohnte, war es auch, die die Profis der Genussmaximierung sie bewusst suchen ließ: Nur so konnte man seine Lebenszeit strecken, indem man in die Ereignislosigkeit stürzte.

Buchinger erschien das momentan gar nicht so positiv. Ganz im Gegenteil erschien ihm die Zeit, die nur eine Brücke war zwischen zwei Ereignissen, diese bloße Dauer, lang – und zwar mit Ekel. Geistreiche Menschen brauchen keine Abwechslung, sie haben in gänzlicher Einsamkeit mit ihren Gedanken genug. Nur die Stumpfen brauchen die Zerstreuung, die Ablenkung, damit nur ja das eigene Leben und die Zeit nicht in den Fokus geraten. Diesen Gedanken hatte Buchinger gerade noch gebraucht! Jetzt litt er ohnehin schon an seiner Existenz, nun machte er sich auch noch selbst zum Vorwurf, ein fantasieloser Mensch zu sein, der mit sich allein in einem Raum nichts anzufangen wusste! Dazu kam noch, dass diejenigen, die sich nicht langweilen, mit ihren kindischen Zerstreuungen andere langweilen. Und diejenigen, die sich langweilen, unterhalten andere! Nun unterhielt er aber keine anderen, er war ja allein! Diesen dreifachen Fausthieb gegen die Selbstachtung musste man frühmorgens erst einmal aushalten: das Gefühl von Langeweile, den Vorwurf, keine Fantasie zu haben, und schließlich die Unmöglichkeit, die eigene Langeweile für andere fruchtbar zu machen!

Er schritt die Bücherreihen in seiner Bibliothek entlang, zog das eine oder andere Buch raus, dachte daran, dass er sich in Pointners Bibliothek noch gewünscht hatte, mehr Zeit zum Lesen zu haben. Nun hätte er die Zeit, aber die Lust war weg. Er wusste einfach nicht, was er mit sich anfangen sollte. Wenn das ein allgemeingültiges Prinzip des Lebens war, diese fast schon boshafte Unkoordiniertheit, nämlich dass man alles tun wollte, wenn man keine Zeit hatte dafür, und nichts mehr tun wollte, wenn man Zeit hatte ohne Ende, dann würde er sich noch am Tag seiner Pensionierung töten. War es das, was Pointner dazu getrieben hatte, sich das Leben zu nehmen? Weil dieses ohne seine Frau und ohne seinen Freund plötzlich viel zu viel Raum bot für ihn allein?

Buchinger pfiff irgendeine Melodie, die sich in seinem Kopf festgesaugt hatte. Wurde sie nicht mehr los. Er pfiff normalerweise nicht, hasste es sogar, wenn jemand pfiff. Erschien ihm wie der leider hörbar gewordene Ausdruck von Gedankenleere. Das Gehirn bekam für wenige Minuten geistige Nahrung: Was für eine Melodie ist das? Im nächsten Augenblick war das Rätsel gelöst: *Watchtower* von Jimmy Hendrix in irgendeiner Instrumentalversion. Und nun? Sollte er endlich ein Verzeichnis all seiner Bücher oder DVDs erstellen? Die ultimative Liste, die Bestandsaufnahme seines kleinen Reichtums in der Bibliothek? Wozu? Nur um die Zeit totzuschlagen? Er dachte an den dünnen »Kaffee« in den letscherten Plastikbechern. Selbst danach sehnte er sich in diesem Augenblick, nach einem sinnentleerten Ritual in menschenfeindlichem Ambiente, das dem Tag immerhin so etwas wie einen Rhythmus gab.

Um zehn Uhr Vormittag hatte er einen Entschluss gefasst: Wenn schon sein Geist sich in der endlosen Schleife der Ereignislosigkeit verirrte, dann wollte er seinen Körper trainieren. Sobald er drahtig wäre wie ein Marathonläufer und muskulös wie ein Bodybuilder, würde er wieder in die Ramsau aufbrechen und einen Gipfel nach dem anderen erstürmen! Klettersteige mit einer Hand besteigen, mit der linken. Die Rechte würde er lässig in die Hosentasche stecken!

Um fünf nach zehn läutete das Telefon und befreite Buchinger von seinen eigenen grausamen Vorschlägen. Er war bereits auf der Suche nach Sportbekleidung und dem Ratgeber »Fit ohne Geräte«, als ihn Mayer aus der elenden Niederung der Sinnlosigkeit riss.

»Chef, genießt du noch deine heilige Ruhe oder bist du verführbar?«

»Verführbar wozu?«

»Neue Heldentaten warten auf dich!«

»Naja, weiß nicht, ich habe ziemlich viel zu tun. Worum geht's?« Unglaublich, wie flott den Leuten die Lügen über die Lippen gingen! Buchinger hätte sich selbst wohl keinen Millimeter über den Weg getraut. Aber die Verzweiflung am eigenen Leben zu spüren und sie anderen gegenüber zuzugeben, das waren ganz offensichtlich zwei äußerst unterschiedliche Dinge!

»Hör mal. Es ist eben ein Anruf eingegangen. Ein Toter wurde gefunden. Und jetzt halt dich fest, wo: in Wallern an der Trattnach. Die Adresse wird dir bekannt vorkommen: Es ist das Haus Baumgartners, Sonnenhang 17. Interesse?«

»Klar. Hol mich ab, ich fahr mit. Brauche 30 Sekunden.« Das war nicht gelogen.

Schon von Weitem war Baumgartners Auto zu sehen, ein schnittiger Porsche, flott abgestellt vor dem imposanten Eingangsportal.

»Hast du eigentlich gewusst, dass Porsche eine ziemliche Herausforderung ist fürs Reimen? Gibt kaum Wörter, die dazu passen.«

»Hab ich mir noch nie überlegt!«, musste Mayer gestehen.

»Georg Danzer ist es gelungen, einen Reim darauf zu schmieden, eine Meisterleistung deutschsprachiger Lyrik der Gegenwart. Willst du ihn hören?«

»Sicher!« Was für ein Tag! Die Leute logen mehr, als auf eine Kuhhaut ging. Aber diese Lügen hielten das Kommunikationswerkel am Laufen, wie das Öl die Maschinen.

»I waß, du host jetzt an Freind mit an Porsche.

Sog eam doch, er soi in Oasch geh'. Genial: Porsche – Oasch geh'! Er hätte den Nobelpreis verdient!«

Interessant, dass Buchinger schon wieder zum Scherzen aufgelegt war. Er war in das Auto gestiegen, hatte Mayer kurz begrüßt und in Sekundenschnelle den vertrauten Geruch des Dienstwagens wahrgenommen. Dann das Blaulicht in den Scheibenwischerhalterungen reflektieren gesehen und schließlich – Musik in seinen Ohren! – das Folgetonhorn, wenn irgendein schwerhöriger und reaktionsschwacher Pensionist nicht von der Kreuzung wegkam. Während Mayer seiner Leidenschaft frönte – racing games in echten Autos! –, setzte er Buchinger ins Bild, was man bisher wusste: Vor wenigen Minuten war ein anonymer Telefonanruf eingegangen. Eine Frau berichtete, dass sie durch ein Fenster der Baumgartner-Villa gespäht und dabei eine am Boden liegende Person gesehen habe. Reglos, also mindestens bewusstlos, wenn nicht tot. Ob es sich bei dem leblosen Körper um einen Mann oder eine Frau gehandelt habe, könne sie nicht sicher sagen, das habe sie nicht erkennen können. Die Frau habe sehr schnell wieder aufgelegt, mittlerweile habe Mayer über sein Headset aber die Information erhalten, dass die Anruferin eine Nachbarin der Baumgartners gewesen sei. Ein Kollege am Polizeikommando halte einstweilen mit ihr telefonischen Kontakt und befrage sie zu allen Details. Warum man nicht Buchinger informiert habe? Der sei ja eigentlich noch suspendiert bzw. beurlaubt und nehme an den Ermittlungen bestenfalls als Privatperson teil. Wahrscheinlich wäre es klug, überhaupt zu verschweigen, dass er sich an den Ermittlungen beteilige.

Nach diesem kurzen Bericht Mayers wurde es beängstigend still im Wagen. Es war klar, dass die beiden mit ziemlich verstörenden Gedanken zu kämpfen hatten. Vor allem Buchinger, der sich zum zweiten Mal innerhalb weniger Wochen am Abgrund seines Selbstverständnisses als Kriminalist sah. Die Möglichkeiten, was geschehen sein konnte, waren durchaus überschaubar.

Die wahrscheinlichste Variante sah so aus, dass der leblose Körper zu einer Frau gehörte, nämlich zu Frau Baumgartner. Ihren Mann aus der Untersuchungshaft entlassen zu haben wäre in diesem Fall der Supergau der Fehlentscheidungen. Er kommt nach Hause, streitet mit seiner Frau und tötet sie. Er rächt sich damit nicht nur an Pointner, sondern auch an seiner Frau für die ungeheure Frechheit, dass dem grandiosen Schauspieler Clemens Baumgartner die Hörner aufgesetzt worden waren. Wahrscheinlich hatte sich der Mord bereits gestern Nachmittag oder Abend ereignet, inzwischen ist er längst über alle Berge. Dass der Mord an Pointner so offenkundig keiner sein konnte, war Teil einer perfekten Inszenierung. Und Buchinger war auf diese Inszenierung reingefallen. So wie man es sich vom aufmerksamen Publikum in der ersten Reihe eines Provinztheaters erwarten konnte. Baumgartner muss damit gerechnet haben, dass niemand die Hypothese vertreten würde, er habe tatsächlich einen Mord vor den Augen der Öffentlichkeit verübt, plump und stümperhaft, ein Spielball plötzlich aufwallender Emotionen. Blieb nur ein Rätsel: Warum tarnt er den Mord an Pointner so perfekt als unmöglichen Mord und begeht danach eine Tat, die an Primitivität ihresgleichen sucht? Wie auch immer: Der einzig große Verlierer bei dieser Variante wäre ausschließlich Buchinger, der die Rolle des Schauspielers Baumgartner überzeugend gefunden hatte.

Oder: Nicht Baumgartner war der Täter, sondern jemand, den man bisher gar nicht im Visier hatte. Und der arme Baumgartner wäre eventuell das dritte Mal innerhalb eines halben Jahres mehr oder weniger zufällig an einem Ort, wo jemand stirbt. Was für ein Leben! Wo auch immer er hinkommt, die

Leute sterben! Er sollte nicht Schauspieler sein, sondern Popsänger. Der nicht mehr dosierte Schmerz ist sein ständiger Begleiter. Und Buchinger hatte ihn, das multiple Opfer, nicht schützen können, weil er die Zusammenhänge so lange nicht verstanden hatte.

Und wenn die Leiche Baumgartner selbst wäre? Wie in Wolfgang Ambros' Ballade über die lynchwütige Wiener Seele, »Da Hofa«? Wen hätten sie dann übersehen? Wäre der Mörder Baumgartners auch der von Pointner? Und vielleicht sogar der von Maria Pointner? Und alle Erzählungen dazu, die »schwarzen Hefte«, nichts anderes als Phantasmagorien?

Buchinger wurde übel. Seine Sicht der Dinge war zwar widerspruchsfrei und plausibel, aber höchstwahrscheinlich dennoch falsch. »Wenn Stottan davon erfährt, dann bin ich geliefert!«, sagte er zum Ende der Stille im Wagen.

»Sie weiß es schon. Sie weiß alles.«

»Und? Was sagt sie?«

»Sie sagt nichts. Immerhin hat sie die Entscheidung mitgetragen, dass deine Sicht der Dinge den Fall Baumgartner klärt.«

Wieder schwiegen sie.

»Rein logisch betrachtet«, begann Buchinger wieder das Gespräch, während Mayer mit knapp 100 km/h durch einen Kreisverkehr raste, »könnte der Tote auch weder Baumgartner noch seine Frau sein.«

»Der Gärtner?«

»Ja, wieso nicht?«

»Bitte!«

Jetzt sagte Mayer schon »Bitte!«, so wie er. Offenbar gefiel ihm diese Formulierung. »Chef, normalerweise erklärst du mir, dass man keine Ausflüchte suchen soll, wenn sich ein Dilemma in aller Härte stellt. Wir haben jetzt nur die plausiblen Varianten kurz durchbesprochen. Außerdem sind wir gleich da und werden sofort wissen, wer der oder die Tote ist. Und sind auf die tatsächliche Variante der Sichtweise vorbereitet.«

Dann sahen sie den Porsche. Und zu diesem Zeitpunkt hatte Buchinger seinen Witz wiedergefunden und erzählte von der genialen Textzeile Georg Danzers. »Tolles Lied übrigens!«, ergänzte er noch. Sie sprangen aus dem Wagen, Buchinger naturgemäß vorsichtiger als Mayer, immerhin konnte er weder auf dessen Jugend noch auf intensive Trainingseinheiten mit »Fit ohne Geräte« zurückgreifen. Mayer hatte sich noch einen Schlüsselsatz und ein klassisches Brecheisen gekrallt: Er war noch nie eingebrochen, außer in der Polizeischule natürlich. Und freute sich darauf.

So ist es mit Erwartungen, mit vermuteten Sicherheiten: Die Enttäuschung kann sehr groß sein. Erstens war die Terrassentüre offen und Mayer würde noch länger warten müssen, bis er endlich seinen ersten Einbruch von Amts wegen durchführen durfte. Zweitens war an der Stelle, die von der Nachbarin beschrieben worden war, zwar ein kleiner verschmierter Blutfleck am Boden zu sehen, aber keine Leiche. Der beschriebene Ort war das Wohnzimmer, hier sollte die oder der Tote neben dem Wohnzimmertisch liegen. Der Tisch war da, nur die Leiche fehlte. Oder sie war nie da gewesen. Und sie hätten es wieder einmal mit einer ganz normalen Wahnsinnigen zu tun, die sich als Zeugin aufspielen wollte, die schon am Vormittag alkoholisiert war, die sich nichts sehnlicher wünschte als das Unglück der Nachbarn, die sich als wichtigste Auskunftsperson im Kriminalfall des Jahrhunderts aufspielen wollte und an jeder Ecke Jack the Ripper sah, weil sie von der Kronen-Zeitung in permanente Angststarre versetzt worden war.

»Schick uns die Nachbarin ins Haus, sofort!«, brüllte der sonst äußerst ruhige Mayer in sein Handy. Er wies den Kollegen am anderen Ende der Leitung weiters an, unverzüglich die

Spurensicherung zu schicken, falls dies noch nicht veranlasst worden war.

»Und die Hundestaffel!«, schrie Buchinger.

»Und die Hunde!«, schrie Mayer.

»Was machen wir jetzt?«, fragte er. Aber sein Chef sah inzwischen nicht mehr danach aus, als ob er irgendeine Frage beantworten könnte. Er war in ein Bild vertieft, das hier hing. Es war in roten und gelben Tönen gehalten; links vorne saß eine Frau mit entblößtem Busen, sie betrachtete die Büste eines Mannes, die groteskerweise in Schwarz und Weiß gehalten war. Und Buchinger stand starr vor dem Bild und betrachtete wahrscheinlich den Busen, wie Mayer vermutete. Unfassbar! Da wird man zu einer Leiche gerufen, die gar nicht da ist, das ganze Theoriekonstrukt zum Fall Baumgartner droht zusammenzubrechen und Buchinger steht da wie eine Statue und starrt einer Frau auf die Brustwarze!

»Was machen wir?«

»Mayer, du wiederholst dich.«

»Du kannst doch hier und jetzt nicht anfangen, Malerei zu studieren oder die Brust einer Frau!« Irgendwie reizte einen dieser Mann. Irgendwie konnte Mayer, während er seinen Chef anschrie, erstmals verstehen, warum Stottan immer kochte, wenn sie mit Buchinger zu tun hatte.

»Ich hab das Bild schon mal gesehen«, antwortete Buchinger ruhig. Er deutete auf das große Gemälde neben dem quaderförmigen Kachelofen, der – und das zeugte vom guten Geschmack der Hausbewohner – frei war von all dem sonst üblichen »dekorativen« Zeug der Kleinbürger: kleine Sträußchen, Fotos von irgendwelchen lächelnden Kindern und Schneiberl aus Lourdes oder Pisa.

»Na klar, wir waren vor ein paar Wochen hier. Man hat das Bild vom Wintergarten aus sehen können!«

»Ich weiß, ich bin ja nicht blöd. Ich meine nur: Das Bild, das ich damals gesehen habe, war ein anderes und doch dasselbe.«

Mayer machte eine wegwerfende Handbewegung in Richtung Buchinger. Später würde er hoffen, dass dieser sie nie gesehen habe.

»Schau mal hier!« Er deutete mit der Hand auf die zwei schwarz-weiß gekleideten Nonnen in der Bildmitte. »Zwei Klosterschwestern, die in die Richtung des Betrachters schauen, also in unsere.«

Während Mayer sich diesen Blödsinn anhören musste, stieg seine Hochachtung vor Buchinger wieder. Irgendwie cool, wenn du dich brutal irrst und trotzdem bei deiner wahrscheinlich letzten Amtshandlung oder Quasi-Amtshandlung nichts anderes im Sinn hast als einen Vortrag über Kunstbetrachtung!

»Wenn du die Augen zukneifst, verwandeln sich die zwei Himmelhennen zu einer Büste, zu der Büste eines Mannes, ebenfalls in Schwarz-Weiß. Genial! Man kann in einem Bild zwei Bilder sehen. Nein, nicht zwei Bilder, sondern zwei ganz unterschiedliche Geschichten, unterschiedliche Erzählungen. Die miteinander nichts oder fast nichts zu tun haben. Nur die Brustwarze bleibt. Die ist eine Universalie. Die Schönheit. Die Schönheit der Frau.«

Mayer trat näher an das Bild heran, kniff die Augen zu.

»Genauso verhält es sich mit dem Fall Baumgartner. Mindestens zwei Lesarten von einer einzigen Geschichte. Die Eckpunkte bleiben immer gleich. Aber ihre Bedeutung ist immer eine andere, abhängig von der Geschichte, die erzählt wird. Und wir haben keine Beweise dafür, ob die eine oder die andere Geschichte richtig ist. Momentan haben wir ja nicht einmal eine Leiche.«

Buchinger hatte offensichtlich zu seinem Humor zurückgefunden. Mayer stand leicht vornübergebeugt vor dem Bild, kniff die Augen zu und öffnete sie wieder. So wie noch vor wenigen Augenblicken Buchinger.

»Komm, mein Junge!«, sagte Buchinger. »Lass die Brustwarze in Ruh! Wir haben Besuch.«

»Dali«, las Mayer am rechten unteren Bildrand, »Salvador Dali.«

»Sie sind …?«, fragte Buchinger eine Frau, die eben an das Fenster geklopft hatte. Klein, blonde Dauerwelle, gerötete Gesichtsfarbe, quirlig, etwa dreißig Jahre alt.

Als sie allem Anschein nach ihren Namen nannte, ging dies im Lärm der quietschenden Reifen unter: Die Spurensicherung war gekommen, bis zum Eintreffen der Hundestaffel würde es noch dauern. Jedenfalls sprachen die zur Artikulation geformten Lippen dafür.

Sie war die Nachbarin, die den Toten oder die Tote oder gar nichts gefunden hatte, das war klar. Der Name spielte keine Rolle, Mayer würde ihn schon irgendwann aufnehmen. Wenn das, was sie zu berichten hatte, wahr wäre, dann hatten sie andere Probleme als die Geburtsdaten einer Zeugin. Ob Stottan das ähnlich sehen würde?

»Was haben Sie gesehen?«

»Einen Toten.«

»Mann oder Frau?«

»Ich denke, es war ein Mann.«

»Wie kommen Sie darauf?«

»Sah irgendwie männlich aus, die Hose, die Schuhe, der Brustkorb.«

»Schuhe oder Schlapfen?«

»Sie haben Recht, es waren Schlapfen.«

»Ich habe nicht gesagt, dass es Schlapfen waren. Busen? Haben Sie einen Busen gesehen?«

»Nein, hab ich nicht.«

»Trinken Sie? Hauchen Sie mich an!«

»Was fällt Ihnen ein? Ich komme hierher, weil ich einen Todesfall melden will, und dann …«

»Was für einen Todesfall? Hier ist keine Leiche!«

Buchinger deutet in die Richtung des Tisches im Wohnzimmer. Die Frau ohne Namen sagte wortreich nichts.

»Mayer, übernimm du bitte!«

Buchinger wandte sich ab, hatte genug von frustrierten Hausfrauen, die schon am Vormittag einen gegen die Sinnlosigkeit hoben, während sie sich eine Radiosendung über den Sinn des Lebens oder das Düngen von Balkonpflanzen anhörten.

»Ich werde mich über Sie beschweren!«

Wär ja nicht das erste Mal, dass mich so eine störrische Kuh verklagt, dachte Buchinger.

Irgendwie nachvollziehbar, die Aggression Buchingers, dachte Mayer. Immerhin stand sehr viel auf dem Spiel für ihn, für seine Reputation als Kriminalist.

Buchinger dirigierte ein paar Beamte, die inzwischen eingetroffen waren, auf Erkundung in die Umgebung. Vielleicht würden sie ja eine Leiche finden. Eventuell auch eine Waffe, vielleicht aber war die Maßnahme einfach nur dafür gut, Ruhe fürs Nachdenken zu gewinnen. Jedenfalls wunderte sich niemand darüber, dass ein eigentlich Beurlaubter Befehle erteilte. So brav sind die Österreicher!

Mayer hingegen nahm die Aussagen der Nachbarin zu Protokoll. »Nachbarin« war als Bezeichnung etwas ungenau, immerhin wohnte sie einen Kilometer weg. Wann sie die Leiche entdeckt habe?

»Um neun.«

»Sie haben erst um zehn angerufen. Was haben Sie in dieser Stunde getan?«

»Ich bin nach Hause gelaufen, weil ich kein Handy mithatte.

Und dann hab ich es nicht gefunden. Ich war total panisch. Da merkt man erst, wie man abhängig ist vom Handy. Ich habe bei den Nachbarn angeläutet, aber da war niemand zuhause. Ich bin zurück in unser Haus, dann hab ich's endlich gefunden. Am Klo. Ich hab sofort die Polizei angerufen.«

»Warum waren Sie beim Haus der Familie Baumgartner?«

»Angie und ich sind Kolleginnen.«

»Wo genau ist der Mensch gelegen?«

»Dort drüben, beim Wohnzimmertisch.«

»Schauen Sie öfter mal vorbei? Ich meine hier, beim Haus von Clemens Baumgartner?«

»Ja, wie gesagt, wir sind Kolleginnen. Wir gehen ab und zu mal gemeinsam walken. Aber heute wird sie wohl schon drüben sein, in der Sauna.«

»Wo drüben?«

»In Bad Schallerbach. Sie hat eine Jahreskarte.«

»Haben Sie schon versucht, Frau Baumgartner über das Handy zu erreichen?«

»Ja, mehrmals. Sie hebt nicht ab.«

»Kein gutes Zeichen.«

»Das ist ganz normal bei ihr. Sie hat zwar ein Handy, lebt aber im ständigen Kampf mit ihm. Sie lädt es nicht auf. Oder lässt es irgendwo liegen.«

»Probieren Sie es bitte noch einmal.«

Sie tippte nervös auf ihrem Handy herum. Da nützte selbst die Anwesenheit des charmanten und jungen Polizisten Mayer nichts. Wenn der Tod im Spiel war und wenn die Kriminalkommissare ermittelten wie im Fernsehen, waren die Leute ganz einfach nervös. Konnten nicht mehr richtig sprechen und zitterten wie verrückt, weil sie Angst hatten, dass man sie ins Gefängnis steckte.

»Meldet sich nicht.«

»Ok, bitte warten Sie hier!« Mit diesen Worten verließ Mayer die Nachbarin – und setzte das Gespräch mit ihr übrigens nie wieder fort. Die Frau, eine brave Staatsbürgerin, hätte auch eine Stunde lang geduldig gewartet, weil sie als Lehrerin gewöhnt war, Befehlen zu gehorchen, und mögen sie noch so dumm erscheinen.

Mayer fand Buchinger in Gedanken versunken am Tisch stehend, wo angeblich der oder die Tote gelegen hat. »Selbst wenn wir unterschiedliche Erzählungen erfinden zu den Fakten, bleiben doch die Fakten selbst. Man kann nicht annehmen, dass hier kein Tisch ist. Oder: Man kann es schon annehmen und in seine Richtung gehen und wenn man sich an der Tischplatte verletzt, weiß man, dass man in der Realität angelangt ist.«

»Chef!«

»Mit dem Bild ist es genauso: Natürlich gibt es unterschiedliche Sichtweisen. Wir haben inzwischen zwei entdeckt. Wer sagt denn, dass es nicht drei oder mehr sind? Aber eines bleibt unbestritten: Der Rahmen begrenzt dieses Ding, es ist ein Bild. Wer der Frau auf den Busen greifen will, ist ein Idiot, der nicht einmal das Einfachste verstanden hat. Also, im Klartext: Wo wir uns die Nase anhauen, dort ist die Wirklichkeit.«

»Chef. Apropos Nase! Ich glaube, ich habe eine Idee, wo wir Frau Baumgartner finden könnten.« Dass er »Apropos Nase!« gesagt hatte, entbehrte jeder Bedeutung. Er wollte lediglich Aufmerksamkeit – ein Unterfangen, das, wenn es um Buchinger ging, nicht sehr häufig von Erfolg gekrönt war.

»Schau dir mal den Stein an, der auf dem Tisch liegt. Passt überhaupt nicht in dieses Haus. Hier ist alles straight und zeugt von einem elaborierten Geschmack. Der Bergkristall auf dem Wohnzimmertisch ist so stimmig wie ein Wünschelrutengänger am Psychologie-Institut.«

»Sie könnte in Schallerbach sein, in der Saunawelt.«

»An einem Vormittag? Ist sie Lehrerin?«

»Natürlich, das wissen wir ja schon seit Wochen. Außerdem sind gerade Ferien.«

Ein Beamter stürmte ins Wohnzimmer. »Mayer, wir haben einen Toten gefunden!«

Die Nachbarin kippte um. Buchinger registrierte das mit Wohlwollen: Eine ohnmächtige Lehrerin hatte einen immensen Sympathievorsprung gegenüber einer wachen. Sie konnte nicht reden. Mayer vergewisserte sich mit professionellem Abtasten der Halsschlagader, dass nichts Schlimmes passiert war. Dann lief er Buchinger und dem Beamten nach. Der Weg führte zu einem Gartenhäuschen, das jeder Österreicher mit durchschnittlichem Monatseinkommen gerne als Hauptwohnsitz gehabt hätte. Keine zwanzig Meter vom Haus entfernt. Die Tür stand offen.

Buchinger schrie: »Keiner rührt was an! Keiner betritt den Raum! Sperrt hier ab! Die Leute von der Spurensicherung sollen sofort herkommen!«

Durch die Tür sah man einen Mann, den Betrachtern zugewandt in einem Liegestuhl sitzend. Das Kinn auf die Brust gesunken. Die Beine ausgestreckt, die Hände am Bauch überkreuzt. Auf den Absätzen seiner Schuhe klebte Erde. So ist das nun mal mit der Zuverlässigkeit von Zeugenaussagen! Von wegen Schlapfen! Höchstwahrscheinlich war der Tote über den Rasen hierhergezogen worden. Die Augen waren geschlossen, Gott sei Dank, sonst wäre sicher noch jemand kollabiert. Sah irgendwie cool aus, wie er da lungerte, so wie einer von den bösen Jungs vom Intro zu *Spiel mir das Lied vom Tod*. Entspannt, unrasiert, frecher Schnauzbart, unendliche Langeweile und Müdigkeit: aber leider tot, unleugbar.

»Baumgartner!«

»Baumgartner!«

»Der Baumgartner!«

»Nun wissen wir also das auch!«, meinte Buchinger. »Mayer, komm, wir müssen in die Sauna, sofort!«

Er hatte es also mitbekommen! Er hatte tatsächlich zugehört!

Mayer erteilte einige Befehle, vor allem die Spurensicherung betreffend und die Betreuung der ohnmächtigen Zeugin. Ältere Kollegen murrten. Sie nahmen Befehle offensichtlich lieber von einer alten, aber für den Fall offiziell gar nicht zuständigen Privatperson entgegen als von einem kompetenten, aber jungen Kollegen. So ist das nun mal mit den Generationen.

Die Dame an der Kassa des Wellness-Paradieses wollte den Polizisten den Eintritt verwehren.

»Macht 34,50! Außerdem können Sie nicht mit Straßenschuhen da rein!«

»Wir ermitteln in einem Mordfall. Da geht's um Leben und Tod, wie schon der Begriff verrät!«

»Und ich hab Vorschriften, die muss ich beachten. Dafür werde ich bezahlt. Das ist die Kassa – hier wird kassiert, wie schon der Begriff verrät.«

Mayer steckte seinen Polizeiausweis wieder ein.

»Außerdem habe ich nur einen Ausweis gesehen.« An Buchinger gewandt meinte sie: »Sie haben wahrscheinlich gar keinen, als Pensionist. Sie kriegen dafür aber Seniorenermäßigung.«

Mayer war heilfroh zu sehen, dass Buchinger nicht handgreiflich zu werden drohte.

»Störrische Kuh!«, zischelte Buchinger, drehte sich mit einer Handbewegung weg, die ihm höchstwahrscheinlich eine Dienstaufsichtsbeschwerde einbringen würde, und sprang eleganter, als Mayer ihm zugetraut hätte, über die Absperrung. Der junge Polizist hinterher.

Was nun folgte, war ein mühsamer Orientierungslauf unter

erschwerten Bedingungen. Die Jagd führte sie durch diverse Themenwelten, von Piraten über die Karibik in die Bergwelt der Alpen, alle gleichermaßen überheizt, zumindest aus der Perspektive von Ermittlungsbeamten in voller Montur. Ein Abenteuerspielplatz für Erwachsene, die partout nicht erwachsen werden wollten. Da treffen in dem verschlafenen Örtchen Bad Schallerbach zig Kulissen aufeinander und die Inszenierung wirkt sogar: Auf der Karibik-Bühne bekommen die Gäste Lust auf Cocktails mit Schirmchen und in der alpinen Scheinwelt serviert ein Mann in Lederhose Most. Warum eigentlich Most? Der hat mit den Alpen doch so viel zu tun wie eine Kardinalschnitte mit kirchlichen Würdenträgern. Noch während er um Atem rang, obwohl er schon ein Jahr lang nicht rauchte, nahm sich Buchinger vor, sich irgendwann einmal über dieses Phänomen zu informieren. Dass wir in einer Zeit leben, in der die Inszenierung so perfekt funktioniert, während draußen die Welt vor die Hunde geht, musste doch schon irgendwo beschrieben worden sein. Dafür musste es ja irgendeinen Namen geben!

Viel Zeit zum Nachdenken hatte Buchinger nicht. Einmal versuchte ein Bademeister sie aufzuhalten, ein andermal kamen sie kaum an einer Gruppe Kinder vorbei, die sofort zu johlen und kreischen begann, als sie die vollständig bekleideten Männer sahen. Mayer wäre beinahe in ein Becken gestürzt, als er auf dem nassen Fliesenboden ausrutschte. Als er sich wieder aufrappelte, hatte das Wasser bereits eine andere Farbe angenommen. Wie unglaublich kreativ!

»Weiter!«, keuchte Buchinger.

»Alles klar, geht schon, danke!«, antwortete Mayer, dem die einfühlsame Art Buchingers nicht entgangen war.

In der Saunawelt schließlich, ganz in Holz und urigem Steindesign gehalten, insgesamt noch echter alpin als die gesamte Ramsau, kam zur erschwerenden Bedingung Hitze noch unerträgliche Musik dazu. Beides nicht wirklich förderlich für cooles Verhalten. Aus den Boxen über Latschenornamenten tropfte Sound wie in den Sexfilmen der Siebzigerjahre: nervtötendes Gesäusel, das schwitzenden Kurgästen den Eindruck vermitteln sollte, als säßen sie in einer Raumkapsel und meditierten zum Erdenklang in G-Dur. Esoterisches Gedudel, das einem Liebhaber der Barockmusik das Gehirn förmlich aus dem Schädel schraubte. Wie tief musste man in seinen Ansprüchen gesunken sein, wenn man sich diese Kakophonie als Entspannungsmusik andrehen ließ, die einen unaufhörlich daran erinnerte, dass der Mensch ein Lebewesen ist, das aufs Klo gehen muss!

Die beiden wechselten sich ab. Jeweils einer von ihnen öffnete abrupt eine Tür zu einer der verschiedenen Saunen und rief Baumgartners Namen. Heiße, zum Teil dampfende Luft schlug ihnen entgegen, und wenn sie nicht gerade in einen Aufguss platzten, konnten sie auch sehen, dass hier statt der in den Prospekten angekündigten jungen Schönheiten ein ganz anderes Publikum vor sich hin schwitzte.

»Frau Baumgartner? Ist eine Frau Baumgartner unter den Anwesenden?«, rief Buchinger in die Luis-Trenker-Sauna.

Mayer, der hinter ihm stand, krallte sich eines der gebrauchten Liegetücher aus einem urigen Flechtkorb, wahrscheinlich direkt von einer Alm, und wischte Stirn und Nacken trocken. So gut das halt ging mit einem gebrauchten Handtuch.

Buchinger wollte gerade die Tür wieder schließen, als er eine Antwort aus dem Dunkel der Sauna vernahm: »Sie schon wieder!«

»Frau Baumgartner? Darf ich Sie bitten, kurz heraus zu kommen?«, keuchte Buchinger mehr als er fragte.

»Ich denke, Sie sind suspendiert.« Man musste nicht Psychologie studiert haben, um den schnippischen Unterton zu hören.

»Ich bitte Sie: Es ist ein Notfall!«

»Was Sie sagen, interessiert mich nicht!« Man hörte sie kurz vor Verachtung schnauben. »Auch wenn es Sie waren, die Clemens aus dem Gefängnis rausgeholt haben. War ja eine Zumutung ohnegleichen!«

Dass er ihren Mann aus der U-Haft befreit und von allen Vorwürfen reingewaschen hatte? Das war eine Zumutung?

Immerhin stellte sie diesmal nicht dauernd Fragen, das war schon ein ziemlicher Fortschritt seit ihrer letzten Begegnung. »Mayer, kannst du bitte Frau Baumgartner auffordern, zu uns zu kommen und mit uns zu sprechen?«

Buchinger kochte vor Wut, hatte sich aber unter Kontrolle.

»Frau Baumgartner, bitte!« Mehr brauchte Mayer nicht zu sagen, schon wurde seinem Wunsch entsprochen.

Die drei betraten eine Terrasse, die kühle Luft würde ihnen guttun. Buchinger und Mayer öffneten ihre Hemden bis zum Anschlag, Frau Baumgartner hüllte sich fröstelnd in ein überdimensioniertes Badetuch mit kleinen Toreros in Action-Pose drauf.

»Mayer, mach du das bitte! Und vergiss nicht: Nachricht und Alibi!« Im nächsten Augenblick war Buchinger schon nicht mehr da.

Mayer sah ihn noch das Handy zücken, dann verschwand er endgültig aus seinem Gesichtsfeld. Schön, wenn erfahrene Kriminalisten wie Buchinger einen jungen Kollegen wie Mayer mit einer höchst elliptischen Aussage allein ließen. Deren Interpretation oblag einzig Mayer.

Erstens musste sie wohl besagen, dass Frau Anna aka Angelina Baumgartner vom tragischen Ableben ihres erst unlängst aus der Untersuchungshaft entlassenen Mannes informiert werden sollte. Für den Fall, dass sie bloß Hinterbliebene war. Zweitens sollte ihr Alibi abgefragt werden. Für den Fall, dass sie dringend des Mordes an Clemens Baumgartner verdächtig war. Das

Problem bestand nun darin, zwischen Erstens und Zweitens zu unterscheiden.

Buchinger war schon weg. Er schrie ins Telefon: »Wir suchen nach einer Statue, etwa fünfzig Zentimeter hoch, eine Nachbildung von Michelangelos *David*! Das könnte die Tatwaffe sein! Nein, nicht Michelangelos Archiv, D-A-V-I-D!« Das österreichische Schulsystem war wirklich am Boden, da half das ganze Reformieren während der letzten dreißig Jahre nichts!

Dass der Kachelofen leer war, war ihm aufgefallen. Allerdings erst, als er die kleinen Toreros auf Baumgartners Badetuch erblickte. Da gab es eine Ähnlichkeit, was das Heroische in ihren Haltungen betraf. Der Außenseiter David vor seinem Kampf mit Goliath, der Torero während des widerlichen Infights mit einem Wiederkäuer. Der Ofen war leer. Damals, vor einer Ewigkeit, war eine Nachbildung der berühmtesten Statue von Michelangelo auf dem Kachelofen gestanden und Buchinger hatte sich über die Banalisierung der edelsten Werke der Kunst echauffiert. Und nun gab es gar keinen Grund mehr für Aufregung, die Statue war einfach weg. Clemens Baumgartners Schädel wies auf der linken Seite ein deutlich sichtbares Hämatom auf, Eintritt des Todes aufgrund der Einwirkung eines stumpfen Gegenstands war die wahrscheinlichste Tatrekonstruktion durch die Rechtsmediziner. Die Statue fehlte, da brauchte man sich die Sache nur zusammenreimen.

Als Buchinger auf die Terrasse zurückkam, war alles entschieden. Angelina Baumgartner war auf einer Liege zusammengebrochen und schrie ihren Schmerz in die Welt hinaus. Wenn sie im Schauspiel nicht ebenso hochbegabt war wie ihr Mann, dann kam sie als Täterin nicht in Frage. Umso verständlicher ihr Schmerz: Das fröhliche vierblättrige Beziehungs-Kleeblatt präsentierte sich einigermaßen zerrupft, sie war die einzige Überlebende. Wie schnell sich doch die Dinge änderten! Da lebten gutsituierte Bürger das sorglose Leben privilegierter Genussmenschen und erwachten eines Tages in einer Hölle aus Tod, Schuld, Verrat und Einsamkeit.

»Mayer, komm! Hier können wir nichts mehr tun. Ruf die Kollegen an, sie sollen die Nachbarin hierherfahren, sie soll sich um Frau Baumgartner kümmern! Ich glaube, ich weiß, wer der Mörder ist.«

»Was heißt schon *wissen?*«, wollte Mayer beinahe fragen, verkniff sich aber die kleine Bosheit. Er hatte tatsächlich keine Ahnung, wie man beim gegenwärtigen Stand der Dinge wissen konnte, wer der Täter war.

»Auf dem Wohnzimmertisch im Haus der Baumgartners lag doch ein Stein. Dieser Stein – ich vermute, es war ein Bergkristall – passt überhaupt nicht in das Haus zweier agnostischer oder eher atheistischer Vernunftapologeten. Natürlich passt er nicht in ihr Heim, er gehört nämlich gar nicht dort hin! Der Stein ist eine Botschaft des Mörders.«

Da schien Buchinger die ganze Zeit zu schlafen und abwechselnd unangemessen aggressiv zu sein – und dann platzten innerhalb von zwei Minuten zwei Überlegungen aus ihm, die vielleicht den Fall aufklären würden!

»Schau doch mal nach, wofür in der Welt der Esoteriker ein Bergkristall gut ist!«, befahl Buchinger, während die beiden über die Spielwiese für »Erwachsene«, also das Freigelände des Thermal- und Themenbads, zurück zu ihrem Auto liefen.

»Harmonie!«, keuchte Mayer, beständig auf sein Handy blickend. »Bergkristall sorgt für Harmonie im Umfeld, er führt zu Bewusstseinserhöhung und kann sogar für das Aufladen anderer Heilsteine verwendet werden. Linksdrehende Kristalle entsprechen dem weiblichen Prinzip, dem Ying. Generell gilt, dass die größte Wirkung zu erwarten ist, wenn Männer Steine des weiblichen Prinzips auf sich wirken lassen und umgekehrt

Frauen Steine des Yang-Prinzips, also männliche, also rechtsdrehende.«

»Mir wird schlecht.«

»Was ist los?«

»Steine sind doch einige Milliarden Jahre alt. Man könnte auch sagen: Sie sind Milliarden von Jahren tot. Sie können nur dann eine Wirkung haben, wenn sie sich im Umgebungsmilieu auflösen wie Salz oder wenn sie magnetisch sind. Alles andere ist Wahnsinn. Die Menschheit ist blöd, sie glaubt einfach alles. Bewusstseinserhöhung! Ich muss lachen.« Buchinger sah nicht danach aus.

Sie fuhren zurück nach Wallern, zum Tatort. Für weitere Gedanken über die wunderbare Welt der Steine blieb keine Zeit. Buchinger telefonierte hektisch, zuerst mit dem Präsidium – er war auf der Suche nach irgendeiner Telefonnummer, das Büro sollte ihm die Rechercheergebnisse übermitteln. Schließlich war es so weit und er versuchte, mit der gewünschten Person Kontakt aufzunehmen.

»Jetzt wird's interessant!«

# Kapitel 16
# Kirche

Niemand meldete sich. Buchinger stellte eine Verbindung des Handys mit der Freisprechanlage her, sodass Mayer gegebenenfalls mithören konnte. Wenige Sekunden später erfolgte der Rückruf.

»Buchinger, Polizeikommissariat Wels.« So eröffnete er das Gespräch.

»Wer spricht?«

»Buchinger, Polizeikommissariat Wels.« Er war nicht überrascht. Wenn seine Informationen stimmten, dann hatte er es mit einer langsamen Person zu tun.

»Jaaa? Was gibt's?«

»Spreche ich mit Herrn Engel?«

»Ja. Am Apparat.« Mayer warf Buchinger einen raschen Blick zu. Wer sagte heute denn noch »Am Apparat«?

»Wo befinden Sie sich gerade?«

»In Bad Schallerbach, im Café Tijuana. Warum?« Gab's in Schallerbach eigentlich auch irgendwas Österreichisches? Die schienen das Konzept der Themenwelten ja ziemlich ernst zu nehmen. Wahrscheinlich hieß der Hügel nebenan Olymp, Wohnsitz der Götter, und das Zentrum des Kaffs war höchstwahrscheinlich Montmartre, die Erlebniswelt für Künstler.

»Das ist interessant. Wir sind ganz in Ihrer Nähe. Was machen Sie in Schallerbach?«

»Ich warte auf meine Frau. Wieso? Haben eine Radtour gemacht. Wir haben uns hier verabredet. Aber sie hat schon über eine Stunde Verspätung. Und kein Handy.«

Buchinger deutete Mayer, er solle stehen bleiben. Er hatte

nicht die leiseste Ahnung, in welche Richtung und wohin sie fahren sollten.

»Warum haben Sie sich getrennt?«

»Sie wollte noch kurz bei einer Freundin vorbeischauen, mir war das recht, ich wollte eh noch über ein paar Hügel in der Umgebung fahren.«

»Seit wann sind Sie unterwegs?«

»Seit acht Uhr etwa. Wird ja sonst zu heiß bei Radtouren. Wir sind von Wels gestartet.«

Mayer zog die Schultern hoch. War das der Mörder? Der Mann, mit dem Buchinger gerade telefonierte? Wer war der Kerl?

»Sie bleiben bitte in Ihrem mexikanischen Café. Wir schicken einen Streifenwagen vorbei und nehmen Ihre Aussage auf. Wenn Ihre Frau auftauchen sollte, rufen Sie mich sofort an.«

»Mache ich. Worum geht's eigentlich?«

»Das sagen Ihnen die Kollegen. Eine Frage noch: Das Fahrrad Ihrer Frau – wie sieht es aus?«

»Es ist ein E-Bike, Sonderanfertigung, mit speziellen Farben: Blau, die Farbe der Ruhe, der Entspannung und der Unendlichkeit, Grün steht für Ausgeglichenheit und Frieden. Schön ist diese Kombination nicht, aber die Wirkung ist phänomenal.«

»Der arme Mann!«, sagte Buchinger nach dem Telefonat. »So viel Blödsinn! Er wird noch viele Steine und beruhigende Farben brauchen. Am Ende dieses Tages wird seine Welt eine andere sein.«

Mayer startete den Wagen. »Wo fahren wir hin?«

»Am liebsten in die Ramsau. Oder nach Stadl-Paura. Aber das geht jetzt leider nicht. Also cruisen wir bitte aufmerksam durch die Gegend. Vor allem durch Wallern. Ich hab da so eine Ahnung.«

»Nämlich?«

»Ich trau mich nicht zu antworten. Könnte totaler Blödsinn sein, was mir gerade durch den Kopf geht. Der Geheimprotestantismus spielt eine Rolle und was das Wesen der Esoterik ist.«

»Und? Was ist das Wesen der Esoterik?«

»Sie stillt das Bedürfnis der Menschen nach mehr zwischen Himmel und Erde. Und gleichzeitig hilft sie, nicht an Götter glauben zu müssen. Das hat sie paradoxerweise mit der Technik gemein: Die Vergewisserung, dass die Technik am Werk ist, schützt uns davor, ein göttliches Wirken anzunehmen. Das beginnt schon bei ganz alltäglichen Dingen wie beim Lichtschalter. Man kann davon ausgehen, dass die meisten nicht wissen, was wirklich abgeht zwischen dem Schalter und der Glühbirne, aber der Hinweis auf die Technik beruhigt: Es ist keine Magie im Spiel. Die Esoterik arbeitet genau umgekehrt, aber mit demselben Effekt: Es ist Magie im Spiel, die sich mit Begriffen wie Kristallstruktur und Bewusstseinserhöhung ziemlich wissenschaftlich gibt, und diese Magie lässt keinen Platz mehr für Götter. Fahr mal hier zur Kirche!«

Ein neugotischer Bau, sicher die evangelische Pfarrkirche. Es war nichts zu sehen. Kein Fahrrad, keine Passanten.

Buchinger und Mayer stiegen aus und spähten kurz in das Innere der Kirche. Wie erwartet empfing sie ein menschenleerer, schmuckloser Raum. Die Menschenleere teilen alle christlichen Kirchen, die Schmucklosigkeit war immer schon eine Eigenart evangelischer Kirchenhäuser. Konnte man hier noch den revolutionären Geist des Geheimprotestantismus des 17. und 18. Jahrhunderts spüren, hier an diesem Ort? Buchinger war nicht sicher.

Sie spazierten über den Friedhof. Das half beim Nachdenken. Unglaublich, wie viel Tod uns umgibt und wie wenig Raum er in unserem Denken einnimmt!

Sie stiegen wieder ins Auto und setzten ihre Patrouille fort. Ein friedlicher Ort.

»Und wir suchen einen Mörder?«, fragte Mayer.

»So könnte man das sagen«, antwortete Buchinger. »Kennst du dieses Rätsel? Vater und Sohn fahren im Auto. Sie haben einen schweren Unfall, bei dem der Vater sofort stirbt. Der Bub wird mit schweren Kopfverletzungen in ein Krankenhaus gebracht. Die Operation wird vorbereitet, alles ist fertig. Der Chef-Chirurg erscheint, eine Kapazität für Kopfverletzungen, wird blass und sagt: Ich kann nicht operieren, das ist mein Sohn! Wie geht das?«

»Nein, kenne ich nicht. Wie geht das?«

»Ich hab zuerst gefragt! Überleg's dir mal! Fahr bitte auch zu dieser Kirche!«

Buchinger forderte über Funk Verstärkung an, gesucht werde ein blau-grünes E-Bike und dessen Fahrerin, etwa vierzig Jahre alt, ein Foto musste verfügbar sein. Dann stiegen sie aus, wieder empfing sie Grabesstille und ein von Menschen leergefegter Raum. Das Innere der Kirche war deutlich finsterer als in der Kirche zuvor. Es dauerte eine Weile, bis sich die Augen an die Dunkelheit gewöhnt hatten. Das spärliche Licht, die Ruhe und der Geruch von Weihrauch hatten etwas Entrückendes an sich. Man trat in eine andere Welt. Ganz vorne, in der ersten Reihe, kniete eine Frau. Sie hatte den Rucksack nicht abgenommen. Mayer deutete mit einer knappen Kopfbewegung in die Richtung der Person. Buchinger nickte. Mayer berührte mit seiner Rechten die Dienstwaffe, Buchinger schüttelte den Kopf: Das würde sicher nicht nötig sein. Sie gingen ohne Hast auf die Frau zu, sie schien ins Gebet vertieft zu sein.

»Frau Engel, Ingrid Engel?«

Mayer zückte seinen Dienstausweis und hielt ihn der Frau vor die Nase.

»Ja«, sagte sie. Und noch einmal »Ja!«

Ihr Gesicht war verweint, sie insgesamt erschütternd kraftlos. Das ist sehr häufig so, wenn man Täter am Tatort aufklaubt. Zum dritten Mal sagte sie »Ja!« und wollte gar nicht mehr zu nicken aufhören. Schon bevor sie befragt wurde, legte Ingrid Engel, Ehefrau von Peter Engel, befreundet mit den Familien Pointner und Baumgartner, ein umfassendes Geständnis ab. Aus ihrem Rucksack zog Buchinger eine ziemlich große Statue, eine Nachbildung von Michelangelos *David*.

Ein Geständnis! Wie fad, dachte Mayer.

Sie fuhren zu dritt zum Tatort zurück. Nach heftigen Weinkrämpfen beruhigte sich Ingrid Engel wieder. Nach den ersten hoch emotionalen Minuten am Schauplatz ihres Mordes verfiel sie in eine Starre, die wie Gleichgültigkeit wirkte.

»Warum haben Sie den Toten ins Gartenhaus gezogen?«, wollte Buchinger wissen.

»Das habe ich nicht. Er ist hier gelegen, neben dem Wohnzimmertisch. Ich hab die Statue genommen und bin davongerannt.«

»Als wir hierherkamen, war keine Leiche da.«

»Ich kann nichts anderes sagen: Ich habe ihn erschlagen.« Ein Reim. Aber bei Weitem nicht so elegant wie der von Georg Danzer. »Dann bin ich davongerannt. Dann bin ich noch einmal ins Wohnzimmer gelaufen und hab einen Bergkristall auf den Tisch gelegt. Ich hab so Unglaubliches getan – und der Bergkristall sorgt für Harmonie.«

»Warum haben Sie ihn getötet?«

»Ich wollte ihn nicht töten. Es war eher ein Unfall. Wir sind Freunde gewesen, schon seit Jahren. Ich wusste nicht, dass er schon wieder aus dem Gefängnis heraußen ist, wollte eigentlich seine Frau Angie besuchen. Aber ich hab mich natürlich gefreut, ihn zu sehen. Ein bisschen beleidigt war ich auch, weil er uns nicht angerufen hat. Dann haben wir zu streiten begonnen, das ist nichts Ungewöhnliches in unserer Runde. Er hat sich über mich lustig gemacht, über die Bachblüten und die Schüsslersalze und das Horoskop und eigentlich alles, was mir wichtig ist. Er hat mich beleidigt, als Hausfrau beschimpft, die lieber Granderwasser trinkt als Wein, die sexuell frustriert ist und so weiter. Er hat gemeint, dass ich so brav bin, hängt nicht mit einem sauberen Charakter zusammen, sondern mit fehlendem Tiefgang. Ich bin viel zu oberflächlich und banal für das Böse. Zu bieder. Weiß auch nicht, warum er mich derart reizen wollte. Da hab ich ihn getötet. Eigentlich wollte ich ihn nur verletzen. Aber plötzlich muss ich mehr Kraft gehabt haben als sonst.«

Sie sprach gefasst und ruhig. Dann betrat ihr Mann, Peter Engel, das Zimmer, begleitet von zwei Beamten. Augenblicklich brach sie zusammen, fiel ihrem Mann um den Hals und hörte nicht wieder auf zu schreien und zu weinen. Sie wurde abgeführt und im Polizeiwagen nach Wels gebracht.

Eine illustre Gesellschaft ist das, mit der ich hier Bekanntschaft gemacht habe, dachte Buchinger: Der eine will beweisen, dass er der bessere Schauspieler ist, und schlüpft in die Rolle des Katatonikers, die andere will beweisen, dass sie auch ein böser Mensch sein kann, und tötet kurzerhand einen langjährigen Freund.

»Herr Engel«, sagte er, an den Mann gewandt, der völlig fertig mitten im Wohnzimmer stand, auch er mittlerweile zur Salzsäule erstarrt. »Bleibt noch das Rätsel mit der verschwundenen Leiche. Erzählen Sie es mir! Sie werden sehen, nachher geht es Ihnen besser. Sie sind meines Erachtens auch hier gewesen, oder?«

»Ja, meine Kondition reichte nicht für alle Hügel hier in der

Gegend. Ich bin nach St. Marienkirchen und wieder zurück. Dachte, ich schau auch bei unseren Freunden vorbei. Die Terrassentür war offen, ich geh rein, da liegt Clemens. Ich denke, er meditiert oder macht irgendeinen Spaß, ich stoße ihn mit dem Fuß an, er rührt sich nicht. Da seh ich die Wunde am Kopf und kriege Panik. Meine Spuren überall. Jeder wird denken, ich hab ihn umgebracht. Dann ziehe ich seinen leblosen Körper raus und verstecke ihn im Gartenhaus. Eine sinnlose Aktion, so was macht man nur, wenn man in Panik ist. Ich hab sofort gewusst, dass das nicht gut ausgehen wird.«

Mayer musste seinen Chef noch nach Hause fahren. »Darf ich dich noch mit einer meiner Hypothesen konfrontieren? Ich hab nämlich eine«, meinte Mayer.

»Gerne, aber nicht zu diesem Fall. Ich habe schon genug von der Wildnis der Spiegel.«

»Nein, zu deinem Studium.«

»Schieß los!«

»Ich denke, du hast Literaturwissenschaft studiert. Ich habe zwei Indizien gefunden, die dafür sprechen. Erstens deine Begeisterung für den Reim von Georg Danzer. Du bist der einzige Mensch, den ich kenne, dem so etwas auffällt. Ich glaube, dafür muss man sich mit Literatur beschäftigt haben. Zweitens hast du mir erzählt, dass es dir wie Hans Castorp ergangen ist. Auch er wollte nur kurz oben bleiben am Zauberberg und blieb ganze sieben Jahre. Du hast deine Situation in der Ramsau ähnlich gesehen. Wer sonst außer einem Literaturwissenschaftler kennt den Roman *Der Zauberberg*? Und hat ihn sogar gelesen? Also: Du hast Literatur studiert. Stimmt's?«

Buchinger blickte Mayer an und lächelte. Nicht unangenehm, fast väterlich. Dann schaute er wieder nach vorne, klopfte mit den Fingern seiner Rechten auf seinem Oberschenkel wie ein

Klavierspieler und sagte, fast schon mehr zu sich selbst als zu Mayer: »Bitte!«

Er hatte genug von diesem ersten halben Tag, den er quasi im Dienst verbrachte. Wie geheimnisvoll der Fall Baumgartner begonnen hatte! Mit einem Rätsel und Worttripeln und Landkarten. Und wie banal er sich am Ende darstellte, wenn man auf die Ereignisse zurückblickte! Er endete simpel menschlich, in niedrigen Motiven. Dass sich die beiden Sichtweisen, die am Beginn der Recherchen und die nach deren Ende, auf dieselben Fakten bezogen, schien kaum glaublich. Wie im Bild von Salvador Dali.

»Weißt du, wann ich lachen muss?«, fragte Buchinger.

»Nein.«

»Wenn sich Esoteriker für Atheisten halten. Sie tauschen eine Religion gegen die andere und merken es nicht einmal. Wir leben in Zeiten, in denen die Menschen nicht einmal ihre eigenen Weltanschauungen verstehen.«

»Was wirst du jetzt machen?«, fragte Mayer. »Mit deiner wiedergewonnenen Freiheit?«

»Ich werde keinen Bericht schreiben. Und Stottan nicht anrufen. Und an der Pforte des Petersdoms auf Einlass warten.«

»Auch nicht schlecht.«

»Und, wenn möglich, fahre ich in eine meiner realen Themenwelten, die gibt's nämlich auch noch: Stadl-Paura oder Ramsau.«

## Glossar

*absahnen* sich etwas aneignen

*aufklauben* aufheben, aufsammeln

*aus tiefem Traum erwacht*

O Mensch! Gib Acht!
Was spricht die tiefe Mitternacht?
»Ich schlief, ich schlief –,
Aus tiefem Traum bin ich erwacht: –
Die Welt ist tief,
Und tiefer als der Tag gedacht.
Tief ist ihr Weh –,
Lust – tiefer noch als Herzeleid:
Weh spricht: Vergeh!
Doch alle Lust will Ewigkeit –,
– will tiefe, tiefe Ewigkeit!« (Friedrich Nietzsche: Also sprach Zarathustra)

*Bach gegen seine Liebhaber verteidigt*

Schrift Theodor W. Adornos

*der wechselseitige Gebrauch, den ein Mensch von eines anderen Geschlechtsorganen macht* Immanuel Kant: Metaphysik der Sitten, Von dem auf dingliche Art persönlichen Recht, § 24ff

*die Mühen mit Berg* »Die Mühen der Berge haben wir hinter uns, vor uns liegen die Mühen der Ebenen.« (Bertolt Brecht)

*einen toten Hasen auf die Terrasse gelegt*

siehe Luft, Roland: Altaussteiger. Ein philosophischer Kriminalroman

Rezept für Erdäpfelgulasch

Zutaten für vier Portionen:

- 800 g mehlige Erdäpfel
- 250 g Zwiebeln
- 2 EL Schmalz
- 2 EL Paprika (edelsüß)
- 1 TL Essig
- 3/4 L milde Bouillon
- 2 Lorbeerblätter
- 1 TL Kümmel (ganz)
- 1 TL Majoran (getrocknet)
- 2 Knoblauchzehen (zerdrückt)
- 300 g dürre Wurst oder Braunschweiger
- Schmalz zum Braten
- Salz
- Pfeffer aus der Mühle
- Eventuell Essiggurkerl nach Geschmack

Für das Erdäpfelgulasch braucht man mehlige Erdäpfel.

**Zubereitung**: Erdäpfel schälen und je nach Größe vierteln oder in große Würfel schneiden. Zwiebeln schälen, feinwürfelig schneiden und in zerlassenem Schmalz glasig anrösten. Von der Hitze nehmen, Paprikapulver unterrühren, mit Essig ablöschen und mit Bouillon aufgießen. Anschließend wieder erhitzen. Erdäpfel, Lorbeerblätter, Majoran und Knoblauch beifügen und das Gulasch unter oftmaligem Rühren bei mittlerer Hitze etwa 25 Minuten kochen lassen, bis der Saft durch

| | |
|---|---|
| | die Kartoffelstärke cremig wird. Die Wurst schälen, in Scheiben schneiden, in erhitztem Schmalz rund-um knusprig braten und dazugeben. Gulasch mit Salz sowie Pfeffer nochmals abschmecken. Eventuell Essiggurkerl in Scheiben schneiden, beifügen und das Erdäpfelgulasch noch einige Minuten kochen. (https://noe.orf.at/radio/stories/2823757/ am 4.4.2019) |
| *Gösser* | Österreichische Biermarke |
| *Grantscherben* | schlecht gelaunter Mensch |
| *Großkopferter* | »1. einflussreiche, gesellschaftlich hochgestellte Person<br>2. jemand, der studiert [hat], Intellektueller« (Duden)<br>Häufig synonym verwendet für »Städter, Wiener« |
| *Grottenbahn* | Touristenattraktion der oberösterreichischen Landeshauptstadt Linz |
| *kiefeln, auch: küfeln* | nagen |
| *klauben* | aufnehmen, wegnehmen |
| *Lauser* | scherzhaft für Lausbub, Spitzbube |
| *letschert* | nicht (mehr) knusprig, welk, schlapp |
| *Mit der Katatonie ist es folgendermaßen bestellt* | »Mit dem Typhus ist es folgendermaßen bestellt« (Thomas Mann: Buddenbrooks) |
| *Scheibtruhe* | Schubkarren |
| *Schneiberl, das* | bayr./österr. für Schneekugel |
| *Streithansl* | streitsüchtige Person |
| *vernudeln* | zerknittern, durcheinander bringen |
| *Zeitroas* | Zeitreise |